조금 더 편해지고 싶어서
거리를 두는 중입니다

JEDER IST BEZIEHUNGSFÄHIG : Der goldene Weg zwischen Freiheit und Nähe
by Stefanie Stahl
ⓒ 2017 by Kailash Verlag, a division of Verlagsgruppe Random House GmbH
Korean Translation ⓒ 2018 by Wisdom House, Inc.
All rights reserved.
The Korean language edition published by arrangement with
Verlagsgruppe Random House GmbH, Germany through MOMO Agency, Seoul.

이 책의 한국어판 저작권은 모모 에이전시를 통해
Verlagsgruppe Random House GmbH사와의 독점 계약으로
㈜위즈덤하우스에 있습니다.
저작권법에 의해 한국 내에서 보호를 받는 저작물이므로 무단전재와 무단복제를 금합니다.

조금 더 편해지고 싶어서

거리를 두는 중입니다

슈테파니 슈탈 지음 • 오지원 옮김

위즈덤하우스

내 남편이자 연인이며

최고의 친구인 홀거에게

자극과 반응 사이에 공간이 있다.
그곳에 선택의 자유가 있다.

_빅터 프랭클(Viktor Frankl)

서문

거리를 두세요,
내가 나일 수 있도록

이 책을 읽기 전에 잠시 자신의 관계를 한번 둘러보면 좋겠습니다. 혹시 당신을 힘들게 하는 관계에 발이 묶여 있지는 않나요? 자신을 불행하게 만들 뿐이라는 걸 알면서도 관계가 끊어지는 게 두려워 이러지도 저러지도 못하고 있지는 않은가요? 사랑받기 위해 많은 걸 희생하면서도 스스로 부족한 사람이라 자책하고 있지는 않은가요? 혹은 상대가 나를 구속하는 것 같은 압박감에, 속박당하기 싫은 두려움에 안정적인 관계를 유지하지 못하고 계속해서 상대를 밀어내고 있지는 않은지요.

이처럼 우리는 성인이 된 후 맺는 수많은 관계 안에서 누군가는 지나치게 상대를 밀어내는가 하면, 또 누군가는 가혹하리만큼 지나치게 상대에게 맞추며 살고 있습니다. 결국 두 쪽 모두 관계에서 자유롭지 못한 사람들이죠.

오늘날 많은 사람이 어떤 상황에서든 나를 잃지 않고, 마음이 다치지 않는 관계 맺기를 원하고 있습니다. 그러기 위해서는 상처를 주지도 않고, 상처를 받지도 않는 적정 거리를 유지할 수 있어야 합니다. 적정 거리를 유지한 채 맺는 관계야말로 나와 상대 모두 함께여도 자유롭고, 혼자여도 외롭지 않은 건강한 관계인 것이죠.

하지만 상대방에게 스트레스를 받거나, 갈등이 생기는 순간이 되면 여전히 관계를 끊어버리는 것이 최선이라고 생각하거나, 어떻게든 관계를 유지하기 위해 상대의 기대에 부응하기 위해 애쓰며 심리적으로 지쳐가고 있습니다. 왜일까요? 문제의 원인을 찾지 못했기 때문입니다. 우리가 원하는 행복하고 건강한 관계, 충족감을 주는 관계는 운이 아니라 개인 내면의 문제이자 선택의 문제입니다.

어린 시절의 경험들로 각자의 마음속에 자리 잡게 된 자기 자신의 내면의 아이가 지닌 상처들이 지금의 관계 문제를 만들어냅니다. 즉 원하는 사람과 원하는 만큼의 관계를 맺기 위해서는 내 마음속 내면의 아이를 마주할 수 있어야 하고, 내면의 아이의 상처를 인식하고 보듬어줄 수 있어야 우리는 한 단계 더 나아갈 수 있는 것입니다.

진부하게 들릴 수도 있습니다. 하지만 내면의 아이를 마주함으로써 순응과 자기주장 사이의 균형, 심리학에서 말하는 대로 애착과 자립 사이의 조화를 잘 찾는다면 모든 사람이 행복한 관계를 누릴 수 있다는 것을 저는 확신합니다. 이 두 가지 능력, 님에게 순응하면서 다른 한편으로는 자기를 주장하는 능력을 갖추는 것이야말로 우리의 감정과 생각과 행동을 결정하는 데 엄청난 힘을 발휘하기 때문입니다.

애착과 자립이라는 심리적인 문제에서 자유로울 수 있는 사람은 없으며, 이는 인간의 실존적이고 심리적인 기본욕구를 반영합니다. 또한 자존감을 형성하는 데 깊은 영향을 끼치기도 합니다. 왜냐하면 우리가 스스로를 얼마나 중요하고 가치 있는 사람으로 여기는지 아니면 얼마나 자주 스스로의 가치를 의심하는지는 근본적으로 어린 시절과 성인이 된 후의 애착관계와 다른 한편으로 자기주장과 자립에 관련된 경험들로 좌우되기 때문입니다.

어떤 상대를 만나느냐에 따라 우리의 관계는 성공하기도 하고 실패하기도 하고, 애착과 자립, 열등감과 우월감 사이의 대립이 커지기도 하고 줄어들기도 합니다. 예를 들어 연애가 너무 하고 싶은데도 애인을 만들지 못하는 상황이나 혹은 '누구도 필요 없다'라고 생각하며 언제까지나 싱글로 살고 싶다는 마음도 애착과 자립이라는 해결되지 못한 문제에 그 뿌리를 두고 있습니다.

이 책에서는 누구와 함께하든, 혼자 살아가든 더 이상은 상처받지 않도록 스스로를 보호해주고 싶은 사람들을 위해 애착욕구와 자립욕구, 열등감과 우월감, 그리고 그것들을 통해 형성된 자존감이라는 키워드를 놓고 살펴보고자 합니다. 이 과정을 통해 우리는 순응과 자기주장 사이에서의 적절한 조화를 찾을 수 있으며, 나를 너무 낮추지도 상대를 너무 깎아내리지도 않고 상대의 눈높이에서 공감할 수 있는 능력을 기를 수 있습니다. 그 과정은 또한 누군가와 관계를 맺고, 일을 하고, 삶의 즐거움을 느끼는 세 가지 능력을 모두 지닐 수 있게 해줍니다. 이 세 가지 능력이 바로 정신건강을 지키는 든든한 세 기둥입니다.

이 책의 핵심은 제목에서 알 수 있듯이 관계 맺기, 나와 상대를 모두 보호해주는 적정 거리를 유지하는 능력입니다. 그를 위해 여러분에게 애착, 자립, 자존감 향상에 관한 기본욕구가 타인과 관계를 맺을 때 어떤 영향을 미치는지에 대해서도 설명하려고 합니다. 이 기본욕구들을 대하는 태도는 '나는 누구인지', '내가 원하는 것은 무엇인지', '내가 사랑하는 사람은 누구이며, 그를 어떻게 대하는지', '나는 관계에서 어떤 두려움이 있고 그 속에서 스스로를 어떻게 방어하는지', '나는 과연 내가 원하는 모습을 실현해가고 있는지 아니면 타인의 시선 때문에 주저하는지', '무엇에 이끌리고 무엇을 밀어내는지', '무엇

때문에 싸우고 어떤 지점에서 타협하는지' 등을 포함한 많은 것들을 근본적으로 결정하기 때문입니다.

이 외에도 상처받지 않고 행복한 연애를 하는 법, 애착형성 능력과 자립심을 키워 안정적인 자존감을 쌓는 방법도 설명할 겁니다. 이를 위한 실용적인 조언들과 직접 참여하는 연습들을 많이 배치해두었습니다.

저는 이 책을 읽는 여러분이 '언젠가는 상대가 달라지겠지', 혹은 '나에게 딱 맞는 사람은 어디에 있을까?'라는 마음으로 관계가 저절로 개선되기를 기다리지만 말고, 나에게 만족감을 주는 관계를 적극적으로 손에 넣었으면 좋겠습니다. 이 책을 읽고 나면 원하는 사람을 찾아 적극적으로 새로운 길을 떠날 수도 있고, 아니면 스스로 깨닫지 못했을 뿐 그토록 원했던 상대가 이미 당신 옆에 있다는 것도 깨달을 수 있을 것입니다.

슈테파니 슈탈

■ 차례 ■

서문 | 거리를 두세요, 내가 나일 수 있도록 … 008

1장 혼자는 두렵고,
     함께는 부담스러운

- 정말 혼자가 편한가요? … 019
- 애착과 자립 사이 … 023
- 지나치게 맞추거나 지나치게 선을 긋거나 … 026
- 사랑받기 위해 전력을 다해야만 하는 사람들 … 031
- 왜 상처받을 것을 알면서도 그 사람에게 끌리는 걸까? … 036
- 상실에 대한 두려움과 사랑을 혼동하지 마세요 … 041
- 관계에서 갑자기 발을 빼고 싶은 이유 … 045
- 사랑의 감정이 사라지는 다른 이유들 … 050
- 혼자가 좋을 뿐, 행복한 관계를 거부하는 건 아니에요 … 057

2장 지금 당신이 힘든 건 당신 잘못이 아니에요

- 관계 능력은 학습된 것일까, 타고난 것일까? ⋯ 063
- 현재의 관계를 지배하는 어린 시절의 각인들 ⋯ 066
- 분노를 잘 다루는 사람이 자존감도 높아요 ⋯ 069
- 트라우마, 스스로를 억압하는 법을 배우다 ⋯ 077
- 아름다운 어린 시절이란 자기기만일 뿐 ⋯ 082
- 아무도 나를 사랑하지 않는 것 같다면 ⋯ 087
- 홀로 모든 걸 해결하려 하지 마세요 ⋯ 107

3장 마음속 그림자 아이의 상처 보듬어주기

- 완벽한 어린 시절은 없어요 ⋯ 125
- 내가 느끼는 이 감정, 정당한 걸까? ⋯ 129
- 외향적인 사람과 내향적인 사람의 방어기제 ⋯ 136
- 사랑을 얻기 위해 저지르는 실수들 ⋯ 145
- 감정을 억누르는 '가짜' 욕구들 ⋯ 152
- 아주 작은 일에도 견딜 수 없이 불안해하는 사람 ⋯ 169
- 히스테릭한 방어기제: 난 이 연극의 주인공이야! ⋯ 175

- 인간관계를 꼬이게 만드는 잘못된 방어기제들 … 184
- 자기도취적 방어기제: 나르시시스트가 자신을 지키는 법 … 204
- 강박적 vs 분열적 방어기제: 부탁이야, 날 좀 내버려둬! … 213
- 주는 것과 받는 것의 불공평한 분배 … 228

4장 누구를 사랑하든, 누구와 함께하든 내가 다치지 않도록

- 행복한 관계란 어떤 관계일까? … 243
- 피해자 역할에서 벗어나 성숙한 자아 찾아가기 … 249
- 더 이상 나를 비참하게 만들지 않기 … 266
- 내 안의 상처 입은 그림자 아이 달래주기 … 275
- 내가 원하는 내 모습, 태양 아이 발견하기 … 280
- 좀 더 산뜻한 인간관계를 위하여 … 296
- 스스로를 온전히 느끼며 관계를 만들어 나가는 법 … 307
- 나의 연약한 감정 받아들이기 … 327
- 언제나 자기 자신이길 … 343

| 참고문헌 | … 348

1장

·
·
·

혼자는 두렵고,
함께는 부담스러운

·
·

정말
혼자가 편한가요?

"우리는 관계 무능력 세대 아닌가요?"

2016년 미하엘 나스트가 자신의 경험담을 바탕으로 쓴 《혼자가 더 편한 사람들의 사랑법》이 베스트셀러가 된 이후 많은 저널리스트들이 이 질문을 던졌습니다. 나스트는 이 질문에 "그렇다"라고 대답하며 특히 오늘날 젊은 세대의 완벽주의와 자기 긍정 경향이 과도해진 결과 젊은 세대는 점점 더 애착형성을 귀찮아하게 되었다고 말합니다. 이들은 계속해서 완벽한 상대를 찾아 헤매지만, 안타깝게도 그런 사람은 세상에 존재하지 않습니다. 몇몇 젊은 남자들은 "나는 연애불능이야!"라는 말을 하곤 합니다. 하지만 이는 애착형성을 하지 않으려는 핑계거리에 불과합니다. 나스트에 따르면 최근 사람들의 연애 경향이 점점 더 피상적이 되고 서로 책임을 회피하는 쪽으로 가고 있다고 합니다.

분명 관계 불능이라 불릴 만한 사람들은 많습니다. 하지만 이는 언제나 있어왔던 일이지 않나요? 원래 있던 현상이 단지 다른 양상으로 펼쳐진 것은 아닐까요? 이 의문에 답하기 위해서 저는 '여러 세대에 걸친 연애와 관계 맺기'와 관련된 최신 심리학 연구들을 살펴보았고 다음과 같은 결론에 이르렀습니다. 어려움이 있는 연애나 망가진 결혼생활은 늘 있어왔고, 더불어 관계나 결혼생활의 지속 기간을 관계 불능의 지표로 삼을 수는 없다는 것입니다. 오늘날 커플들은 더 자주 헤어지고 헤어질 때까지 걸리는 시간도 짧아졌습니다. 하지만 이것은 사람들이 관계에 더 무능력해졌기 때문이 아니라 관계의 질에 대한 기대치가 더 높아졌기 때문입니다. 이것은 여성의 독립성이 향상되면서 불행한 결혼생활을 '먹고살 길이 막막해서' 견디고 사는 여성이 예전보다 적어진 것과 관련이 있습니다. 더불어 사회적 코르셋도 훨씬 헐거워졌습니다. 요즘은 사회의 소중한 구성원으로 인정받기 위해 결혼하는 사람은 많지 않습니다. 성 정체성 또한 보다 자유롭게 드러낼 수 있는 시대입니다. 이 모든 변화는 사람들에게 관계에 대한 큰 두려움을 더 크게 갖도록 한 것이 아니라, 오히려 관계에 대한 두려움을 안고도 사회 안에서 더 쉽게 살게 해주었습니다. 그러니까 예전보다 관계 맺기를 두려워하는 사람들이 늘어난 게 아니라, 원래부터 있던 그들이 더 잘 보이게 된 것뿐이지요. 1960년대에도 '책임질 관계가 없는 것이 가장 이상적인 상태다'라는 말은 이미 회자되고 있었습니다. '같은 사람과 두 번 자는 사람은 정착하려는 것이나 다름없다!'라는 말도 있었지요. 인터넷이 없는 시대였는데도 말입니다.

관계 무능력은 인터넷과 이로 인해 늘어난 대면하지 않고도 맺을 수 있는 다양한 관계의 선택지, 또 대도시에서의 삶 때문에 나타난 현상이 아닙니다. 그보다는 부모님과 함께 사는 동안 습득되지요. 우리는 부모님에게서 우리가 사랑받을 만한 존재인지, 사람 사이의 관계를 큰 틀에서 믿어도 되는지를 배웁니다. 이 경험을 통해 각인된 것이 나중에 우리의 연애에 지대한 영향을 미치는 것입니다. 아이들이 놓인 환경은 지난 수십 년간 그 이전보다 나빠지지 않았습니다.

애착관계에 대한 두려움은 아이가 부모의 마음에 들려고 지나치게 순응할 때 생겨납니다. 부모가 아이의 발달을 공감하는 마음으로 지켜보지 않으면 아이는 부모와의 관계가 성공적인지에 대한 책임을 스스로에게 전가합니다. 아이는 현실적으로 부모에게 의존하며, 부모가 자신을 사랑해준다면 무슨 일이든지 할 준비가 되어 있습니다. 이를 위해 아이는 자기가 가진 정체성 중 일부를 포기하면서까지 지나치게 순응적인 태도를 취합니다. 그리고 이것이 바로 성인이 되어 애착관계 형성에 두려움을 느끼게 만드는 근본적인 원인입니다.

애착형성에 대한 두려움은 '상실'에 대한 두려움과 관계에서 자기 자신을 잃어버릴 것 같은 두려움이 뒤섞여 나타나는 결과입니다. 나스트가 책에서 묘사하는 현상들, 즉 완벽한 상대를 찾으려는 시도, 무분별한 성관계, 무책임함, 친밀함과 거리 두기 사이에서의 급격한 전환 등은 애착형성에 대한 두려움의 전형적인 증상입니다.

애착형성 욕구는 인간의 기본욕구로 누구에게나 있습니다. 사람들은 예나 지금이나 일생을 함께할 상대를 찾기 원하고, 그렇게 찾은 상대와 함께 나이들어가길 바랍니다.

애착과
자립 사이

앞서 얘기했듯, 애착과 소속감을 원하는 욕구와 자유로운 인간이 되고자 하는 욕구는 인간의 실존을 이루는 기본욕구입니다. 이는 우리가 태어나면서부터 죽을 때까지 우리 삶 전체에 스며들어 있습니다. 우리는 탯줄에 연결된 상태로 세상에 존재하기 시작해 출산과 함께 그 묶임에서 풀려납니다. 젖먹이 아기가 자기를 돌봐줄 애착대상을 찾지 못하면 아기는 죽게 됩니다. 아기는 타인의 돌봄과 보호에 완벽하게 의존합니다. 세상과의 첫 경험은 이렇게 종속이라는 실존적인 조건에 의해 결정되는 것입니다. 애착과 자립은 서로 깊은 관련이 있습니다. 갓난아기가 자신에게 주의가 집중되도록 하기 위해 할 수 있는 유일한 행동은 소리를 지르는 것입니다. 오로지 소리 지르는 것을 통해 아기는 부모에게 영향력을 행사할 수 있습니다. 만약 부모가 아무 반응도 없이 아이가 지칠 때까지 소리를 지르도록 방치하면, 아기는 자신의 행동이 아무런 효과도 없고 그렇게 행동하는 게 스스로의 인생에 어떤 변화도 가져오지 못한다는 경험을 하게 됩니다. 이것은 아기에겐 일종의 깊은 무력감을 느끼게 하는 일입니다. 무엇보다 유아기와 청소년기에 부모가 이렇게 권위적이고 경직된 태도로 아이의 요구를 대수롭지 않게 여김으로써 아이가 자신이 부모에게 그 어떤 영향도 끼치지 못한다는 것을 느끼는 경험이 반복적으로 발생하면 이 경험의 여파는 성인이 되어서도 이어집니다.

인간의 발달과정은 넓게 보면 점점 독립적이고 자율적인 존재가 되어가는 과정입니다. 이 과정의 궁극적 목표는 우리가 완전히 자율적인 성인이 되어 부모에게서 독립해 스스로 삶을 꾸려가는 것입니다. 그 과정에서 아이가 느끼는 스스로의 영향력도 아이가 성장함에 따라 점점 커집니다. 아이가 무언가를 쥐고, 기고, 걷고, 말하는 법을 배우면서 행동의 반경도 점점 넓어집니다. 그 과정에서 아이의 애착에 대한 욕구는 큰 역할을 합니다. 처음에는 부모에게만 애착을 보이지만, 그다음에는 형제자매나 조부모 같은 다른 가족구성원에게로 확대됩니다. 그 틀은 아이가 유치원에 다니기 시작하면 보육교사와 같은 반 아이들에게로, 학교에 들어가면 선생님과 친구들에게로 넓어집니다. 그리고 사춘기에 들어서면 대체로 연애관계의 첫 시도로 이어집니다.

    우리는 인생 전반에 걸쳐 한편으로는 애착욕구를 충족하고 다른 한편으로는 자립적이고 자유롭게 행동하기를 추구합니다. 그 과정에서 애착욕구는 당연히 연애관계에만 한정되는 게 아니라 채팅이나 단체 활동, 친구들과 가볍게 차 한 잔 마시러 가는 등의 교류를 통해서도 채워질 수 있습니다. 인생의 첫 20년이 점점 더 자율적이 되고 인간관계를 통해 자신의 세계를 넓히는 것이라면, 인생의 중반기는 애착과 자립 사이에서 자신에게 알맞은 균형을 찾는 과정입니다. 인생의 말미에는 자율성이 급격히 줄어드는데, 이는 타인의 도움이 필요한 상태가 되고 가까운 사람들의 죽음으로 인해 그들과 애착이 끊어지기 때문입니다. 그리고 인간은 결국 죽음으로써 애착과 자립의 상태도 모두 소멸하고 말지요.

지나치게 맞추거나
지나치게 선을 긋거나

사람과 사람 사이의 관계는 본질적으로 두 사람이 서로에게 맞추어 적응하고 때론 각자의 의견을 주고받는 과정에서 이어집니다. 이때 상대에 얼마나 적응하느냐는 우리의 애착욕구와 연결되고, 얼마나 자기주장을 할 수 있느냐 하는 문제는 자립욕구와 연결됩니다. 자기 자신을 남에게 맞출 수 없는 사람은 애착관계를 형성할 수 없고, 자기를 주장할 수 없는 사람은 관계 안에서 개인적 자유를 잃어버립니다. 사람들 대부분은 상대방에게 자신을 지나치게 맞추거나 너무 엄격하게 선을 긋는 경향이 있습니다. 어떤 사람들은 상대에 따라서 두 양극 사이를 왔다갔다합니다. 강한 성격의 상대에게는 자신을 굽히면서 다른 관계에서는 자신이 지배적인 위치에 서기도 합니다.

지나치게 남에게 자신을 맞추려는 사람들은 인간관계에서, 특히 연애관계에서 자기의 욕구를 지나치게 억압합니다. 그들은 상대의 기대를 최선을 다해 채워주려고 애를 씁니다. 그런 행동의 바탕에는 애착관계를 형성한 사람을 잃을지도 모른다는 두려움이 깔려 있습니다. 이 유형의 사람은 심적으로 지쳐 어느 순간 친밀한 연애관계를 피하고 타인과 가까워지는 순간 거리를 두는 행동을 할 수도 있습니다. 이런 경우에도 애착형성에 대한 두려움이 나타나는 거죠. 이 경우에 해당되는 사람들은 자신의 자유를 지키기 위해서는 상대에게서 반복적으로, 또는 완전히 거리를 확보하는 것 이외에 다른 방법은 없다고 여깁니다. 그들은 혼자 있을 때나 자신에게 별다른 기대가 없는 사람들 사이에 있을 때에만 온전히 자유롭고 독립적인 존재로 있다고 느낍니다. 자신에게 기대를 가진 사람이 가까이에 없어야 비로소 자신의 소망과 욕구가 드러나는 것을 스스로에게 허락하는 것이지요.

나를 상대방에게 맞추는 것에도 특별한 사회적 노련함이 필요합니다. 그래야만 상대방이 무엇을 원하는지 제대로 꿰뚫고 그것을 이해할 수 있습니다. 이것은 인간의 감정이입 능력, 즉 나와 다른 사람 사이에 다리를 놓는 공감을 통해 일어납니다. 우리는 상대방과의 진정한 결합을 위해 서로 가까워지고, 마음을 열고, 타협점을 찾고, 서로에게 녹아들고, 주의를 기울이고, 욕구를 채워주고, 서로 화합하고, 서로를 꽉 붙들어줄 수 있기를 기대합니다. 이 모든 일들은 순응과 화합을 위한 태도라고 볼 수 있습니다. 순응한다는 것은 상대방과의 차이를 줄이고 점점 그를 닮아가며 그의 기대를 충족시킴으로써 나를 받아들여주기를 요구하는 것입니다. 감정의 층위에서는 사랑과 애정, 성적인 이끌림이 결합 관계로 나아가려는 동기가 되고, 반면 사회적 층위에서는 수치심이 사회의 일반적인 규칙과 기준에 맞추도록 하는 동력이 됩니다.

타인과 애착관계를 형성하려면 나에게도 어느 정도의 자율성이 필요합니다. 그렇지 않으면 인간관계에서 나를 잃어버리는 위험에 처하고 맙니다. 지나치게 친밀했던 연애관계를 떠올려보세요. 뭔가 속박당하고 비참해지는 기분이 들 때가 있었을 겁니다.

자신의 흥미와 욕구를 주장할 때에는 조금 다른 능력이 필요합니다. 먼저 상대방과의 사이에서 경계를 긋고 분리할 줄 알아야 합니다. 이때 공통의 것이나 상대방과 연결된 것으로 시선을 향하지 않고, 상대와 나를 구분 짓고 서로를 분리하는 것에 집중해야 합니다. 나 자신을 찬찬히 뜯어보면서 상대방과도 거리를 확보하는 것입니다. 그런데 상대방과 친밀한 관계를 유지하는 동안에는, 잠깐이라 할지라도 나 자신을 완전히 잃어버리는 것을 감수해야만 합니다. 이 분열을 극복하기 위해서는 목표를 향해 스스로를 이끌어줄 굳은 의지가 필요합니다. 그렇기에 내 입장을 분명히 고수하며 그것을 주장할 줄도 아는 어느 정도의 호전성이 필요한 것입니다.

자율성과 연결된 개념들은 다음과 같습니다. 자유, 통제, 거리 두기, 권력, 자기 결정, 떠나보내기, 이별, 갈라서기, 우세, 겨루기, 경쟁. 이것은 생존을 위한 개인적 투쟁이며 자신의 이익을 관철하기 위한 것들입니다. 필요하면 내 주변 사람들이나 상대의 의견을 거슬러서라도 말이지요. 그렇기에 우리는 진정한 나로 살기 위해 때론 떠나거나 헤어질 수 있는 능력도 필요한 것입니다. 어른이 되는 과정에서 자신이 택한 길을 가고자 할 때, 우리는 때로 부모나 다른 사람들에게서 분리해야 할 필요가 있습니다. 자신을 타인에게서 분리한다는 것은 곧 원하는 대로 해도 좋다는 허락과도 같습니다. 이것은 동시에 우리가 새로운 관계로 들어설 수 있는 조건이기도 합니다. 예를 들어 어떤 사람에게는 흔히 말하는 썸타는 상대에게 헤어짐을 말할 수 없을 것 같은 느낌이 들면 관계를 진전시키는 게 큰 부담으로 다가옵니다. 연애로 인해 자유를 잃는 게 너무나 두렵기 때문입니다. 보통 그런 사람은 어머니나 아버지와의 관계에서 분리되지 못했던 경험을 했을 경우가 많습니다. 어머니의 실망한 얼굴이 너무도 깊이 각인되었을 수 있고, 이 때문에 연애관계를 지나친 속박이나 의무와 연관

짓게 됩니다.

하지만 우리의 자립성을 보호하기 위해서는 일종의 공격적 행동이 필요합니다. 이것을 우리는 분리공격행동이라고 합니다. 사적인 영역이 침범당할 때 우리는 분노와 공격성을 느낍니다. 방해받거나 정지당하거나 오해를 사거나 거절당하거나 모욕당하거나 부당한 취급을 받았다고 느낄 때에도 그렇습니다. 공격성은 자신을 지키기 위해 꼭 필요한 것입니다. 또한 삶에서 원하는 것을 얻기 위해서도 어느 정도의 공격성이 필요합니다.

사랑받기 위해
전력을 다해야만 하는 사람들

한편으로는 자유롭게 살고 싶고 다른 한편으로는 연결되어 있고 싶은 욕구 외에도 우리는 모두 다른 사람에게 인정받고자 하는 욕구가 있습니다. 자존감은 우리가 맺고 있는 애착관계가 질적으로 얼마나 좋은지, 그리고 우리가 주관적으로 스스로의 가치를 얼마나 높이 평가하는지와 밀접한 관련이 있습니다. 자기를 적절하게 주장할 줄 아는 사람은 심리적으로 건강한 상태라고 할 수 있습니다. 애정을 기반으로 한 건강한 애착관계를 맺고 있는 사람은 자신이 받아들여졌으며 그 관계에 소속되어 있다는 느낌을 받습니다. 둘 모두 자존감을 향상시키는 요소입니다.

그런데 문제가 있습니다. 우리는 받아들여지고 사랑받기 위해 무엇을 해야만 할까요? 내가 나다운 것으로 충분할까요? 관계 안에서 내 감정과 욕구에 충실해도 될까요? 아니면 다른 사람의 기대를 충족시키고 나를 기기에 맞춰야 할까요? 이 질문들에 대한 답변은 자신의 자존감에 따라 좌우됩니다. 안정된 자존감이 있다면 내 모습 그대로도 괜찮으며 연애관계에서 자신을 구부려 맞출 필요도, 뒤로 숨을 필요도 없다고 생각합니다. 하지만 자존감에 약간, 혹은 많이 금이 가 있다면 사랑받기 위해 어떤 형태로든 전력을 다해야 한다는 결론에 이릅니다. 바로 이 지점에 관계에서 일어나는 문제들의 매우 중요한 원인이 있습니다.

많은 사람이 자신의 자연스러운 모습을 보여주는 일을 부담스러워합니다. 감정을 억제하고, 욕구를 덜 말하고, 요구되는 역할을 받아들이고, 갈등을 피하고, 문제들을 보이지 않게 덮어둠으로써 자신의 일부를 감춥니다. 상대방과 동등한 위치에 있다고 느끼지 않으며, 어떤 식으로든 상대방보다 낮은 위치에 있다는 잘못된 생각을 하게 됩니다. 상대보다 낮은 위치에 있다고 느끼면 그 관계에 굴복하거나 도망치는 게 자연스러운 반응입니다. 그러나 순응은 굴복과 늘 함께 붙어다녀, 나보다 강해 보이는 상대방의 기대를 충족시키도록 만듭니다. 바꿔 말하면 우리는 애착욕구를 좌절시키지 않기 위해 자율성의 일부를 포기하는 것입니다.

관계에서 누가 우위에 있는가를 결정하는 요소는 단지 우리 스스로 느끼는 자존감만은 아닙니다. 다른 사람과 상호작용하는 패턴을 이해하기 위해서는 어렸을 때 각인된 기억을 살펴보는 것이 중요합니다. 우리는 태어나서 부모님과 첫 애착관계를 맺습니다. 이 관계에서 우리는 타인이 나를 돌봐줄 만큼 내가 가치 있는 존재인지, 내가 스스로의 삶에 영향력을 발휘할 수 있는 사람인지 배웁니다. 부모님과 살면서 우리는 애착과 자립에 관한 경험을 실제적으로 합니다. 이 경험은 우리의 뇌에, 특히 감정을 관할하는 부분에 깊은 흔적을 남깁니다. 어른이 되면 이러한 경험이 무의식중에 깊숙이 조건화되어 심리적으로 완전히 프로그래밍 되는 것입니다. 특히 생애 초기 6년 동안, 뇌 발달이 대부분 이루어지는 이 시기의 경험이 신경계와 연결되어 마치 지도처럼 우리 뇌에 각인됩니다.

구체적인 사례로 설명해보겠습니다. 율리아는 로베르트와 2년 전부터 연인 사이이지만 요즈음 자주 외로움을 느낍니다. 사랑에 빠졌던 연애 초기가 지나자 로베르트는 그녀에게서 점점 멀어져만 갔습니다. 일이 많아서 그런지 그녀와 보내는 시간도 거의 없습니다. 어쩌다 같이 있어도 그는 무엇이 못마땅한지 뽀로통하기만 하고, 마음은 다른 곳에 있는 느낌입니다. 율리아는 그와의 관계가 틀어질까봐 괴로워하며 그의 마음에 드는 사람이 되기 위해 많은 노력을 하고 있습니다. 율리아는 부모님에 대해 사랑이 넘치는 기억이 있습니다. 그렇지만 부모님은 맞벌이 부부라 바빠서 베이비시터가 율리아를 돌보는 때가 무척 잦았습니다. 어린 율리아는 자주 외로웠으며 부모님을 끔찍이 그리워했습니다. 이런 어린 율리아가 어른이 된 율리아에게는 '내면의 아이'로 아직도 남아 있습니다. '내면의 아이'란 심리학에서 자주 나오는 표현으로, 모든 사람의 마음속에 존재하며 우리를 무의식중에 어린 시절 기억에 의한 행동 패턴으로 반복해서 돌아가게 만드는 것을 말합니다. 자꾸만 거리를 두는 로베르트의 행동은 옛날에 부모님이 율리아만 집에 남겨두고 외출할 때처럼 율리아 내면의 아이를 외롭고 무기력하게 만드는 것입니다. 율리아는 이런 상황에 대해 부모님과의 관계에서처럼 아무런 영향력을 행사하지 못합니다. 로베르트는 냉랭하게 자기 일만 할 뿐입니다. 그녀가 여러 번 간곡하게 좀 더 가까운 거리와 친밀감을 유지해주기를 부탁했지만 소용없습니다. 율리아는 로베르트와의 관계에서 더 강한 애착관계를 만들기 위해 고군분투하는 중입니다.

　로베르트 역시 내면의 아이가 있습니다. 그의 어머니는 그를 거의 신처럼 사랑해서 자기 곁에 꽉 붙들어두었습니다. 어린 로베르트는 특히 아버지가 집에 없을 때는 더더욱 어머니를 홀로 내버려두면 안 된다고 생각했습니다. 로베르트는 엄마가 외로워한다는 느낌을 받았기 때문에 무의식중에 그녀에 대한 책임감을 갖게 되었습니다. 그래서 엄마와 있는 것보다 친구들과 더 놀고 싶어질 때면 괜히 죄책감을 느끼곤 했습니다. 즉 로베르트 내면의 아이는 애정관계에 묶이는 것을 의무감이나 죄책감과 연관해 떠올리도록 각인된 것이지요. 그래서 그는 율리아와의 관계가 버겁다고 느낄 때마다 일이나 다른 활동을 하는 걸로 도피한 것입니다. 로베르트 역시 율리아와의 관계에서 자신의 자유와 자립성을 지키기 위해 분투하는 중입니다.

율리아와 로베르트가 행복한 관계를 유지하고 싶다면 먼저 각자 내면의 아이를 이해하는 방법을 배워야 합니다. 각자의 깊은 곳, 무의식 속에 어린 시절부터 프로그래밍 되어 있는 관계의 모습을 알아야 합니다. 그래야만 다음 단계로 나아가도록 변화시킬 수 있습니다. 그 과정에서 로베르트는 친밀한 애정관계 속에서도 자유로울 수 있다는 것을 배우고, 율리아는 로베르트에게 더 이상 의존하지 않고 마음을 더 열고 자립심을 키울 수 있습니다.

왜 상처받을 것을 알면서도
그 사람에게 끌리는 걸까?

관계를 개선하거나 혹은 함께 행복해질 수 있는 상대를 찾기 위해서 우리는 자신에게 무엇이 결핍되어 있는지 날카롭게 분석해볼 필요가 있습니다. 관계에서 어려움을 겪을 때 우리는 대부분 상대방을 탓하거나 우리를 좌절시키는 운명을 탓하곤 합니다. 이처럼 사람들은 자신의 불행의 원인을 외부에서 찾는 경향이 있습니다. 그러나 진짜 원인이 외부에 있는 일은 매우 드뭅니다. 우리가 직면하는 모든 문제는 넓은 의미에서 스스로 만들어내는 것이라고 봅니다. 관계에서의 문제도 마찬가지입니다. 이런 관점을 말도 안 된다고 여기는 사람도 있을 수 있고, 누군가는 반박하고 싶겠지요. 어쩌면 당신은 앞에서 소개한 로베르트처럼 진짜로 상황을 어렵게 만드는 상대와 함께일 수도 있습니다. 그러나 동시에 당신은 내가 왜 이런 상대를 선택해 사랑에 빠졌고 왜 상대의 곁을 떠나지 않고 머무르고 있는지 묻지 않을 수 없습니다. 어쩌면 나에게 딱 맞는 상대가 아직 나타나지 않은 거라고 생각할지도 모릅니다. 혹은 다음과 같이 반박할지도 몰라요. "왜 항상 누군가와 안정적인 관계를 맺어야 하지? 난 그런 것엔 관심 없어. 싱글인 게 좋아"라고요.

사람들은 함께 있어서 행복해지는 누군가를 만나는 것이 우연이나 행운의 문제라고 생각합니다. 하지만 사실은 우리의 무의식, 그러니까 우리 내면의 아이가 우리가 누구와 사랑에 빠지느냐에 엄청난 영향력을 행사하고 있습니다. 내가 항상 잘 맞지 않는 사람과만 만난다면 그것은 내 무의식 속에 이미 프로그래밍 되어 있는 연애기제 때문일 확률이 큽니다. 내가 힘든 관계 안에 묶여 있다면, 이것도 내면의 아이와 관계가 있습니다. 관계가 자주 삐거덕거릴 때도, 혹은 확실한 연애관계의 필요성을 못 느끼고 홀로 지내거나 수많은 사람과 동시에 연애하는 것을 선호하는 경우에도 관계 프로그램에 원인이 있는 경우가 많습니다.

우리의 관계 프로그램과 이상형은 서로 단단히 얽혀 있습니다. 율리아와 로베르트의 사례는 이것을 확실히 보여줍니다. 율리아의 관계 프로그램은 부모님이 그녀를 자주 홀로 놓아둔 영향으로 그녀 내면의 아이가 애착과 애정을 강하게 갈구하게 된 것의 영향을 받았습니다. 율리아는 애착과 자립 사이에서 균형을 잃고 애착 쪽으로 기울게 된 것이지요. 율리아는 애착관계를 형성하고 자기 자신을 상대방에게 맞추는 데 모든 노력을 기울일 준비가 되어 있습니다. 그녀는 갈등을 기피하고 타협적이며 로베르트의 기대에 부응하려고 최선을 다합니다. 그런 그녀가 어려워 하는 것은 스스로 자립적으로 사는 일입니다. 그녀는 직업도 좋고 스스로 살아가는 데 아무 문제가 없으며 때때로 싱글 생활도 괜찮게 했었지만, 그녀 내면의 아이는 혼자 있는 것에 대한 두려움을 갖고 있습니다. 그 아이는 깊숙한 단계에서는 아직 자라지 못했습니다. 율리아는 그녀가 잘 살아가도록 도와줄 강력한 손길을 원합니다. 그녀 내면의 아이에게는 누군가가 늘 곁에 있는 것이 가장 안전한 선택입니다. 그렇기 때문에 율리아는 자신에게 없는 것, 강력하고 자율적인 자아를 상대에게 원하는 것입니다. 그리고 그녀는 무의식중에 로베르트에게서 그 점을 발견했을 것입니다. 로베르트는 흔히 말하는 '쿨한 타입'이고 독립적이고 강한 성격이 한눈에 보기에도 뿜어져 나옵니다. 그리고 율리아에게는 바로 그런 점이 엄청나게 매력적으로 다가왔을 것입니다.

반면 로베르트 내면의 아이는 지나친 친밀감에 대한 두려움이 있습니다. 그 아이는 누군가와 관계를 형성하게 되면 매우 빠르게 자신이 상대에게 종속되고 지배당한다고 느낍니다. 로베르트 내면의 아이가 선택할 수 있는 가장 안전한 방법은 스스로에 대한 책임은 스스로 지는 것이었습니다. 자립심 때문에 그 내면에서는 균형이 깨집니다. 그래서 한편으로는 애착에 대해 두려움이 있으면서도 다른 한편으로는 그것을 매우 원하기에 율리아처럼 따스함을 발산하는 여자들에게 끌립니다. 그러니까 율리아는 그와는 아주 다른 종류의 능력이 있는 것입니다.

율리아는 스스로 '쿨한 남자들'에게 끌리고 착하고 다정한 남자들은 지루하다고 말합니다. 그녀가 자신의 이성에게 끌리는 이런 패턴을 바꾸지 않는 한은 자기에게 맞는 남자를 만날 수 없습니다. 율리아는 항상 자신을 불안하고 두렵게 만드는, 상대에게서 일정한 거리를 유지해야 하며 자기 공간이 많이 필요한 그런 남자에게 끌립니다. 그녀가 스스로 더 독립적이 되고 자립하는 법을 배운다면 그런 것을 굳이 상대방에게서 찾을 필요가 없어질 것이고, 스스로의 내면을 더 비추어볼 것입니다. 그럼으로써 그녀의 남자 보는 눈도 달라지고 어떤 '쿨한 남자들'은 사실 쿨한 게 아니라 그냥 애착형성에 문제를 가진 것이라는 점도 알아차리게 될 것입니다. 동시에 그녀가 두 발을 땅에 딛고 자립함으로써 이전에는 별로였던 남자들이 그녀의 눈에 다시 들어올지도 모릅니다.

또 로베르트가 타인과 가까워지는 것에 대한 두려움을 버리고 자신의 관계 프로그램을 바꾼다면, 그는 더 이상 율리아에게서 달아나려 하지 않고 그녀와 친밀한 관계를 형성할 수 있을 겁니다.

우리들 대부분은 율리아와 로베르트 같은 문제를 고민합니다. 우리에게는 자신에게 결여된 것을 상대에게서 찾으려는 경향이 있습니다. '더 나은 반쪽'을 찾으려는 것이지요. 그러나 상대를 통해 자신의 부족한 점을 채우거나 개선하려는 이런 시도는 대부분 당사자도 의식하지 못한 채 내면의 아이가 상대를 찾는 과정에서 적극적인 영향력을 행사합니다. 그 아이는 과거의 상처를 치유하고 싶어 합니다. 율리아의 경우 이 상처가 부모님에게서 혼자 남겨진 것에서 생겼다면 로베르트의 경우는 반대로 엄마의 집착 때문에 깊이 남았다고 볼 수 있습니다. 어린 시절에 좋지 않았던 기억을 현재 만나는 상대와의 관계에서 회복해보려는 시도가 성공하는 경우는 많지 않습니다. 내면의 아이를 치유하는 일은 자기 자신 안에서 이루어져야 하기 때문입니다. 그 아이가 건강해질수록 현재의 내가 관계 형성에 수월한 사람이 되고, 자신에게 잘 맞는 상대를 한결 쉽게 찾아낼 수 있습니다. 그런 과정에서 현재의 관계를 정리해야 할 수도 있고, 그런가 하면 지금 관계의 소중함을 더욱 절실히 느끼고 함께 사랑하는 법을 배울 수도 있습니다.

상실에 대한 두려움과 사랑을 혼동하지 마세요

애착형성에 대한 두려움에 시달리는 사람들은 상대가 보이는 호감이 안정적이라는 확신이 들면 갑자기 상대에게 느꼈던 매력이 사라집니다. 그러나 상대가 자신을 불안하게 만들거나 원하는 것과 반대로 행동하면 걷잡을 수 없이 사랑에 빠져듭니다. 이런 맥락에서 애착형성에 대한 공포를 수동적 성향과 능동적 성향 두 가지로 나눠볼 수 있습니다. 이를테면 앞서 든 사례에서 로베르트에게 집착하는 율리아의 경우는 수동적 성향에 해당됩니다. 반복적으로 거리를 두려는 능동적 성향은 로베르트입니다. 누구와 관계를 맺느냐에 따라, 심지어는 하나의 관계 안에서도 누가 수동적 성향이고 누가 능동적 성향인지는 언제든지 바뀔 수 있습니다. 예를 들어 만일 율리아가 다른 남자를 알게 되어 로베르트를 외면한다고 하면, 그는 갑자기 사랑의 정열에 불타올라 그녀의 사랑을 쟁취하기 위해 싸우겠다고 할 수도 있습니다. 전 여자친구인 발레리와의 관계에서 로베르트는 이미 수동적 성향 역할을 한 적이 있습니다. 발레리는 때로는 누구보다 열정적이었지만 때로는 아주 새침한 태도를 유지하며 로베르트를 극단적으로 상반된 태도로 대했습니다. 그런 태도는 그를 사랑에 눈이 멀도록 만들었습니다.

반대로 율리아는 로베르트와 함께하기 위해 전 남자친구인 크리스를 떠났습니다. 그 관계에서는 크리스가 매달리는 쪽이었습니다. 오히려 율리아는 그의 그런 면을 연약함으로 여겨 거슬려 했죠. 그 연애관계에서 율리아는 능동적 성향을 보였습니다.

무슨 일이 일어난 걸까요? 연인과의 관계에서 혹은 부부 사이에서 내가 충분히 어필하고 있다고 느끼지 못하면, 자율성을 잃을 것을 우려하는 두려움은 침묵하게 됩니다. 반면 상실에 대한 두려움, 즉 애착형성의 욕구가 매우 활성화됩니다. 두뇌 안의 애착 시스템이 가동하는 겁니다. 활성화된 애착 시스템은 상대를 반드시 자기 곁에 붙들어두기를 원하며 스스로를 가장 위급한 경보 발령 상태에 두게 됩니다. 이런 상태에 놓인 사람은 상실의 두려움에 휘둘려 자신이 이 상태를 제어할 수 있다면 그것을 위해 모든 것을 할 각오가 되어 있습니다. 활성화된 애착 시스템은 다음과 같은 증상들로 알 수 있습니다.

- 사랑에 푹 빠진 채로 상대방을 엄청나게 원하게 됩니다.
- 상대방 외에는 아무것도 생각할 수 없습니다.
- 상대방을 이상화하여 거의 왕좌에 앉혀 모시듯 대합니다.
- 상대방이 이 관계 안으로 완전히 들어와 둘의 관계가 해피엔딩이 되기를 끊임없이 바랍니다.
- 가능한 모든 트릭과 완벽주의를 동원해 상대방이 나에게 확신을 가지도록 만들고 싶어 합니다.
- 상대방의 주의를 끌기 위해 일부러 관심 없는 척하거나 질투심을 자극해보려고 합니다.
- 상대방을 잃게 될까 지속적인 불안과 두려움 속에 살아가며, 실제로 그런 일이 일어나면 큰 슬픔을 겪습니다.
- 마치 상대방에게 중독된 것처럼 의존하는 현상을 겪습니다.
- 상대방을 대하는 자신의 태도가 거슬리곤 합니다.

활성화된 애착 시스템과 그로 인한 상실의 두려움은 마치 최고의 사랑에 빠진 것 같은 느낌을 줍니다. 하지만 이 사랑에 빠진 것 같은 느낌은 진짜 사랑이 아닙니다. 진짜 사랑은 안전하고, 깊고, 고요한 감정입니다.

상대방이 상반된 신호들을 보내오고 그 때문에 관계가 더 이상 인정적이지 않다고 느끼면, 둘이 함께한 시간이 얼마나 오래되었든, 한 사람이 다른 사람을 얼마나 오래 쫓아다녔든 이 애착 시스템이 활성화된 채로 유지됩니다. 이 때문에 당사자는 그것이 인생에서 유일한 사랑이라고 느끼는 것이죠. 그러나 그 열정에 불을 붙이는 것은 다름 아닌 상실의 두려움입니다. 로베르트는 발레리와의 관계에서 항상 그녀를 잃을지도 모른다는 불안감에 시달렸습니다. 그래서 그의 애착 시스템이 작동된 것입니다. 이것이 위대한 사랑에 대한 그의 환상을 부추겨 지금까지도 그는 발레리에게서 완전히 벗어나지 못한 채로 그 연애가 그에게는 일생의 사랑이었다고 믿고 있습니다. 반대로 크리스와의 관계에서 율리아는 충분히 안전하게 느꼈기 때문에 그녀의 애착 시스템은 작동하지 않았습니다. 그녀가 로베르트를 알게 되었을 때 그는 처음부터 상반되고 모순적인 신호들을 보냈기 때문에 율리아의 애착 시스템이 그를 향해 다시 켜지게 된 것입니다. 얄궂게도 그녀는 상실의 두려움과 사랑을 혼동해서, 어쩌면 함께 행복하게 지낼 수도 있었을 크리스를 애착관계 회피 성향이 있는 로베르트와 맞바꿔버렸습니다.

관계에서 갑자기
발을 빼고 싶은 이유

관계의 시작은 대부분 양쪽 모두 어느 정도 불안정함을 느끼며 진행됩니다. 처음에는 두 명 다 상대방의 사랑을 얻으려고 노력합니다. 사랑하는 사람을 곁에 확실히 잡아두고 싶어 하는 욕구는 그 사람의 자존감과 긴밀한 관계가 있습니다. 연애관계에서 거절당하는 것은 자존감에 엄청난 상처를 입히는 반면, 상대를 성공적으로 정복했다고 느낄 때는 자존감이 강해집니다.

우리를 사랑에 빠진 것 같은 상태로 만드는 활성화된 애착 시스템은 상황을 완벽히 제어해 스스로의 자존감을 지키는 방식으로 작동하기를 원합니다. 목적한 것을 달성했을 때 스스로의 가치를 인정받았다는 생각에 애착욕구가 채워져 애착 시스템은 우선 안정됩니다. 그러나 애착관계가 안정기에 들어서면 로베르트처럼 애착공포가 있는 사람의 경우 자립성을 잃을까봐 불안해하게 됩니다. 확실한 관계 안에 안착했을 때 그는 갑자기 상대의 기대에 포위당한 것처럼 느끼며, 연애 초반의 열정에 취해 서로 나눈 약속들을 후회하기 시작합니다. 갑자기 불편해지고 속박을 느끼지요.

이제 자립 시스템이 켜질 차례입니다. 이 시스템이 작동하면 당사자는 갑작스런 감정의 꺼짐을 빈번히 경험하게 됩니다. 사랑에 빠졌던 감정들이 차갑게 식고, 상대는 급격히 매력을 잃습니다. 로베르트가 율리아를 이미 잡은 물고기로 인식하는 순간, 그녀가 그에게 거는 기대들이 자신을 구속한다고 느낍니다. 이 시점부터 그는 율리아를 자신에게 간섭이 심하고 과도한 기대를 했던 어머니와 연결 지어 연상하게 됩니다. 자립 시스템은 사랑에 빠지는 첫 시기가 지나고 나면 상대와의 거리를 확보하는 데 집중합니다. 활성화된 자립 시스템의 특징은 다음과 같습니다.

- 완벽한 상대를 찾아 헤맨다.
- 연애 초기에 상대방의 마음을 얻으려는 시기가 지나면, 상대의 단점을 확대해서 집중적으로 보게 된다. 그 단점은 너무나 결정적인 것이어서 과연 상대가 자신에게 맞는 짝인지 의심에 빠질 정도다.

- 관계에서의 거리감을 스스로 결정하려고 한다. 상대가 언제 친밀하게 다가와도 되고 언제 그러지 말아야 하는지 일방적으로 통제하려는 의지가 강해진다.
- 함께할 계획을 정해놓지 않고 데이트 약속도 이런저런 핑계를 대며 피한다.
- 자신의 집에 상대가 머물고 싶어 하는 것을 자기 영역에 대한 일종의 침입으로 여긴다.
- 관계를 회의적으로 바라보고 헤어짐을 생각한다.
- 서로 친밀감을 느끼고 나면 바로 다시 거리를 확보한다.
- 자주 연락이 안 된다.
- 상대와 만나는 순간에도 내면적으로 폐쇄된 상태를 유지한다.
- 상대와의 성관계에 흥미를 잃는다.
- 상대와 함께 보내는 시간을 최소화하려고 한다.
- 다른 사람에게서 매력을 찾으려 하거나 전 애인에게 다시 접근한다.
- 낯선 사람과 밤을 보내거나 외도를 한다.

이러한 자립 시스템의 배경에는 상대에게 구속될지도 모른다는 불안감과 상실에 대한 과도한 두려움이 있습니다. 얼핏 정반대처럼 보이는 이 두 가지 두려움은 서로 맞닿아 있을 때가 많습니다. 자존감이 약한 채로 상대방에게 자신을 과도하게 맞추려는 사람 역시 상대의 기대들을 모두 충족시켜야 하며 늘 굽히고 들어가야 한다고 생각합니다. 그런데 이런 생각은 자신에게도 반항심과 서항삼을 느끼게 하는 원인이 되는데, 그 이유는 자기 자신을 잃고 싶어 하지 않는 성향 때문입니다. 점점 자기 자신을 잃어가는 일을 피하기 위해 그는 상대에게 거리를 둡니다. 이런 내면의 과정은 대부분 자신도 인식하지 못한 채 진행되는데 이 과정에서 당사자는 상대가 자신에게 가장 적합한 상대인지 강한 의심을 하게 됩니다.

상대방에게 구속당할지도 모른다는 불안감은 사실 자기 경험의 투사일 뿐입니다. 마음속 두려움의 원인을 남에게 넘기는 것이지요. 이 두려움은 상대의 기대에 부응해야 한다는 감정에서 생겨납니다. 이러한 사람은 관계란 두 사람이 함께 만들어 나가는 것이라는 사실을 어린 시절 배우지 못하고, 대신 늘 참으며 관계가 자신을 스쳐 지나가도록 내버려둘 수밖에 없었던 경우가 많습니다. 그래서 그런 사람들은 상대와의 관계가 안전한 영역 안에 들어왔다 생각이 들면 돌연 상대방을 자신을 조종하고 구속하려는 존재로 여기는 것입니다.

그들이 생각하는 유일한 자유는 관계에서 발을 빼는 것뿐입니다. 이런 뒷걸음질은 항상 당사자가 '이제 관계가 진지해진다'거나 '더 이상 여기서 빠져나갈 수 없을 것'이라는 느낌을 받을 때 시작됩니다.

반면 율리아처럼 관계에서 수동적인 역할을 감당하는 사람은 사실과 전혀 다르게도 인생의 사랑을 찾았다거나 이 사람 없이는 살 수 없을 것 같은 느낌, 또는 이 사람을 놓치면 다시는 행복해질 수 없을 것 같은 느낌을 가집니다. 애착 시스템이 완전히 활성화되면 상대를 지나치게 이상화하기 시작합니다. 마치 상대에게 중독된 것처럼 무기력하고 사로잡힌 느낌을 받습니다. 앞서 이야기했듯이 이런 느낌은 사랑과는 전혀 관련이 없습니다.

율리아에게도, 로베르트에게도 해피엔딩은 가능합니다. 그것이 어떻게 가능할지 이제부터 알아보도록 하겠습니다.

사랑의 감정이
사라지는 다른 이유들

처음에는 그토록 원했던 상대가 어째서 갑자기 매력을 잃게 되는 걸까요? 상대방에게 구속될까봐 혹은 자유를 잃을까봐 두려워하는 마음만이 가까운 관계 앞에서 뒷걸음질 치게 만드는 것은 아닙니다. 오히려 상대방을 잃을까 두려워하는 마음이 원인일 수 있습니다. 이런 맥락에서 '두려워하는 관계 회피자'라는 말도 쓰는 것이죠. 이런 사람들은 상처받기 쉬운 내면을 지키기 위해 안팎으로 경계선을 칩니다. 그들은 상대에게 마음을 열면 상대방이 떠날까봐 두려워합니다. 그들이 경계를 치는 것은 상대가 관계에 진지하게 임하기 시작하는 순간입니다. 상대방이 확실히 마음을 주지 않으면 그들은 상대에게 큰 갈망과 사랑을 느낍니다. 그 뒤에 숨겨진 논리는 다음과 같습니다.

내가 손에 확실히 쥐고 있지 않은 것은 잃을 수도 없다는 것이지요. 이런 관계 회피자 중 몇몇은 절대로 가까워질 수 없는 사람에게 빠져서 열광하는 상태에 머물러 있기를 선택하기도 합니다.

넌 나를 장식해주지 않아!

이렇게 자신의 약한 면을 견디기 어려워하는 그들의 심리는 사랑의 감정을 잃어가는 데, 혹은 사랑이 전혀 생기지 않게 하는 데 매우 큰 역할을 합니다. 자신의 모습을 있는 그대로 드러내는 데 어려움을 느끼거나 항상 좋은 인상만을 남기려는 사람들은 상대의 약점도 견디기 어려워합니다. 왜냐하면 상대방 역시 그들의 기준에 맞아야만 하기 때문입니다. 즉 어느 면으로 보나 남들 앞에 내세울 만한 사람이어야 하고, 그 사람과 있는 것이 본인의 가치도 높여주어야 합니다. 그렇지 않으면 그들은 자신의 허영심에 큰 타격을 입습니다. 이러한 맥락에서 이런 성향에 해당하는 사람들과 나르시시즘을 연결 짓기도 합니다. 나르시시즘의 영향을 받는 사람들은 노력으로 완벽해질 수 있다고 생각하는 불안정한 자존감 때문에 남들 앞에 나설 때 매우 자신감이 있는 사람으로 비춰집니다. 이들은 상대를 자기표현의 연장선상에 놓습니다. 상대가 자기도취 성향인 자신의 눈에 차지 않으면 끝없는 비판을 늘어놓습니다. 적극적인 나르시시스트는 타인에 대해 비판을 서슴지 않습니다. 그렇게 다른 사람들의 약점을 찾아낸 뒤 과도하게 스스로를 비판하는 것으로 자신을 보호합니다. 즉 부족하고 못나게 느껴지는 상대에게서 스스로 원하지 않는 감정을 강요받는다고 믿으며 상대방에게 자신이 가진 열등감을 투사하는 겁니다.

나르시시스트가 가진 공격성의 또 다른 원인은 예민함입니다. 아주 작은 비판조차도 그를 매우 화나게 만들 수 있습니다. 나르시시스트들은 대개 두려움 때문에 애착을 피하는 타입일 가능성이 높습니다. 상대방이 자신을 충분히 사랑하지 않는다고 느끼는 즉시 그들은 시비를 걸어 언쟁을 일으키거나 이별을 고합니다. 상대의 입장에서는 별다른 행동도 취하지 않았는데, 나르시시스트는 거절당했다고 느끼는 것이지요.

이렇게 자기도취적 성향을 가진 사람들의 연애관계에서의 문제점은 뒤의 '자기도취적 방어기제'에서 더 자세히 다루겠습니다.

너는 내게 안전한 사람이야!

■

혼자 있는 것을 유난히 힘들어하는 사람들이 있습니다. 그런 사람들은 실은 마음에 썩 차지 않는 상대에게 '혼자인 것보다는 낫다'는 생각으로 애착을 갖게 되는 경우가 많습니다. 바로 이 지점이 외향적인 사람이 내향적인 사람에 비해 혼자인 것을 견디기 어려워하기 때문에 발을 헛디디는 곳이기도 합니다. 그러나 혼자인 것에 대한 두려움이 잠잠해지면 상대방의 약점이 눈앞에 보이고, 그때 그들은 스스로에게 묻습니다. "더 나은 사람을 찾아봐야 하는 게 아닐까?" 이쯤에서 여러분은 지금 만나고 있는 상대가 실제로 자신과 맞는 사람이 아닌 건지 아니면 애착형성에 대한 두려움으로 스스로 그렇게 큰 의심을 키워온 것인지 분명 궁금할 것입니다. 이 질문에 대한 답변에는 두 가지로 접근할 수 있습니다. 첫째, 처음에 지금의 상대에게 사랑을 느꼈던 동기가 무엇인지 생각해보세요. 상대의 어떤 점이 매력적이었나요? 그렇게 느끼게 된 데 혹시 자신이 가진 두려움이 영향을 끼치지는 않았을까요? 둘째, 상대의 단점이 정말로 치명적이어서 감정이 차갑게 식어버린 것을 설명할 수 있을 정도인지 이성적으로 생각해보세요. 많은 경우에 그런 감정을 느끼는 당사자는 자신의 비판적인 생각이 상당히 과장되어 있다는 것을 이미 알고 있습니다. 한 세미나에서 만났던 남자는 자신이 전 여자친구에게 이별을 통보한 이유가 여자친구의 키가 딱 3센티미터 부족해서였다고 하면서 자신의 과장된 감정을 인정했습니다. 합리적으로 그는 이것이 어이없는 일이라는 것을 잘 알고 있었죠. 그리고 실제로 당시 그가 여자친구를 바라보았던 비판적인 시선 뒤에는 애착형성에 대한 압도적인 두려움이 숨어 있었습니다.

앞에서 언급한 대로 타인에게 과도하게 자신을 맞추려는 사람은 스스로의 감정이나 욕구에 접근하는 통로가 매우 좁게 발달되어 있습니다. 그렇기 때문에 이들은 자신이 정말 잘 맞는 짝을 골랐는지 불안해하고, 자신이 진정으로 상대를 원하는지 아니면 단지 상대방에게 상처 주고 싶지 않거나 혼자 있는 것이 싫어서 만나고 있는 것인지 지속적으로 의심하는 것입니다. 이처럼 스스로의 감정을 잘 알지 못하는 것은 이들이 상대를 계속 만날지 헤어질지에 대해 분명하게 결정을 내리는 일조차 어렵게 만듭니다.

헤어지는 것은 안 돼!

상대방을 지나치게 비판적으로 바라보는 또 다른 이유는 깊은 무의식에서 비롯된 '헤어짐은 절대 안 된다!'는 확신 때문일 수도 있습니다. 특히 연애관계를 주도적으로 이끌어 나가는 데 문제를 느끼는 사람들은 자신이 그 누구도 실망시켜서는 안 된다는 부담을 느끼고 있습니다. 내가 누군가를 실망시켜서는 안 된다는 것은, 다시 말하면 내가 상대를 고르는 데 실수했더라도 혹은 그 관계가 나를 힘들게 하더라도 상대방과 헤어질 수 없다는 생각으로 이어집니다. 이러한 암묵적 규칙이 연애관계로 돌입하는 것을 주저하게 만듭니다. '영원한 관계'가 깨어질지 모르는 위험을 피하기 위해서라도 완벽한 상대를 찾으려 합니다. 또한 상대의 아주 작은 결점도 이런 사람에게는 안정적인 연애관계에서 몸을 빼게 하는 이유가 됩니다. 이들에게는 오히려 어떤 약속도 하지 않아도 되는 하룻밤의 연애 정도가 손쉽게 느껴집니다.

설령 이들이 완벽한 상대를 찾았다고 생각한다고 해도 새로운 문제가 생깁니다. 스스로가 부족하다고 느끼는 것입니다. 지나치게 타인에게 맞추려는 사람들은 대부분 자존감에 문제가 있기 때문에, 완벽한 상대는 자신에게 머무를 리 없다고 확신합니다. 이 확신이 상대와의 안정적인 연애관계를 피하거나, 친밀감의 순간이 지나면 다시 거리를 두는 식의 행동을 하게 합니다. 이 '친밀감-거리 두기'가 반복되는 단계에서는 당사자 역시 죽을 것처럼 불행한 연애관계에 얽혀 계속 빠져나오지 못하며, 그러는 한편 홀로 살아가는 것에 대한 큰 두려움 때문에 그 관계를 끝내서도 안 된다는 굳은 확신을 갖게 됩니다.

누구도 신뢰할 수 없어!

■

마지막으로 이런 시절 경험으로 생긴 애착 트라우마 역시 갑작스럽게 사랑의 감정을 잃게 하는 원인일 수 있습니다. 어렸을 때 충분한 돌봄을 받지 못하고 방치되거나 신체적·정신적으로 학대당한 적이 있는 아이는 애착관계가 자신에게 위협이 될 수 있음을 배우게 됩니다. 타인과의 거리가 너무 가까우면 그들은 두려움을 느끼고, 그 두려움은 이전의 기억, 외롭고 슬펐던 애착의 경험을 불러일으킵니다. 살아남기 위해 그들은 어릴 때 학습한 것을 실행에 옮깁니다. 감정의 스위치를 완전히 꺼버리는 것입니다. 이것은 분명한 의식하에 이루어지는 과정이라기보다는 반사적 반응에 가깝습니다.

저는 이것을 '반사적으로 죽은 척하기'라고 부릅니다. 이런 과정을 심리학 용어로는 '분열'이라고 합니다. 이 경우에 해당되는 사람은 괴로움을 느끼지 않기 위해 자신의 신체와 감정에서 스스로를 몰아냅니다. 따라서 성인이 되어 과거의 트라우마가 된 기억들을 치유하고자 할 때 가장 중요한 것은 자신의 몸 안에서 감정을 느끼는 것을 다시 배우는 일입니다. 트라우마로 남은 관계의 경험에 대해서는 2장에서 자세히 다뤄보겠습니다.

혼자가 좋을 뿐,
행복한 관계를 거부하는 건 아니에요

아마 어떤 사람들은 혼자 지내는 생활이 만족스러워서 이 책에서 말하는 내용이 자신에게는 전혀 와닿지 않을 수도 있습니다. 이러한 싱글들은 관계에서 오는 스트레스 같은 것에는 관심이 없다고 말합니다. 또한 한 사람과의 안정된 관계를 위해 성적인 자유를 포기할 각오가 아직 안 됐다고 말하기도 합니다. 이런 태도를 뭐라고 할 수는 없습니다. 적어도 당사자가 진정으로 선택의 자유를 느끼고 있다면 말이지요. 그러나 많은 경우가 이에 해당되지 않습니다. 확신에 찬 싱글들은 무의식중에 애착에 대해 깊은 두려움을 느끼는 경우가 많습니다. 극단적으로 자율성을 추구해야 한다는 생각에 완전히 몰입돼 자신을 구속하는 관계가 없을 때에만 자유롭게 살아가고 있다고 느낍니다. 그들 내면의 아이는 연애관계를 고통과 불행에 연관시켜 생각합니다. 관계 안에 있을 때 사슬로 묶여 구속되었다고 느끼거나 아니면 어차피 상대방은 떠나고 자신은 상처받을 것이라고 확신하고 있기 때문입니다. 어린 시절 심각한 애착 트라우마를 겪어 고통을 받았던 경우 그들 내면의 어린아이는 친밀한 관계를 두려움이나 공포와 연관시키게 됩니다. 혼자 있을 때 가장 안전하다고 느끼며 애착은 곧 학대, 억압, 횡포를 연상시키는 것입니다.

개인적으로 제가 아는 싱글들 중에는 아기자기한 연애관계보다 혼자 지내는 것을 더 선호하는 사람은 없습니다. 그들에게 싱글로 지내는 것은 사소한 문제입니다. 더 큰 문제는 불행한 연애관계에 얽혀버리는 것과 상대가 떠나고 난 뒤 홀로 남겨지는 것입니다. 어떤 싱글들은 어차피 사랑할 사람을 찾을 수 없으며 아무도 자신을 사랑하지 않을 거라고 믿습니다. 또 다른 이들은 자신과 맞는 사람을 찾을 수 없을 거라고 생각합니다. 또 어떤 이들은 자기도 모르는 친밀함을 향한 욕구를 충족시키려고 하룻밤의 만남을 즐기지만, 그런 만남이 친밀감을 채워줄 수는 없습니다.

이미 이야기했듯이 싱글로 사는 삶에 대해서는 반대할 이유가 없고, 더욱이 불행한 관계 안에서 살아가는 삶보다 싱글이 낫다는 것은 더 말할 나위가 없습니다. 하지만 동시에 지금 확신에 차 있는 싱글들은 마음속 깊은 곳에서 자신이 진정 원하는 게 홀로 살아가는 것인지 진지하게 물어보세요. 혹시 나의 애착욕구가 두려움이나 부정적인 경험으로 숨겨지고 억압된 것은 아닌지 말입니다.

2장

지금 당신이 힘든 건
당신 잘못이 아니에요

관계 능력은 학습된 것일까, 타고난 것일까?

우리가 관계를 맺는 데, 그리고 세상을 바라보는 시각에 유전자는 어느 정도의 역할을 할까요? 근본적으로 유전자는 성격에 영향을 미치고, 좋고 싫은 것이나 취향에도 영향을 미칩니다. 유전자는 성격뿐만 아니라 우리의 애착 및 자립 프로그램에도 큰 영향을 미칩니다. 따라서 우리는 제각기 다른 친밀감 또는 거리감으로 세상의 많은 것들을 대하는 것이지요. 어떤 아이들은 부모와의 스킨십을 매우 좋아하고, 또 어떤 아이들에게는 비교적 그런 욕구가 적게 나타납니다.

유전자는 또한 우리의 자존감 형성에도 영향을 줍니다. 그래서 늘 심사숙고하고 의미를 반추해보며 삶을 살아가는 내향적인 사람들에 비해서 외향적인 사람들은 두려움도 적고 보다 자신감 넘치는 성향을 보입니다. 각자의 관계 프로그램은 이렇듯 유전적으로 결정된 요소와 우리가 환경적으로 경험한 요소가 결합해 나타나는 결과입니다.

여기서 중요한 것은 '자녀와 부모가 서로 얼마나 잘 맞는가'입니다. 예를 들어 애정을 굉장히 필요로 하는 어머니가 아이를 낳았는데, 그 아이가 스킨십을 별로 필요로 하지 않는 아이라면 어머니는 당황스러워할 것이고 어쩌면 거절당했다고 느낄지도 모릅니다. 이것은 어머니가 아이에게 더욱 애착하게 되어, 여러 아이 중 자신이 제안하는 관계에 더 잘 반응하는 아이에게 과도하게 애착하는 것으로 발전할 수 있습니다. 또한 어머니가 공감능력이 부족한 경우 아이가 늘 엄마와의 스킨십을 원하는 것은 아니라는 걸 알아채지 못한 채 친밀감에 대한 자신의 욕구로 아이를 지속적으로 압박할 수도 있습니다. 하지만 엄마는 아이에게 압박을 가하고 있다는 사실을 알지 못한 채 계속 애정을 쏟는 경우가 많습니다.

이런 과정을 겪었던 아이는 성인이 됐을 때 남달리 자율성과 자유에 대한 욕구가 강해지고 상대의 애착욕구에 거의 알레르기처럼 거부 반응을 보이거나 안정적인 연애관계에 전혀 발을 들여놓고 싶어 하지 않는 결과를 낳기도 합니다. 적극적인 애착욕구를 두려워하는 사람들 중 대부분은 태어날 때부터 이성적이고 객관적인 성향을 지니고 있습니다. 그에 반해 친밀감에 대한 욕구가 강한 사람들은 원래부터 애정과 조화를 갈구하는 성향으로 태어납니다.

    이런 이유에서 우리에게 어떤 것이 경험으로 각인되었으며, 본래 어떤 성격을 가지고 태어났는지를 먼저 생각해보면 큰 도움이 됩니다. 그리고 자신의 부모가 그 성격에 잘 맞았는지, 어릴 때 부모와의 사이에 얼마만큼의 거리가 존재했는지도 생각해보세요.

현재의 관계를 지배하는
어린 시절의 각인들

앞서 말했듯이 태어나서 첫 몇 년간 우리 내면에 프로그램이 만들어지는 과정은 특별한 의미를 갖습니다. 뇌가 발달하는 데 중요한 단계들을 포함하는 시기이기 때문이지요. 이때 각인이라는, 깊이 남는 조건들이 생겨납니다. 이것은 우리가 스스로를 어떻게 인식하고 외부 세계를 어떻게 해석할지를 결정합니다.

물론 부모 외에 다른 사람이나 요소들도 각인을 남깁니다. 그리고 어린 시절만큼이나 중요한 발달과정인 사춘기를 겪으면서도 우리는 삶에 영향을 미치는 여러 경험을 하게 됩니다. 그 이후로도 우리는 죽을 때까지 지속적인 발달과정 속에서 새로운 경험들을 하면서 무언가를 배우지요.

이처럼 우리가 가진 인지능력은 삶의 여러 경험을 통해 깊이 흔적을 남긴 무의식의 프로그램으로 결정됩니다. 항상 객관적으로 사고할 수는 없다는 이야기입니다. 이러한 깨달음은 새로운 것이 아닙니다. 고대 그리스의 철학자 에피쿠로스는 다음과 같이 말했습니다.

"우리를 불안하게 만드는 것은 사물이 아니라, 우리가 그 사물에 대해 갖는 생각이다!"

그래서 어떤 심리학자나 철학자는 인식이란 대상의 진실을 알게 되는 것이 아니라 우리가 진실이라고 믿는 것을 대상에게 부여하는 것이라고 말합니다. 이 말은 앞의 율리아와 로베르트의 사례에서 본 것처럼 우리가 주변에서 일어나는 일에 대한 스스로의 반응에서 주관적인 의미를 부여한다는 것입니다. 즉 일어나는 일 그 자체에 반응하는 것이 아니라, 그 일에 대한 스스로의 해석에 반응하는 것입니다. 예컨대 로베르트가 율리아와 약속한 일을 또다시 잊어버렸을 때, 율리아의 합당한 반응은 그가 둘의 관계에서 너무 책임감이 없다고 느끼는 것입니다. 하지만 그렇게 생각하는 대신 율리아는 '나는 중요하지 않은 사람이구나!'라고 생각해버립니다.

이러한 내면의 확신은 율리아의 어린 시절에 이미 생겨난 것이고, 로베르트가 이를 자꾸만 다시 일깨우고 있는 것입니다. 객관화할 수 있는 사건(약속을 잊은 것)에 대한 해석(나는 중요하지 않아)이 뒤따르고, 그 뒤에 감정(아픔, 슬픔)이, 그리고 반응(울음, 비난, 흐느낌)이 따릅니다. 우리 모두에게 일어나는 일이지요. 이처럼 우리는 다른 사람의 태도를 이런 시절에 생겨난 각인의 인경을 끼고 바라봅니다.

따라서 자신의 관계 프로그램을 이해하고 싶다면, 먼저 어린 시절의 각인을 다루어야 합니다. 그 과정에서 우리 영혼의 가장 구석지고 작은 부분이라도 지나쳐서는 안 되며, 어린 시절 전체를 살펴봐야만 합니다. 유아기의 발달과정을 바탕으로 우리의 애착욕구, 자립능력, 그리고 자아 존중감이 어떻게 형성되는지는 3장에서 좀 더 자세히 살펴보겠습니다.

분노를 잘 다루는 사람이
자존감도 높아요

인간은 태어나면서부터 기본적으로 육체적, 심리적 욕구가 있습니다. 신생아는 무엇보다도 몸의 느낌들에 지배를 받지요. 그래서 배고픔, 목마름, 추위, 젖 먹기, 씻기, 기저귀 갈기, 스킨십 등에 민감하게 반응합니다. 애착대상과의 이러한 첫 상호작용은 신체적으로 매우 가까운 거리에서 일어납니다. 젖먹이 아기의 애착욕구는 이렇게 자신을 돌봐주는 사람과의 신체와 관련된 과정들로 채워지고, 여의치 않은 상황에서는 충족되지 않기도 하며 불충분하게 채워지기도 합니다. 인생의 첫 몇 년 동안 아기에게는 근본적 신뢰 혹은 근본적 불신이 생겨나지요. 젖먹이 아기 혹은 어린아이가 자신이 소리를 지르면 누군가 와서 팔로 안아 올려 쓰다듬어주고 먹여주는 것을 경험할 때 느끼는 환영받고 있다는 감정은 아이의 몸 깊숙한 곳에 이 세상과 타인에 대한 신뢰가 생겨나게 해줍니다. 그러나 신체와 관련된 돌봄을 통해서만 아이가 자신의 가치를 경험하는 것은 아닙니다. 가까운 사람의 표정이나 몸짓을 통해서도 알게 됩니다. 부모가 아이를 보며 자주 미소 짓고 긍정적인 기운을 내뿜으면, 아이는 부모가 자신과 같이 있을 때 즐겁고 행복하다는 것을 알게 됩니다. 심리학에서는 이를 반사된 자아 존중감을 감지하는 것이라고 표현합니다. 이때의 경험은 우리의 인생 전반에 영향을 미칩니다.

우리는 주변 사람에게 인정받기 위해 노력을 기울이며, 거절당하는 경험을 했을 때는 부끄러움을 느낍니다. 인정받고 싶은 욕구와 거절에 대한 두려움은 애착욕구가 담당하는 일의 중심에 있는 가장 인간적인 동기입니다. 만약 우리가 어떤 일에도 창피함을 모르고 어떻게 되든 아무 상관없다고 한다면 서로 맞춰가는 능력이 아예 없는 상태인 것이나 마찬가지입니다. 말 그대로 모두 사회 부적응자가 되어버리겠지요. 자아 존중감을 향한 욕구와 창피함으로 느끼는 일종의 압박은 공동체 안에서 우리의 행동을 통제합니다.

애착과 자존감에 대한 심리적 욕구는 부모가 얼마나 애착능력과 공감능력이 있는지에 따라 충족 여부가 매우 달라집니다. 앞서 얘기했듯이 공감은 나와 너 사이를 이어주는 다리이며, 따라서 애착능력의 가장 근본적인 요소입니다. 젖먹이 아기가 아직 자신의 욕구를 제대로 표현하지 못하는 시기인 태어난 후 첫 몇 년간은 바로 그런 이유로 아기를 돌봐주는 사람이 아기의 욕구에 얼마나 공감할 수 있는지가 관건입니다. 하지만 그 이후의 발달시기에도 부모가, 혹은 적어도 부모 중 한 명이라도 아이의 소망, 기쁨, 필요에 공감하는 것은 큰 의미가 있습니다. 부모에게 공감을 받음으로써 아이는 자기 모습 그대로 괜찮다는 것을, 자신이 느끼는 감정이 잘못된 게 아니라는 것을 경험하고, 이 과정에서 스스로의 감정과 행동을 통제하는 법을 배우게 됩니다. 예를 들어 아이가 친한 친구가 자신과 놀고 싶어 하지 않아 유치원에서 슬픈 표정으로 집에 왔을 때, 공감능력이 있는 부모라면 아이의 슬픔을 자신에게 비추어 이렇게 말해줄 수 있습니다.

"친구가 너랑 안 논다고 해서 네 마음이 많이 슬펐겠구나."

아이의 감정을 대신 읽어주고 그대로 인정해준 후 공감능력이 있는 부모는 어쩌면 해결책까지 제시할 수 있습니다.

"우리 한 번 기다려볼까? 내일은 그 애 생각이 달라질지도 모르잖아. 그리고 만약에 내일도 똑같다면 너도 다른 친구랑 놀면 되지."

이런 과정을 통해 아이는 동시에 다양한 것을 학습합니다. 첫째, 내가 느끼는 감정은 '슬픔'이라고 불리는 것이다. 둘째, 이런 감정이 드는 것은 정당한 일이다. 셋째, 이 감정에는 해결책이 있다. 그리고 이것을 학습한 아이는 기쁨, 호감, 분노, 창피함, 질투와 같은 다른 감정이 찾아와도 이 같은 태도로 그 감정들을 다룰 수 있게 됩니다. 아이는 또한 공감을 표현하는 소통방식을 배우게 되며, 주변 사람들이 여러 감정을 느낄 때 그것에 공감해주고 무리 없이 받아들이도록 조언할 수 있게 됩니다. 이를 통해 아이는 모든 종류의 감정을 자연스럽게 느끼고 그 감정을 다루는 법을 배우는 것입니다.

그에 반해 부모가 아이에게 공감하는 데 어려움을 느끼는 경우, 의도한 것이 아니어도 아이가 어떤 감정이나 욕구에 대해 부정적 신호를 반복적으로 보내게 됩니다. 어떤 부모는 특정 감정을 다루는 데 미숙합니다. 대표적으로 분노는 많은 사람이 다루기 어려워하는 감정 중 하나입니다. 왜냐하면 분노는 통제하기 어려운 감정이기 때문에 공격적인 성향을 갖는 사람들이 많으며, 반대로 분노를 오랫동안 억눌러서 공격성이 억압당한 상태의 사람도 많기 때문입니다.

후자에 해당하는 부모의 경우 그들 역시 자신들의 부모에게서 분노란 원치 않는 것, 나쁜 것, 심지어 위험한 것이라는 경험을 하고 이 감정을 억누르는 것을 학습했을 것입니다. 이렇게 분노가 대물림된 과정을 깨닫지 않으면 이것은 또 그들의 자녀에게 전달됩니다. 아이들은 엄마나 아빠가 그랬던 것처럼 부모가 원하는 것에 맞추어 자신의 분노를 억압합니다. 상대방에게 자신을 맞추려는 의지 때문에 자율성의 일부를 포기하는 것이지요. 물론 아이가 자신의 분노를 아무런 제지 없이 다 발산해야 한다는 말은 아닙니다. 물론 아이도 분노라는 감정을 억제하는 법을 배워야 합니다. 하지만 분노 역시 기본적으로 허용되는 감정이라는 것도 배워야 합니다. 분노 또한 자신을 표현하는 건강한 방법 중 하나이며 타인과 경계를 긋는 방법이라는 측면에서 꼭 필요한 능력입니다.

아이들이 분노할 때 부모는 아이의 분노를 개인적인 감정으로 받아들이지 않아야 합니다. 예를 들면 어떤 부모는 아이가 만 3~4세경 반항기에 들어섰을 때 자신과의 사이에 선을 긋는 것을 쉽게 받아들이지 못합니다. 아이가 부모에 맞서서 자신의 의견을 성공적으로 주장하기 위해서는 분리공격성이 필요합니다. 예컨대 엄마에게 "저리 가!"라고 소리칠 수 있습니다. 표면적으로 이것이 그다지 예의 바른 표현이 아님은 확실하지만, 아직 부모의 입장에 공감할 만한 능력이 없는 만 3세의 발달상황에 비추어볼 때는 매우 정상적인 행동입니다.

자아 존중감이 확립되지 않은 부모는 자녀가 이런 분노를 표출할 때 이것을 개인적으로 받아들여, 부적절할 정도로 강한 분노로 받아치거나 과도한 슬픔이나 실망을 느낍니다. 이런 상황에서 부모가 반복적으로 강한 분노를 보이면 아이는 두려움을 느껴 자기주장을 하는 것이 위험한 일이라고 생각하게 됩니다. 부모가 반복적으로 슬픔과 실망을 표현하면, 아이는 자기주장을 하는 것이 타인을 상처 입히는 것이며 부모의 부정적 감정에 책임을 느끼게 됩니다. 이런 경험들이 아이의 뇌에 흔적으로 남아 관계 프로그램을 만드는 것입니다.

좋은 부모는 아이의 애착욕구만 충족시켜주는 것이 아니라 아이가 가진 자율성에 대한 욕구도 채워줍니다. 아동기의 자율성 발달은 아이가 호기심과 지적 욕구로 주변 세계를 이해하고자 하는 본능적인 탐색 충동과 깊이 연결되어 있습니다. 아이에게는 자기를 둘러싼 주변의 모든 것을 이해하고 파악하고자 하는 강한 충동이 있습니다. 아이들이 주변 어른이 집어주기를 바라면서 장난감을 바닥에 자꾸 던지는 등의 놀이를 좋아하는 것도 이것 때문입니다. 이런 방식으로 아이들은 자기 영향력, 즉 자신이 주변에 어느 정도 영향을 끼칠 수 있다는 사실을 학습합니다.

영향력을 갖는다는 것은, 그리고 인간관계에서 수동적인 역할로부터 벗어나는 느낌을 경험하는 것은 자율성 체험에서 핵심적인 부분입니다. 그렇기 때문에 아이들이 한 번씩 자신의 의지를 관철시키기 위해 자기가 할 수 있는 범위 내에서 언쟁을 벌여보는 것은 매우 중요합니다. 이를 통해 아이들은 자신의 의견을 주장하는 게 괜찮은 것이고 때로는 싸울 만한 가치가 있음을 알게 됩니다. 물론 이때 아이의 의지가 부모의 반응을 결정하는 유일한 기준이 되어서는 안 됩니다. 아이는 순응하는 법 역시 배워야 하기 때문이지요. 애착욕구와 자율성을 가지려는 시도는 지속적으로 서로 침범하고 경쟁합니다. 애착관계를 쌓아가기 위한 순응은 자율성을 지키기 위한 자기주장과 마찬가지로 학습되어야 합니다. 애착을 위해서는 항상 자율성의 일부가 포기되어야만 하고, 자율성을 위해서는 애착의 일부를 포기해야만 합니다. 두 욕구 사이에서 지속적으로 균형을 맞추는 일은 매우 중요하며, 가장 바람직한 경우는 성인이 되는 과정에서 학습하는 것입니다. 하지만 그런 경우는 그렇게 많지 않습니다. 많은 사람들이 너무 순응적이거나 너무 반항적이고, 또 다른 사람들은 두 경우의 극단을 오갑니다.

앞에서 얘기했듯이 부모는 교육방식을 통해서만 아이들에게 흔적을 남기는 것이 아니고, 본보기로서의 역할도 합니다. 아이들은 자신을 부모와 동일시하는데, 무엇보다도 같은 성별의 부모를 역할 모델로 삼습니다. 어떤 어머니들은 두려움으로 남편에게 강하게 순응하고 정서적, 경제적으로 지나치게 의지함으로써 딸에게 자립적인 모습을 보여주지 못합니다. 또 어떤 아버지들은 가정에서 자주 육체적으로나 정서적으로 부재함으로써 아들에게 애착에 대한 흐리멍덩한 태도를 보이기도 합니다. 물론 부재하는 아버지는 딸에게도 영향을 미치고, 자립적이지 않은 어머니는 아들에게도 영향을 미칩니다. 누군가가 가정에서 어떤 각인을 경험했는지 알고 싶다면 그 사람의 부모가 제시한 본보기로서의 역할이 어떠했는기도 고려해야 힙니다.

그렇다면 아이의 애착욕구를 좌절시키는 부모의 태도에는 어떤 것들이 있을까요? 육체적·정신적인 부재, 정서적 온기의 결핍, 공감능력 부족, 경직된 권위의식, 이해 부족, 가치 폄하, 학대, 방치 등이 그러한 것들입니다. 또 아이의 자율성 발달을 저지하는 태도에는 어떤 것들이 있을까요? 과도한 애착, 경직된 권위의식, 아이의 자율성 억압, 부족한 지원, 부모에 대한 지나친 분리불안, 그리고 동일시가 이루어지는 같은 성별인 부모의 자립성 부족 등입니다.

트라우마,
스스로를 억압하는 법을 배우다

　트라우마란 무엇일까요? 독일의 저명한 트라우마 연구자인 프란츠 루퍼트에 따르면 트라우마는 다른 모든 평상시의 자기 방어기제가 작동하지 않는 심리적 위급 상황입니다. 어떤 사람이 위험한 상황에서 극도의 무기력을 보일 때 우리는 그것을 트라우마로 봅니다. 아이들은 내면에 처리되지 않은 트라우마가 있는 부모를 통해 이른 시기에 트라우마를 경험할 수도 있습니다. 하지만 트라우마는 폭력 범죄, 사고, 자연재해 등으로 인생의 어느 시기에라도 생길 수 있습니다.

　트라우마는 우리 뇌에서 두려움을 관장하는 편도체에 깊은 각인을 남깁니다. 뇌는 예전에 트라우마의 원인이 된 일이 더 이상 발생하지 않는데도 계속해서 알람을 울립니다. 트라우마를 겪은 많은 사람들은 계속 두려워할 준비가 되어 있는 상태로 살아갑니다. 특히 성인이 된 후 사고 등으로 생긴 트라우마는 당사자가 그 기억을 쉽게 지우지 못하게 만듭니다. 그리고 그 끔찍한 이미지는 계속해서 그 사람을 쫓아다닙니다. 이러한 심리적 부담감이 그 사람을 쉽게 자극받게 하고 공격적인 사람으로 만들며, 지속적으로 겁에 질려 있게 하고 극단적으로 예민한 사람으로 만듭니다.

하지만 부모에 의한 유아기의 트라우마는 당사자가 그것을 자신과 분리시키고 치워버리는, 즉 더 이상 기억하지 못하는 경우도 있습니다. 트라우마의 기억이 자리 잡지 못하도록 생존 본능이 방해하는 것입니다. 이런 식으로 당사자는 일상생활에서 별다른 마찰 없이 제대로 '기능'할 수 있습니다. 특히 가족 안에서 경험한 트라우마는 이것이 성찰되지 않은 채로 남아 있으면 다음 세대까지 전달되기도 합니다. 조모가 전쟁으로 아주 이른 나이에 부모를 모두 잃은 경우를 예로 들어보겠습니다. 그녀는 고아원에서 성장했습니다. 그녀를 위로하거나 슬픔을 달래줄 사람은 그 누구도 곁에 없었습니다. 어린 소녀는 정말로 살아남기 위해 절망과 고통을 억누르고 자신에게서 이러한 고통의 감정을 분리시켰습니다. 그녀는 부모의 죽음이라는 사건을 심리적으로 처리하지 못했으며 대신 애통함, 버려진 기분, 두려움, 절망, 무기력 등의 감정을 마음속에 꽁꽁 얼려두었습니다. 이제

이 아이가 성장하여 성인이 되고, 딸을 낳아 스스로 엄마가 되었다고 가정해봅시다. 그녀는 자신의 딸이 느끼는 애통함, 버려진 기분, 두려움, 절망, 무기력함 등의 감정을 어떻게 해야 할지 몰라 어려움을 느낄 수밖에 없습니다. 왜냐하면 이런 감정들로 통하는 길을 스스로 완전히 막아버렸기 때문입니다. 따라서 그녀의 딸이 다른 아이들도 흔히 그렇듯 슬퍼할 때, 엄마로서 그 슬픔을 함께 나눌 수도, 받아줄 수도 없을 것입니다. 그럴 수 있기 위해서는 먼저 자신이 슬픔을 알아야 하기 때문입니다. 그럼으로써 그녀 딸의 슬픔은 자기 안에 무의식적인 두려움이 되고, 더 큰 슬픔이 되고, 절망이 될 것입니다. 딸은 엄마를 힘들게 하지 않으려고 연약한 감정들을 스스로 억압하는 법을 배우게 될 것입니다. 그렇게 해서 그녀는 엄마와의 애착관계를 지키기 위해 자기 자신의 중요한 일부분, 자기 결정권을 잃어버리는 것이지요.

딸은 엄마와의 관계가 원만한지 그렇지 않은지의 책임이 자신에게 있다고 생각합니다. 더욱이 아이들은 보통 엄마와 공생 관계로 살아가기 때문에 무의식중에 엄마의 깊은 고통을 느끼고 엄마를 행복하게 해주어야 한다는 책임을 과도하게 느끼게 됩니다. 그렇게 아이는 부모나 선생님, 주변 사람들에게 햇살과 같은 존재가 되고, 그 어떤 문제도 없이 모든 것이 잘 돌아가고 있는 것처럼 보입니다. 이 각인은 아이가 성장해서 성인이 되었을 때 그녀의 관계 프로그램을 지배하게 됩니다. 이 말은 성인이 되어서도 그녀는 제대로 '작동'해서, 자신이 원하는 것보다 주변 사람들이 원하는 것을 더 신경 쓰고 돌보게 된다는 것을 의미합니다. 당사자에게 이것은 어떤 의미일까요?

두 가지 가능성이 있습니다. 첫째, 타인에게 자신을 과도하게 맞추려는 성향에 묶여 상대의 모든 기대를 다 충족시키려고 애를 씁니다. 늘 그래왔던 것처럼 자신의 욕구보다 상대방이 원하는 것이 무엇인지를 더 민감하게 느낍니다. 둘째, 타인과 거리를 두고, 경계를 긋고, 어쩌면 친밀한 연애관계를 피하게 될 것입니다. 관계 안에서 자신을 잃고 싶지 않으니까요. 어린 시절에 적절하게 경계를 긋는 능력을 발달시키지 못했기 때문에 성인이 된 후 외부 세계와의 사이에 극단적인 경계를 그을 수밖에 없게 됩니다.

두 경우 모두 당사자에게는 자기 자신의 일부가 결여되어 있습니다. 자기 자신이 느끼는 감정에 대한 통로가 없고, 스스로에 대한 이해 또한 없습니다. 내면의 아이는 타인에게 스스로를 과도하게 맞추거나 혹은 경계를 그음으로써 자기를 보호하는데, 이 내면의 아이는 이제 자신이 성인이고 자신만의 방식으로 삶을 꾸려가도 좋다는 사실을 이해하지 못합니다. 당연한 결과로 이러한 내면의 아이를 지닌 사람은 연애의 환상에 빠져들기 쉽습니다. 어쩌면 불행한 연애관계에 발목이 묶이거나 자신이 느끼는 것이 사랑인지 단순한 의존의 감정인지 혼동할 수도 있습니다. 그 내면의 아이는 엄마와의 관계에서 경험한 것처럼 자신이 돌봐야 할 의무가 있다고 여기는 사람과의 공생 관계에 갇히게 됩니다. 그 사람을 행복하게 하려고 정작 스스로가 원하는 것은 제대로 감지할 겨를이 없습니다. 자신이 일종의 '작동 모드'로 살아가고 있었다는 것을 깨닫지 않는 한 그녀는 결코 자신이 무엇을 원하고 무엇이 자신에게 좋은 것인지 알 수 없습니다. 그녀는 언제나 반쪽짜리 자신으로만 존재할 것이고, 때문에 타인과도 진정으로 친밀한 거리를 유지하며 살 수 없습니다.

지금까지 이야기한 것이 조금 잔인하게 들릴 수도 있습니다. 하지만 분명한 것은 이렇게 트라우마가 되어버린 각인들은 치유될 수 있습니다. 그 과정에 이 책이 일부 도움을 줄 수 있을 겁니다. 중요한 것은 책을 읽는 당신 스스로는 어떤 관계 프로그램을 가지고 있는지 숙고해보고, 자신의 가정환경이 어떤 영향을 미쳤을지 짚어보는 것입니다.

아름다운 어린 시절이란
자기기만일 뿐

여러 치료 사례들을 경험하다 보면 자신의 부모와 유년기를 솔직하고 비판적으로 바라보는 것을 유난히 어려워하는 사람들을 많이 만날 수 있습니다. 이것은 부모에게 현재의 문제점에 대한 책임을 떠넘기려는 것이 아니라 스스로가 지니고 있는 각인과 여러 조건을 이해하기 위한 일입니다. 이런 것에 대한 이해 없이는 스스로를 알 수 없고, 자신의 각인에 대한 자각 없이는 그 각인을 변화시킬 수가 없습니다. 인생의 중년이나 노년에 이르러서야 어린 시절을 현실적인 눈으로 바라보게 되는 사람들도 많습니다. 그런 사람들은 오랫동안 자신의 어린 시절이 대체로 불행했다는 것을 회피하며 살아왔습니다. 자신이 썩 괜찮은 유년시절을 보냈다고 믿어온 것이지요. 과거를 떠올리면 오직 즐거웠던 순간과 이미지들만 머릿속에 떠올랐습니다. 그러나 자신의 과거를 좀 더 자세히 들여다보았을 때, 실은 내면 깊은 곳에서 외롭고 이해받지 못한다는 느낌을 받았거나 자신이 원하는 것들을 완전히 제쳐두고 살았던 것을 부정할 수 없었습니다. 아름다운 순간들을 방해하지 않기 위해, 그리고 부모를 거스르지 않기 위해서 말이지요. 돌아보면 아름다운 어린 시절이란 자기기만일 뿐이라는 것을 알게 되었습니다. 일단 자신의 과거를 있는 그대로 바라본 뒤에야 스스로를 이해하고 자신만의 심리적인 프로그램을 발달시킬 수 있습니다. 이러한 분별을 통해 당사자는 성인으로서의 현재 상황에 더 적합한 새로운 프로그램을 마련할 수 있습니다. 이렇게 내면의 설정을 새롭게 함으로써 나를 압박하던 현재의 관계에서 벗어나 스스로의 삶을 더 행복하게 다듬어 나갈 수 있게 됩니다.

그렇다면 왜 많은 사람들이 부모를 비판적인 시선으로 바라보는 것을 그토록 어렵게 느낄까요? 그 이유는 어렸을 때부터 부모란 마땅히 늘 선하고 정당한 존재라고 생각했기 때문입니다. 부모에게 의존적일 수밖에 없는 아이들은 만일 부모가 틀리거나 나쁘다는 평가에 도달하면 그 어떤 보호 장치도 없이 방치된다고 느낍니다. 그렇기 때문에 아빠에게 심하게 매를 맞은 네 살짜리 아이는 자연스럽게 "아빠는 너무 공격적이야. 난 잘못한 게 없는데!"가 아니라 "아빠가 옳아. 내가 나쁘지"라고 생각하는 것입니다. 그 이외에도 아이가 자신이 무능력한 부모에게 의존하고 있다는 사실을 시인한다는 것은 심리적으로 커다란 위협이 될 수 있으며, 부모로부터 독립적으로 도덕적인 판단을 할 수 있는 상황에 놓인 것도 아닙니다. 게다가 아이는 아직 전체적 맥락을 바라볼 줄 아는 눈이 부족합니다. 아이에겐 단지 "나는 작고, 아빠는 거대하고 힘이 세. 그러니까 아빠가 옳고 나는 틀려"라는 시점만 있을 뿐입니다. 사람은 누구나 내면에 특정한 하나의 인격을 지니고 있는데, 심리학에서는 이를 '내면의 아이'라고 표현합니다. 어린 시절 부정적 각인이 남겨진 사람의 경우 어른이 되어서도 다른 사람들이 옳고 어쩐지 자신만 이상한 것 같다는 생각을 자주 하게 되는데, 이렇게 생각하게 하는 부분이 바로 내면의 아이입니다. 우리가 자기 안의 아이와, 그중에서도 특히 그 내면의 아이가 가진 열등하다고 생각되는 부분과 동일시하게 되면 성인이 되었는데도 내적으로 위축되어 다른 사람들과 같은 눈높이에 있다고 생각하기 어려워집니다. 이러한 상태에서 우리는 옳고 그름을 나보다 더 잘 판단할 수 있다고 생각되는 사람에게 더욱 의존하게 됩니다.

많은 사람들이 이러한 이유로 불안한 발걸음을 옮기며 그들을 이끌어줄 강한 손을 원합니다. 자신의 각인에 대한 성찰이 없는 한 당사자는 언제까지나 그 각인 안에 묶여 옴짝달싹할 수밖에 없습니다. 그러면서 '그 애는 대단해. 나는 변변치 않은데'와 같은 생각을 갖고 주변 사람을 대단하게 보게 되지요. 그러나 이 과도한 높임은 머지않아 똑같은 사람에 대한 가치절하로 바뀝니다. 인간이 자기보다 우위에 있다고 생각했던 사람을 다시 동등한 위치에 두기 위해 그를 깎아내리는 것은 빈번히 있는 일입니다.

보통 스스로를 열등하다고 생각하고 누군가에게 의존 성향을 보이는 사람들은 부모에게서 분리되지 못한 경우가 많습니다. 내면의 아이가 엄마의 손을 놓아버리기엔 두려움이 많기 때문이지요. 그러한 사람은 자립능력이 덜 발달된 채 자신의 잠재능력 중 극히 일부만 가지고 살아갑니다. 자기 부모를 이상화한 모습이 계속해서 남아 함께 얽히고, 당사자는 자신의 어린 시절이 장밋빛이었다고 여기는 것입니다. 부모를 비판적인 시각으로 보기 위해서는 일단 그들에게서 거리를 둘 필요가 있습니다. 이 말은 아주 작은 부분이라도 애착관계에서 빠져나와야 한다는 것입니다. 하지만 이것이 의존적이고 위축된 성향의 내면 아이를 가진 사람들에겐 어렵게 느껴집니다. 무엇보다도 그들은 부모를 사랑하고, 부모에게 충실한 것을 의무로 여기고 있기 때문입니다. 부모에 대해 비판적으로 생각해보려고 하면 그들은 곧장 죄책감을 느낍니다. 어떤 경우에는 이때 느끼는 영혼의 떨림이 너무나 강력해서 거의 트라우마 수준으로 생존 본능을 자극해 이런 상처를 의식하는 데 방해가 되기도 합니다. 결국 이런 상황을 회피하는 것으로 당사자는 커다란 심리적 위기에서 스스로를 보호합니다.

    이제 각자의 애착 프로그램과 자율 프로그램을 완성해보려고 합니다. 이때 가능하면 당신의 과거와 부모님을 솔직하게 대면해보도록 하세요. 처음에는 이 과정이 무척 고통스럽게 느껴질지도 모르지만 이것은 묵은 감정들을 떠나보내고 새로운 생활을 향해 나아갈 수 있는 커다란 기회입니다. 도움이 될 만한 조언을 하나 드린다면, 당신 부모님의 좋은 점들 또한 생각해보고 그에 대해 감사한 마음을 가져보는 것입니다. 그리고 당신의 부모님 또한 그들에게 각인을 남긴 부모가 있었다는 사실을 떠올리세요. 모든 사람이 실수를 하지만 특히 부모님이 실수를 저질렀을 때는 자녀에게 상처 주기를 원해서 그런 것이 아니며 부모 또한 자신이 양육되어온 방식에 대한 성찰이 부족해서입니다. 그리고 바로 이러한 이유로 당신이 스스로를 성찰하는 일이 중요한 것입니다. 자신이 지닌 부정적인 각인을 자녀에게 대물림해 그들이 무의식중에 그것을 주변 사람들에게 휘두르도록 하지 않기 위해서 말입니다. 자신을 더 잘 이해하는 법을 배운다는 것은 나를 행복하게 하는 지름길일 뿐만 아니라 나를 더 나은 사람으로 만드는 길입니다. 그렇기에 다음 단계에서 당신만의 관계 프로그램을 잘 완성해보기를 바랍니다.

아무도 나를
사랑하지 않는 것 같다면

저는 이 책을 읽는 여러분에게 책을 읽는 동안 성찰 노트를 하나 만들어 다음에 제시되는 연습들을 함께해보기를 적극적으로 추천합니다. 자신의 경험, 생각, 체험을 거기에 적어보는 것이지요. 그것을 당신의 개인적인 경험을 비추어보는 거울로 생각하세요. 제가 내담자에게 권하는 방법이기도 합니다. 우리는 무언가를 써보는 것만으로도 그 대상을 훨씬 더 깊이 이해하게 됩니다. 대상에 대해 쓸 때 생각을 끝까지 밀어붙여야 하는 면이 있으니까요. 쓰는 과정이 너무 번거롭게 느껴진다면 그냥 눈으로만 읽어도 괜찮습니다. 그러나 좀 더 효과적인 결과를 얻기 위해서는 모든 연습을 적극적으로 수행하고, 약간의 시간을 들여 당신의 생각과 감정을 꾹꾹 눌러 적어보세요.

1단계 : 부모님에 대한 당신의 애착은 어떤 것이었나요?

■

이제 당신의 거울 역할을 할 성찰 노트를 펼쳐 어린 시절(0~10세) 당신의 부모님이 당신의 애착욕구를 얼마나 잘 채워주었는지 적어보세요. 만약에 부모님과 함께 살며 성장한 것이 아니라면 같은 질문을 당신을 돌봐주던 사람에 대입하여 던지면 됩니다. 답을 적을 때는 부모 각자(혹은 다른 양육자)에 대해 따로따로 적어보세요. 생물학적 부모와 양육해준 부모(새어머니/새아버지)가 따로 있다면, 그들이 당신의 삶에 중요한 역할을 한 이상 모두 적도록 하세요.

이 과제를 수행하는 과정에서 당신의 내면을 깊이 느껴보고 어린 시절을 눈앞에 불러내세요. 아직도 생생하게 기억에 남아 있는 어떤 특정한 상황을 떠올려도 좋습니다. 유아기에 대한 기억이 별로 남아 있지 않다면 그것이 그다지 아름답지만은 않았다는 뜻입니다. 힘들었던 기억은 좋았던 기억보다 쉽게 사라지는 경향이 있거든요. 만약 유아기의 기억이 정말로 희미하거나 거의 남아 있지 않다면 더 나중 시기라도 기억에 남아 있는 부모님의 모습을 떠올려보세요. 그리고 자신에게 질문을 던지세요. 내가 더 어렸을 때는 어떠셨을까? 이 과제를 수행하는 데 도움을 주기 위해 부모님을 묘사하는 데 필요할지도 모르는 긍정적·부정적인 형용사들의 예를 한번 살펴보도록 하겠습니다.

> **긍정적인 애착 특성들의 예**
>
> 다정한, 세심한, 공감하는, 호의적인, 든든한, 따뜻한, 강인한, 부드러운, 충족시켜주는, 예측 가능한, 신뢰할 수 있는, 기분이 좋은, 한결같은

> **부정적인 애착 특성들의 예**
>
> 냉담한, 자기중심적인, 무관심한, 부담스러워하는, 이해심 없는, 공감하지 못하는, 권위적인, 거리감 있는, 흥미 없는, 공격적인, 학대하는, 위협하는, 스트레스 받는, 자극받기 쉬운, 예측 불가능한

이러한 예시 외에도 앞으로 당신이 이 연습을 잘 수행할 수 있도록 각 연습마다 앞의 사례에서 등장했던 율리아와 로베르트의 예시도 함께 제시할 것입니다. 율리아는 애착을 주제로 한 연습문제를, 로베르트는 자율성을 주제로 한 연습문제를 예시로 풀겠습니다.

◆ 당신의 부모에 대한 긍정적·부정적 애착 특성들을 노트에 적어보세요.

◆ 부모의 애착능력을 묘사할 수 있는 부가어를 적어보세요.

◇ 율리아의 예

- 엄마: 집을 너무 자주 비움. 하지만 함께 있을 때는 다정하게 돌봐주었다.
- 아빠: 집을 너무 자주 비움. 대부분 다정했지만 가끔 스트레스가 심하고 자극받기 쉬운 상태였다.

2단계 : 당신의 어떤 감정이 환영받거나 환영받지 못했나요?

■

부모와의 관계에서 어떤 감정들이 허용되었는지를 적어보세요. 예를 들면 기쁨, 자부심, 사랑, 애정 등의 감정들은 부모에게 긍정적으로 허용되었던 반면 슬픔, 무기력, 창피함, 질투, 두려움, 분노 등의 당신 감정들은 부정적으로 허용되었을 수 있습니다. 이제 당신의 경험을 되짚어 생각해봅시다. 당신의 부모님은 어떤 감정을 잘 다루었고, 어떤 감정을 어려워했나요? 당신이 어떤 감정을 보일 때 달갑지 않게 받아들여지거나 부모님이 부담스러워하는 모습을 보였나요?

◆ 부모와의 관계에서 당신의 어떤 감정들이 긍정적·부정적으로 허용되었는지 적어보세요.

◆ 특정 감정이 달갑지 않게 받아들여짐으로써 부모님에게서 이해받지 못한다는 느낌에 외로운 적이 있었나요? 그때의 느낌을 적어봅시다.

◇ 율리아의 예

엄마는 내가 가지 말라고 울거나 조를 때면 늘 경직되고 나를 밀어내는 것 같았어요. 내가 엄마 안의 죄책감을 너무 자극해서 심각하게 부담을 느끼고 어쩔 줄 모르는 것 같았죠. 그 외에도 슬픔은 엄마 자신도 절대로 보여주지 않는 감정이었어요. 엄마의 내면은 그렇게까지 강인하지는 않았지만 엄마는 항상 강한 모습만 보이려고 했죠. 부끄러움이나 두려움, 무기력함 같은 나약한 감정을 받아들이는 데 문제가 있었나 봐요. 내가 이런 감정들을 보일 때, 엄마는 자기가 더 무기력해졌어요. 제 생각에 엄마는 항상 자기가 나쁜 엄마라고 생각했던 것 같아요. 그래서 저도 그런 감정들을 가능하면 드러내지 않으려는 데 익숙해졌어요. 나약한 감정들은 제게 지금까지도 창피한 것으로 느껴져요. 반면 엄마는 긍정적이거나 강인한 감정들은 잘 다루는 것처럼 보였어요. 엄마는 나를 얼마나 사랑하는지 표현하곤 했죠. 가끔씩 제가 분노를 보여도 그건 괜찮았어요.

아빠도 긍정적인 감정들에 대해서는 문제가 없었어요. 아빠는 나를 얼마나 사랑하는지, 그리고 나를 얼마나 자랑스러워하는지 자주 표현하셨죠. 엄마보다는 아빠가 내가 슬퍼할 때 그 감정을 더 잘 이해하는 것처럼 보였어요. 그럴 땐 나를 위로해주고 용기를 주었어요. 하지만 아빠와 있을 때는 분노가 허용되지 않았어요. 아빠 자신이 더 빨리 통제불능 상태가 되곤 했지요. 내가 화를 내면 아빠의 분노도 고삐가 풀려서 우리는 서로 무섭게 싸웠어요.

슬픔이나 무기력함 같은 나약한 감정들을 느낄 때 창피해요. 엄마에게 항상 강인한 모습만 보여야 한다고 배운 것 같아요.

◆ 당신은 어떤 감정을 잘 다루며, 어떤 감정이 당신을 압박하거나 강하게 자극하는지 적어보세요.

◇ 율리아의 예

- 내가 스스로 허용하는 감정들: 기쁨, 애정, 사랑.
- 나를 자극하는 감정들: 두려움, 무엇보다도 상실에 대한 두려움.
- 내가 억누르는 감정들: 대개 분노.

3단계 : 가족 안에서 어떤 역할과 임무가 있었나요?

∎

이제 가족 안에서 당신에게 주어진 특정한 역할이 있었는지 생각해보세요. 이런 역할 부여는 대부분 자신이 세상에 갖고 태어나는 성격에 따라 이루어진답니다. 예를 들어 겁이 많고 예민한 사람은 그 가족의 '예민이'가 되는 거지요. 이런 역할을 부여하는 데 아무 악의는 없지만, 우리가 스스로의 이미지를 구축하는 데 영향을 미칩니다.

어떤 아이들은 더 큰 강인함을 지닌 역할을 강요받기도 합니다. 어머니가 연약해서, 그런 가엾은 엄마를 더 힘들게 하지 않기 위해 아이가 늘 밝고 강한 모습으로 자신의 상황에 책임을 져야 하는 경우가 그렇습니다. 아니면 형제, 자매 중 한 명이 태어날 때부터 질병으로 아픈 경우, 또는 부모가 다른 이유들로 근심이 많은 경우 아이가 그런 상황에서 부모에게 또 다른 짐이 되지 않기로 결심하면 그렇습니다. 또는 부모 중 한 명이나 둘 모두가 좋은 의도로 아이를 강하고 자신감 있게 양육하고 싶어 하는 경우도 있습니다. 이 경우에 아이는 무의식중에 연약함을 드러내면 안 된다는 의무감을 느끼기도 합니다. 엄마가 슬퍼하는 것을 자주 보는 아이들의 경우는 그런 엄마를 행복하게 해주어야만 한다는 생각을 가집니다. 부모 간에 다툼이 잦은 경우 아이들은 엄마, 아빠가 헤어질 것이 두려워 자신이 그 둘을

잇고 있어야 한다고 생각합니다.

◆ 가족 안에서 당신이 어떤 역할을 했는지 깊이 들어가 잘 생각해보고 그것을 적어보세요.

> ◇ 율리아의 예
>
> 나는 '작고 귀여운 꼬마' 역할이었어요. 엄마와 아빠가 내가 얼마나 보호가 필요한 존재인지 느끼면 내 곁에 머무를 거라는 생각 때문이었지요. 그 와중에 엄마 앞에서는 항상 강한 모습을 보여야 한다는 생각을 했어요. 어떻게 그랬는지는 몰라도 그 두 가지를 모두 충족시키기 위해서 애썼던 것 같아요.

4단계 : 당신만이 갖고 있는 신념은 무엇인가요?

■

여기에서 말하는 신념이란 깊은 곳에 있는, 대부분 무의식의 영역에 자리 잡고 있는 자기 자신에 대한, 자기의 가치에 대한, 그리고 자신이 맺고 있는 관계에 대한 확신입니다. 이것은 여러 경험으로, 특히 태어난 뒤 몇 년간 부모와의 관계에서 겪는 일들로 형성됩니다.

이 신념은 어떤 면에서 우리의 자아 존중감을 프로그래밍하는 언어라고 할 수 있습니다. 중요한 것은 부모가 자녀에게 능동적으로 이것을 주입하는 것이 아니라 아이가 세계를 바라보는 시각을 담고 있다는 점입니다. 예를 들어 아이가 부모에게 매우 애정 어린 돌봄을 받는다면 아이 안에 "난 사랑받고 있어"라거나 "난 환영받는 사람이야" 또는 "난 중요한 사람이구나"라는 신념이 생기는 것이지요.

하지만 반대로 아이가 거절이나 정서적 냉담함을 더 자주 경험한다면 "나는 가치 없는 사람이야" 라든지 "나는 혼자야" 혹은 "아무도 나를 사랑하지 않아"와 같은 신념들이 생겨납니다. 이러한 신념은 늘 단순한 형태를 갖고 있는데, 그 이유는 우리의 무의식이 작동하는 원리가 매우 단순하기 때문입니다. 이것은 우리가 현실을 해석하는 수단이 되는 우리 내면의 프로그램과 같습니다. 우리 내면에 살고 있는 아이의 중심적인 구성요소이고 어른이 된 이후에도 생활의 일부로 받아들여집니다. 이것은 우리가 어떻게 인식하고 느끼고 생각하고 행동하는지를 결정하는 데 막대한 영향력을 끼칩니다.

이제 다시 당신의 내면으로 깊숙이 들어가서 애착, 사랑, 관계에 관해 당신 안에 어떤 신념이 형성되었는지 살펴보기 바랍니다. 이를 위해 앞의 세 단계에서 당신과 당신의 부모님에 대해 성찰했던 것을 다시 한 번 꺼내보세요. 당신이 내면의 신념을 찾는 것을 돕기 위해 긍정적, 부정적 명제들을 예시로 나열해보겠습니다.

부모와의 애착관계에 뿌리를 두는 긍정적 신념의 예

- 난 괜찮아.
- 난 이대로 충분해.
- 난 사랑받고 있어.
- 난 중요한 사람이야.
- 난 소중해.
- 난 나답게 행동해도 돼.
- 난 환영받는 존재야.
- 내가 필요한 걸 채워주는 사람이 있어.
- 난 감정을 느껴도 돼.
- 난 반항해도 돼.

부모와의 애착관계에 뿌리를 두는 부정적 신념의 예

- 난 아무 가치도 없어.
- 난 이대로라면 너무 부족해.
- 난 쓸모없는 인간이야.
- 난 살 필요도 없어.

- 난 중요하지 않은 사람이야.

- 난 남에게 짐만 돼.

- 아무도 나를 사랑하지 않아.

- 어차피 모두 떠날 거야.

- 다 내 탓이야.

- 난 무기력해(그 무엇에도 저항할 수 없어).

부모와의 갈등에서 비롯된 방어기제를 형성하는 신념의 예

- 난 언제나 기대에 부응해야만 해(완벽해야만 해).

- 난 감정을 가지면 안 돼(슬퍼하면 안 돼, 분노하면 안 돼).

- 난 다른 사람에게 맞춰야만 해(내 의지를 내세우면 안 돼).

- 난 강한 사람이어야 해.

- 난 당신을 행복하게 해줘야 해(당신의 행복과 불행은 내게 달렸어).

- 난 어떤 일이 있어도 당신을 실망시키면 안 돼.

- 난 떠나면 안 돼(어떤 일이 있어도 당신 곁에 있어야만 해).

당연히 이 목록은 아직 완성된 것이 아니에요. 그러니 당신의 신념을 가장 잘 표현할 수 있는 문장을 자유롭게 찾아보세요.

◆ 당신이 내면이 지니고 있는 스스로에 대한 신념을 자유롭게 적어보세요.

> ◇ 율리이의 예
>
> 난 이대로 충분하지 않아. 사람들은 어차피 나를 떠날 거야. 난 외로워. 난 완벽해야만 해. 난 당신을 실망시키면 안 돼. 상대방에게 나를 맞춰야만 해.

율리아가 쓴 신념들에서 우리는 연약한 자존감(난 이대로 충분하지 않아)과 그것이 만들어낸 방어기제(난 완벽해야만 해, 난 당신을 실망시키면 안돼) 사이의 관련성을 확실히 볼 수 있습니다. 자기 방어기제란 일종의 행동방식으로 공격당한 자존감을 방어하는 역할을 합니다.

어쩌면 당신은 이 예제를 통해 아주 많은 신념들을 발견했을지도 모르겠네요. 율리아보다 많을 수도 있어요. 대부분의 경우 신념은 어떤 특정한 이슈의 변주와도 같습니다. 율리아의 경우에는 혼자가 되는 것, 누군가 떠나고 홀로 남겨지는 것에 대한 두려움이 핵심 주제입니다. 거의 모든 신념이 그녀가 애착관계에서 느끼는 상실에 대한 두려움과 연관이 있거든요. 상대가 떠나가지 않게 하기 위해 완벽해야 하고, 상대의 마음에 들기 위해 모든 기대를 충족시켜야 한다고 생각하는 것입니다. 혼자 남겨지지 않기 위해 나를 왜곡시켜서라도 상대에게 맞추어야 하지만, 그녀 내면에 형성된 시스템 안에는 어차피 누구든 그녀를 떠날 것이고 상대를 붙잡기 위해 아무 일도 할 수 없다는 확신이 있는 것입니다. 그녀의 부모는 항상 그녀를 혼자 두었고, 어린 율리아는 아무것도 할 수 없었으니까요. 율리아가 가진 상실에 대한 두려움은 우리 내면의 신념이 우리가 느끼는 감정과 매우 밀접한 연관이 있음을 보여줍니다. 이와 관련해서는 다음 장에서 더 자세히 다뤄보겠습니다.

이제 핵심 신념이라고 부르는 당신의 부정적인 신념들로 주제를 좁혀보겠습니다. 이를 위해 당신이 찾아낸 모든 신념을 다시 한 번 읽으며, 어떤 문장이 가장 가슴을 아프게 하는지, 슬프게 하는지 마음 깊은 곳에서 느껴보세요. 최소한 하나, 최대한 세 개의 신념을 당신의 핵심 신념으로 삼습니다.

◆ 당신을 지배하는 핵심 신념을 찾아 노트에 적어보세요

◇ 율리아의 예

모두 나를 떠날 거야. 난 이대로 충분하지 않아.

5단계 : 당신의 감정에게 정체성을 찾아주세요.

■

내면의 아이를 이해하기 위해서는 먼저 내면의 감정에 정체성을 찾아주는 것이 중요합니다. 왜냐하면 결국 우리에게 무언가를 하거나 하지 않도록 만드는 것이 감정이기 때문입니다. 신념이라는 것도 사실은 생각일 뿐입니다. 생각은 그 자체로는 큰 힘이 없습니다. 우리가 모두 아는 사실이지요. 해롭거나 건강하지 못하거나 불편한 생각들도 우리가 특정한 행동을 하거나 어떤 태도를 취하는 이유가 될 수는 없다는 것을요. 그렇지 않다면 세상에는 건강한 식생활을 지키며 규칙적으로 운동을 하는 이성적인 사람들밖에 없을 것입니다. 또한 중독 같은 것도 없었겠지요.

우리를 충동하고 제지하는 것은 생각과 원칙이 뒤섞인 감정입니다. 심리학에서는 이와 관련해 접근 행동과 회피 행동이라는 게 있습니다. 감정이 우리가 어떤 일에 대해 가까이 접근하고 싶어 하는지 아니면 그 일을 회피하고 싶어 하는지 말해준다는 것이지요. 많은 경우에 우리가 의식하지 못할 뿐 당신이 가지고 있는 신념이 내면에서 감정들을 발생시킵니다. 이 감정들을 규정하는 것이 중요한 이유는 그렇게 해야만 나중에 당신이 내면의 아이에게, 그러니까 어떠한 신념에 사로잡혔을 때 늦지 않게 빠져나올 수 있기 때문입니다.

한 번 정확한 의식 속에서 천천히 느껴보세요. 당신의 신념들이 어떤 감정을 만들어내나요? 무언가가 힘들다고 생각되면 당신이 관계에서 겪었던 갈등의 순간을 떠올려보세요. 상처받은 당신 내면의 아이가 관여한 것이 확실하다고 생각되는 순간이 있을 것입니다. 이 갈등의 순간은 당신에게 어떤 감정을 불러일으키나요? 어떤 감정이 당신에게 익숙한 느낌을 주나요? 당신이 느끼는 감정을 당신의 신념들과 연관 지어볼 수 있나요? 당신이 느끼는 감정들이 신체적으로 표출되는지 주의를 기울여보세요. 예를 들어 가슴에 압박과 같은 통증이 느껴진다거나, 배가 아프다거나, 가슴이 뛴다거나, 목구멍이 답답한 것 같은 증상들이 있나요? 이런 신체적 증상, 압박감 같은 것이 느껴진다면 스스로에게 물어보세요. 지금 당신이 느끼는 감정 중 이 압박감에 걸맞은 것은 어떤 감정인가요? 그것은 두려움인가요, 아니면 상대에게 당신을 맞추어야 한다는 부담감인가요?

인간의 감정 활동에 많은 역할을 하는 것은 상실이나 거절에 대한 두려움입니다. 이 둘은 우리의 자존감과 매우 밀접하게 연결되어 있습니다. 일반적으로 상실과 거절에 대한 두려움은 열등감을 느끼는 순간을 표현하는 신념에 의해 동력을 받습니다. 많은 사람들이 "난 이대로 충분치 않아!"와 같은 신념을 다양한 다른 표현들로 내면에 안고 살아갑니다. 그들이 가진 상실에 대한 두려움은 클 수밖에 없습니다. 왜냐하면 내면의 아이는 사실 자신이 사랑받고 있다는 것을 믿을 수 없기 때문입니다. 그리고 그들은 대개 거절에 대한 두려움이 있습니다. 또한 이것이 그들이 느끼는 열등감을 확실히 해주는 요소이기 때문입니다.

그런데 한편으로는 온전한 자존감을 가진 사람들도 상실과 거절에 대한 두려움을 느낍니다. 그것은 이 감정이 인간의 본성에 속한 것이기 때문입니다. 이 감정은 자기 가치를 높이고 싶은 욕구나 부끄러워하는 마음처럼 우리가 이기적 존재로 살아가지 않도록 해주며, 공동체에 적응할 수 있도록 해줍니다. 그러나 자신에 대한 의심으로 힘들어하는 사람들이 거절과 상실에 대한 두려움에 더 많은 영향을 받습니다.

상실과 거절에 대한 두려움에서 생겨나는 부차적 감정들도 있습니다. 예를 들어 무엇인가를 거절했을 때는 미안함을 느낍니다. 소중한 사람을 잃었다면 슬픔을 느낍니다. 상실에 대한 두려움 때문에 위협을 느낄 때에는 질투 등으로 그에 반응합니다. 분노 또한 거절이나 상실의 감정을 느꼈을 때 나타나는 흔한 반응입니다. 상실이나 거절로 발생하는 깊은 슬픔을 지워버리기 위해 화를 내는 반응으로 흘러드는 것도 드문 일이 아닙니다. 이중 분노는 강한 감정이고, 그에 반해 슬픔은 약한 감정입니다. 그렇기 때문에 많은 사람들이 슬픔보다 분노를 앞세우는 것입니다.

거꾸로 공격성이 억제된 사람들은 분노해야 마땅한 상황에서 슬픔을 느끼기도 합니다. 상담을 하다 보면 이러한 경우를 자주 발견합니다. 특히 상대가 자신을 얼마나 못되게 대하는지, 얼마나 고통을 주는지, 얼마나 심한 불평을 하는지, 얼마나 신뢰할 수 없는지 등의 문제로 힘들어하는 사람들이 그렇습니다. 이들은 자신이 상대의 행동 때문에 얼마나 슬픈지 토로합니다. 그런데 상대의 그런 행동 때문에 혹시 화가 나지는 않는지 질문하면 대부분 그렇지 않다고 부정합니다.

앞서 살펴본 경우에는 분노가 오히려 더 걸맞은 반응인데도 말이지요. 이들은 완전히 애착 성향인 경우가 많으며, 어린 시절에 부모님과의 관계를, 나중에는 상대와의 관계를 위험에 처하게 하지 않기 위해 분노를 참는 법을 학습한 경향이 많습니다. 자신을 적절히 방어하거나 관계를 잘 끝내기 위해서는 때론 다른 사람에게 먼저 이별을 고하는 태도도 필요합니다. 그럼에도 애착 성향의 사람들은 상대에 대한 애착을 지키기 위해 분노를 억제함으로써 자율성의 일부를 포기하는 것입니다.

당신은 관계를 어렵게 만드는 상대방과 함께일 때 어떤 감정을 느끼는지 생각해보세요. 조금 다르게 질문해보겠습니다. 당신으로 하여금 상대에게서 거리를 두게 하는 감정은 어떤 것인가요? 당신은 어떤 것에 두려움을 느끼나요? 당신이 가장 원하는 것은 무엇인가요?

◆ 당신이 가장 두려워하는 감정은 무엇인지 적어보세요.

> ◇ 율리아의 예
> 나는 상실에 대한 두려움이 크고, 그래서 늘 질투심에 사로잡혀요. 이것은 모두 내가 자주 열등감을 느낀다는 사실과 관련이 있는 것 같아요. 내가 가장 원하는 것은 사랑과 애착이에요.

6단계 : 총정리

■

이제 당신의 애착 프로그램의 기본적인 내용을 모두 발견했습니다. 그것을 한눈에 조망할 수 있도록 하기 위해 모든 과정을 다시 한 번 되짚어보기를 바랍니다. 다시 한 번 내면에서 당신의 감정들을 만나보세요. 우리가 함께 진행한 각각의 단계를 처음부터 다시 진행해보며 그 과정에서 당신의 프로그램을 더 깊이 탐구해보세요. 그 결과를 성찰 노트에 기록해보세요.

◆ 1~5단계를 다시 한 번 되짚어보며 당신의 애착 프로그램에 대해 정리해보세요.

◇ 율리아의 예

엄마, 아빠는 집을 비울 때가 많았어요. 나는 끔찍하게도 항상 혼자 남겨졌다는 생각에 빠졌습니다. 나는 내가 착한 아이가 아니니 모두 내 탓이라고 생각하곤 했어요. 그래서 지금도 내가 나인 채로 있는 것이 충분치 않다고 느껴요. 물론 말이 안 되는 소리인 걸 알지만 그래도 왠지 그런 느낌이 들어요.

나의 내면의 아이, 작은 율리아는 혼자 있는 것에 대한 엄청난 두려움이 있어요. 난 항상 곁에 있어줄 사람이 필요해요. 내가 가장 원하는 것은 사랑과 애착이에요. 그런데 난 왜 나를 항상 혼자 있게 하는 로베르트에게 애착을 느끼게 되었을까요? 난 그가 정말 강하고 독립적인 사람이라고 느꼈기에 그에게 빠졌어요. 그게 나에게는 없는 점이기 때문이죠.

난 그가 나를 지켜주고 어떻게든 나를 챙겨줄 것이라고 생각했어요. 하지만 내 판단은 완전히 틀렸어요. 그렇게 하는 대신 그는 내 상실에 대한 두려움을 자극하고, 나는 바보같이 그의 마음에 들기 위해 가능한 모든 것을 하면서 상황을 통제하려고 하지요.

그가 나에게서 그렇게 거리를 두는 것은 내 탓이 아닌 것 같습니다. 아마도 그의 내면 아이는 나와는 완전히 다른 프로그램으로 작동하는 것 같아요. 어쩌면 그 원인이 간섭이 심한 그의 어머니와 관련이 있지 않을까요?

홀로 모든 걸
해결하려 하지 마세요

이제 당신의 자립능력에 관해 이해해볼 차례입니다. 이번에는 부모님이 당신의 자율성을 얼마나 잘 뒷받침해주거나 혹은 방해했는지, 아니면 혹시 당신에게서 너무 이른 시기에 많은 자립심을 요구하지는 않았는지 함께 살펴보겠습니다.

1단계 : 부모님은 자율성에 대한 욕구를 얼마나 채워주었나요?

이 단계에서 다시 한 번 부모님(혹은 당신을 돌봐준 사람) 각자가 당신이 자립적인 아이가 되도록 얼마나 잘 뒷받침해주었는지, 혹은 그들이 당신을 애착관계로 너무 묶어두지는 않았는지 노트에 적어보겠습니다. 혹시 너무 이른 시기에 홀로서기를 하도록 요구받지는 않았나요? 이와 관련된 모든 것을 적어보세요. 여기에서도 당신의 기록에 도움을 주기 위해 부모님이 자율성 발달에 어떤 영향을 주었는지 표현할 수 있는 문장 목록을 예로 보여드리겠습니다.

긍정적인 특성의 예:

늘 지지해주었다, 나에게 많은 것을 가르쳐주었다, 내 능력에 대한 신뢰를 심어주었다, 나에게 용기를 북돋워주었다, 어떤 목표에 대해 겁을 낼 때도 나를 믿어주었다, 내가 혼자서 문제를 해결하지 못할 때 나를 도와주었다, 재촉하지 않고 나를 위해 늘 그 자리에 있어주었다, 난 죄책감을 느끼지 않고 그들에게서 벗어날 수 있었다, 난 내 의지를 표현해도 되었으며 대개 받아들여졌다, 난 분노한 모습을 보여도 괜찮았다.

부정적인 특성의 예:

나를 방치해두었다, 무리한 요구를 했다, 나를 자주 홀로 남겨두었다, 모든 것을 나보다 더 잘 알고 있었다, 나에게 별로 가르쳐준 것이 없다, 혼자 일을 해결하도록 나를 지지해주지 않았다, 너무 지나치게 거들어주었다, 많은 결정을 나를 대신해서 했다, 사랑한다는 말로 나를 억눌렀다, 부담을 많이 주었다, 내가 어떤 아이여야 하는지 분명한 상이 있었다, 내가 분노를 보일 때면 어쩔 줄을 몰랐다, 나를 과잉보호했다, 나와 완전히 밀착된 애착관계에 있었다, 부모에게서 분리되는 것을 허용하지 않았다, 요구가 많아서 내가 항상 맞춰줘야 했다, 자신에게 일어나는 일에만 몰두하는 적이 많았다, 다정했지만 어쩐지 멀게 느껴졌다, 내가 연약한 감정을 보이면 그것을 어떻게 다루어야 할지 몰랐다, 혼자 많은 것을 겪도록 놔두었다, 나는 늘 부모님보다 강한 사람이었다.

위에 제시한 문장은 작성을 돕기 위한 예시일 뿐입니다. 그러니 부모와의 관계에서 자율성 확립에 대해 당신이 떠오르는 생각, 감정들을 자유롭게 적어보길 바랍니다.

◆ 당신은 부모와의 관계에서 얼마나 자율성에 대한 욕구를 채울 수 있었는지 부모의 모습을 떠올려 적어보세요.

> ◇ 로베르트의 예
> 엄마는 나를 지나치게 사랑했어요. 늘 내 곁에 있으려고 해서 난 엄마를 혼자 두어야 할 때면 항상 죄책감에 시달렸지요. 늘 챙겨주어야 하는 사람이었어요. 난 엄마를 사랑했지만 동시에 증오

> 하기도 했어요. 아빠는 나를 엄마로부터 보호해주지 못하고 그냥 홀로 방치했습니다. 하지만 종종 나에게 무언가를 가르쳐주기도 했고 홀로 설 수 있도록 지지해주기도 했어요. 그렇지만 곧 엄마를 불러 나를 다시 떠넘겨버리는 일이 잦았습니다.

2단계 : 자립성 면에서 부모님은 당신에게 어떤 본보기였나요?

■

이 연습에서 당신은 부모님, 특히 같은 성별의 부모님이 자율성과 독립심 측면에서 당신에게 어떠한 본보기를 보여주었는지 생각해보기 바랍니다. 그들이 자유롭고 독립적이었나요, 아니면 다른 쪽에게 의존적이고 늘 일방적으로 맞추는 쪽이었나요? 아니면 혹시 그들이 지나치게 자립적이어서 육체적으로나 정서적으로나 교류가 적었고 다른 가족 구성원과의 사이에 선을 긋는 일이 많았나요?

◆ 당신이 자립심을 계발하는 데 부모님은 어떤 본보기였는지 적어보세요.

> ◇ 로베르트의 예
>
> - 엄마: 매우 독립적이지 않았습니다. 엄마가 원하는 만큼 아빠

> 가 곁에 있어주지 않았기 때문에 엄마는 늘 나에게 꼭 붙어 있었습니다. 하지만 엄마는 아빠와 헤어질 만큼의 힘도 없었어요. 엄마는 경제적으로나 정서적으로 아빠에게 의존하고 있었습니다.
> - 아빠: 아빠는 늘 자신의 일을 했어요. 자기 자신에게 온 신경을 집중하고 있어서 가족 간에도 타협을 할 준비가 전혀 되어 있지 않았습니다. 엄마를 혼자 있게 하는 때가 많았고 나에게도 그랬어요. 아빠는 자기만의 이기적인 방식으로 매우 자율적이었어요.

3단계 : 부모님이 당신의 분노를 어떻게 다루었나요?

■

앞서 설명했듯 공격성, 즉 감정적인 분노나 화는 우리가 타인과의 사이에 경계를 긋고 스스로의 길을 가는 데 매우 중요한 감정입니다. 어떤 사람들은 분노가 너무 많고, 어떤 사람들은 반대로 분노를 지나치게 억제합니다. 두 경우 모두 자율성과 관련된 경험과 행동에 부정적인 영향을 끼칩니다. 심리학에서는 공격성을 수동적 공격성과 능동적 공격성으로 분류합니다. 능동적 공격성은 다음과 같은 행동특성을 보입니다. 논쟁하고, 다른 사람을 제지하고, 다투고, 소리칩니다. 수동적 공격성은 무엇을 원하고 원하지 않는지 드러내놓고 말하지 않고, 주변을 맴돌며 장벽을 쌓아올립니다. 수동적 공격성을 가진 사람의 행동은 다음과 같습니다. 침묵하고, 꾸물거리고, 승낙하지만 실행에 옮기지 않고, 약속한 것을 '잊어버리고', 다른 사람을 곤란한 상황으로 몰아넣고, 쌓아올린 장벽 뒤에 숨어 자기가 할 일만 하고, 타협이 불가능합니다.

긍정적인 의미에서 자기 삶을 독립적으로 꾸려가는 사람들은 자신이 원하는 바를 표현하고 자신의 입장을 드러내며, 논쟁하고 협상할 수 있습니다. 공격적인 에너지를 건설적으로 이용하는 것이지요. 그럼으로써 이들은 주변 사람들에게 이해할 수 있는 투명한 사람이라는 인상을 줍니다. 그에 반해 지나치게 능동적 공격성을 띠는 사람들은 다른 사람과의 관계에서 늘 우위를 차지하려고 애를 쓰며, 권위적이고 요구를 잘합니다. 또한 자주 시비를 걸고 시끄러우며 남들과 협상할 준비가 전혀 되어 있지 않아 이해할 수 없는 방식으로 자신의 자율성과 욕구를 공격적으로 관철시킵니다.

자신의 자율성을 수동적 공격성으로 만들어 나가는 사람들 또한 관계에서 주도권을 잡으려는 노력을 합니다. 전형적인 '장벽 쌓기'의 태도로 말이지요. 그들은 무엇에도 반응하지 않고 말도 별로 없이 자신의 일만 합니다. 대화를 할 때에도 집중하지 않고 흘려버리고, 입으로는 무엇이든지 승낙하지만 실제로 무언가를 변화시키려는 시도는 전혀 하지 않습니다. 정말로 심각한 사람들은 입으로라도 예스를 하지 않습니다.

이런 수동적 공격성을 누르고 있는 사람 중 어떤 이들은 한탄하고 하소연하는 것으로 주변 사람들을 조종하기도 합니다. 그들은 불평불만이 많고 울기도 잘해서 주변 사람들뿐 아니라 관계에서도 상대가 자신에게 끊임없이 신경 써줄 수밖에 없게 만듭니다. 이런 방식의 영향력을 휘두르는 사람은 여성인 경우가 많지만, 남성들도 그렇기도 합니다.

이제 당신이 어떤 방식으로 욕구를 표현했고, 부모님이 당신의 개인적인 욕구를 어떻게 충족시켜주었는지 한 번 생각해보세요. 부모님은 당신이 의견을 보일 때 어떻게 반응했나요? 당신은 자기주장을 하고, 분노도 표현할 수 있었나요? 자신의 의견을 관철시키도록 부모님은 당신에게 어떤 본보기가 되었나요?

◆ 부모님 각자가 당신의 분노, 그리고 자신의 분노에 대해 어떻게 반응했는지 적어보세요.

◇ 로베르트의 예

엄마는 늘 슬펐습니다. 자신의 연약함을 무기로 나를 항상 조종하려고 했지요. 사실 엄마가 화를 내는 일은 본 적이 없고 대신 늘 실망하는 모습을 봤는데, 어떤 면에서 그것은 화를 내는 것보다 더 견디기 어려운 일이었어요. 엄마와 문제가 없으려면 나는 늘 화를 참아야만 했어요. 내가 화를 내기 시작하면 엄마는 눈물부터 흘렸으니까요. 그러면 나는 곧바로 죄책감이 들어서 '자발적으로' 마음을 바꿔 먹었어요. 지금도 그때를 생각하면 질식할 것 같은 답답함이 나를 덮쳐옵니다. 그리고 이 느낌은 율리아가 나에게 더 가까워질 것을 요구하며 슬퍼할 때 내가 느끼는 감정과 정확히 같아요.

아빠는 수동적 공격성이 있었어요. 전형적으로 벽을 쌓는 사람이었지요. 아빠는 완고하게 자기 할 일만 했습니다. 그리고 엄마는 지칠 때까지 사정하고 애원했어요. 아빠는 자기 일과 취미생활로 도피했던 것 같아요. 돌이켜 생각해보니 내가 그대로 행동하고 있네요.

4단계: 당신만이 갖고 있는 신념은 무엇인가요?

■

이제 우리는 당신이 자율성에 관해 발달시켜온 신념을 찾아보려고 합니다. 중요한 것은 애착의 신념과 자율성의 신념들 사이에는 커다란 교집합이 있다는 것입니다. 이 말은 신념들을 확인하는 과정에서 이전 단계와 겹치는 게 많을 수도 있다는 뜻입니다. 그 이유는 애착과 자율성이 서로 내적으로 깊은 관련을 맺고 있기 때문입니다. 그렇기 때문에 부모에게서 자신의 애착욕구를 충분히 채우지 못해 위축된 아이는 다음과 같은 신념이 있을 수 있습니다.

"난 뭐든지 혼자 해야 해!"

애착관계가 거의 없어서 다른 사람에 대한 신뢰를 경험해보지 못한 아이는 자기를 자율 성향으로 완전히 전환하여 무의식중에 홀로 모든 것을 해결해야 한다고 결심함으로써 자신의 문제를 해소하려고 합니다.

지금부터 찾아볼 자율성에 관한 신념들이 앞서 찾은 신념과 같을지 아니면 전혀 다를지 한 번 살펴보겠습니다. 그 전에 자율성에 관한 긍정적인 신념과 부정적인 신념들의 예는 다음과 같습니다.

자율성에 관한 긍정적인 신념의 예:

- 난 할 수 있어(난 혼자서 해낼 수 있어).
- 난 반항해도 돼.
- 난 스스로 의지를 가져도 돼(난 나다워도 돼).

- 난 다 컸고, 독립적인 사람이야(난 통제할 수 있어. 영향력이 있어).
- 난 다른 사람들과 같은 눈높이에 있어.
- 난 언제든 떠날 수 있어(당신을 실망시킬 수도 있어).
- 난 화를 내도 돼(난 내가 느끼는 대로 느껴도 돼).

자율성에 관한 부정적인 신념

- 난 할 수 없어(나에게는 무리야).
- 난 아무것도 못해(난 아직 어려. 도움이 필요해).
- 난 뒤처져 있어(난 연약해/작아. 난 루저야. 난 너에게 눌렸어).
- 난 혼자야.
- 난 힘이 없어(난 무기력해).
- 난 너보다 우월해(난 너보다 강해. 내가 최고야).

방어기제를 형성하는 신념

- 난 혼자 있어야 해(도망쳐야 해. 잠수 타야 돼).
- 난 너에게 반항해야 해.
- 난 양보하면 안 돼.
- 난 어린아이로 남아 있어야만 해.
- 난 떠나면 안 돼.

- 난 '노'라고 말하면 안 돼(난 다른 사람과의 사이에 경계를 그으면 안 돼. 내 의견을 내세우면 안 돼. 내가 원하는 게 뭔지가 무슨 상관이야).

- 난 혼자 다 해결해야 해(다른 사람을 믿으면 안 돼).

- 난 다른 사람들과 거리를 두어야만 해(난 눈에 띄면 안 돼).

- 난 반항하면 안 돼.

- 항상 순응해야만 해(난 화를 내면 안 돼. 너를 실망시키면 안 돼).

- 항상 내가 통제하고 우위를 점하고 권력을 잡아야만 해.

- 난 이겨야 해(내가 최고여야만 해).

- 난 싸워야 해.

앞서 말했듯 위에서 제시한 예시 외에도 당신이 찾은 마음속 신념들을 자유롭게 적어주세요.

◆ 당신의 부모님이 자율성 욕구를 채워준 방식에 근거하여 당신은 어떠한 신념들을 갖게 되었는지 적어보세요.

◇ 로베르트의 예

- 부정적인 신념: 난 무기력해. 너에게 완전히 눌려 있어.
- 방어기제를 형성하는 신념: 난 순종해야만 해. 내 주변에 벽을

쌓아야 해. 다른 사람들에게서 나 자신을 차단해야 해.

자율성과 관련된 테마에서도 우리는 핵심 신념을 찾는 데 집중해보려고 합니다. 이것이 당신의 각인들을 하나로 요약할 수 있는 중심 주제이기 때문이지요. 로베르트의 경우에는 무엇보다도 자신이 누구도 실망시켜서는 안 된다는 것과 항상 다른 사람의 뜻에 순종해야 한다는 신념이 있음을 알 수 있었습니다. 엄마에게서 경험한 것이지요. 그래서 그가 찾은 해결책은 아빠가 본보기를 보여주었듯이 그냥 자신을 다른 사람들에게서 차단시키는 것이었습니다.

자율성을 테마로 한 당신의 신념들을 다시 한 번 처음부터 찬찬히 살펴보세요. 그리고 그중 가장 중요한 것이 무엇인지 내면 깊숙한 곳에서 느껴보고, 찾아낸 것을 적어보세요.

◆ 자율성과 관련해 당신을 지배하는 핵심 신념을 찾아 적어보세요

◇ 로베르트의 예

난 실망시키면 안 돼. 난 늘 순종해야 해. 난 나를 격리시켜야 해.

5단계: 당신의 감정에 정체성을 찾아주세요.

■

핵심 신념을 찾았다면, 내면을 깊이 들여다보고 당신이 자율성과 자유를 떠올릴 때 어떤 느낌이 드는지, 어떤 감정이 커지는지 살펴보세요. 지금의 혹은 이전의 연애관계를 떠올려도 좋습니다. 그리고 어떤 부정적인 감정들이 반복적으로 떠오르는지 살펴보세요. 관계에서 어떤 감정들이 가장 부담되거나 관계를 망치는 요인이었나요?

그런 감정이 들 때 수반되는 신체적인 반응을 잘 느껴보세요. 자율성 테마에서는 많은 사람들이 압박받는 기분을 느낍니다. 배가 아프거나, 뒷목이나 어깨가 굳거나 하죠. 이것은 상대방에게 순응하는 것을 당신이 부담스러워하고 있음을 잘 보여줍니다.

자율성 모드에서는 '죄책감, 분노, 반항심'과 같은 감정이 특히 중요한 역할을 합니다. 자율성에 강력한 제한을 받으면서 자란 사람들은, 어릴 때부터 부모와의 관계가 성공적인지에 대한 책임을 자기가 떠맡고 자라왔기 때문에 죄책감을 매우 빠르게 느낍니다. 그들은 어릴 적 부모에게도 그랬듯이 내면에서 상대방의 감정에 대한 책임을 너무 과도하게 느낍니다. 이렇게 느낀 책임감은 반항심이나 분노로 나타납니다. 우리의 내면이 이러한 책임감이나 부담을 거부하기 때문이지요. 자율성이 침해당함으로써 내면의 균형을 잃어버린 사람들은 주변 사람들의 기대를 감당하기 어려워합니다. 특히 상대의 기대에 유독 예민하게 반응하지요. 그들 내면의 아이는 늘 모든 기대를 차실하게 충족시켜야 한다는 부담이 있습니다. 그리고 바로 이 때문에 오히려 반대로 더 완고하고 반항적으로 행동하는 것입니다. 당신의 감정을 글로 적어보기 바랍니다.

◆ 당신은 관계에서 어떤 감정들이 가장 부담되나요?

> ◇ 로베르트의 예
> 순응해야 한다는 부담감, 거절에 대한 두려움, 질식할 것 같은 느낌, 죄책감, 분노와 반항심.

6단계 : 총정리

■

자율성에 관한 당신의 생각과 감정을 다시 한 번 찬찬히 되짚어 정리해보기 바랍니다. 그렇게 하면 당신의 자율성 프로그램이 눈앞에 명확히 보이게 될 것입니다. 지금까지 진행한 자율성 찾기 프로그램을 돌이켜보며 그것을 하나로 연결하는 끈과 같은 실마리를 찾아보는 것이 도움이 될 것입니다.

◆ 1~5단계를 다시 한 번 되짚어보며 당신의 자율 프로그램에 대해 정리해보세요.

> ◇ 로베르트의 예
>
> 엄마는 사랑이란 말로 항상 나를 짓누르고 있었습니다. 그 때문에 나는 심각한 죄책감을 가질 수밖에 없었고, 항상 엄마를 위해, 그리고 지금은 율리아를 위해 그 자리에 있어야만 한다는 부담을 느낍니다. 이것은 나의 내면에 심각한 압박감을 주었고, 그런 이유로 나는 갑자기 반항적이 되거나 아니면 완전히 그 반대로 내 주위에 장벽을 쌓아올리고 나를 격리시켰습니다. 율리아와의 관계에서 나는 늘 내 자율성을 지키기 위해 싸워야만 했습니다. 율리아는 우리 엄마가 아니고, 특별히 나를 구속하는 것도 아닌데 그랬어요. 거리를 두고 바라보니 그녀가 나에게 거는 기대들은 그렇게 부당한 것이 아니네요.

3장

마음속 그림자 아이의
상처 보듬어주기

완벽한
어린 시절은 없어요

그림자 아이란 무엇일까요? 그림자 아이는 당신 내면에 살고 있는 아이의 한 모습으로, 부모에게 부정적인 각인을 경험해 상처를 받은 아이입니다. 이 아이는 그림자처럼 당신을 따라다니며 때론 일상을 흔들어놓지요. 애착, 자율성, 그리고 자존감과 관련해 부정적으로 남아 있는 모든 각인들을 당신 안에 살고 있는 그림자 아이로 정리할 수 있습니다. 이런 부정적인 각인들은 당신이 지금까지 바라왔던 행복한 관계에 장애물이 된 방해 요소였습니다. 강조하고 싶은 점은 모든 사람이 부정적인 각인을 경험한 적이 있다는 것입니다. 세상에는 완벽한 부모나 완벽한 어린 시절이란 없으니까요. 모든 사람의 내면에는 그림자 아이가 있습니다. 앞서 다루었던 애착과 자율성 프로그램에서 문제가 되는 부분들이 바로 당신의 그림자 아이가 드러내는 메시지입니다. 그렇기에 애착과 자율성에 관한 어린 시절의 힘들고 부정적이었던 각인들을 우리는 그림자 아이의 영역으로 분류합니다. 이 그림자 아이를 그냥 받아들일 수도 있지만 눈앞에서 보는 것처럼 구체적으로 만나기 위해서는 다음에 제시되는 율리아의 예(책 뒤의 예시 참고)처럼 집중해서 종이에 적어보는 것이 좋습니다.

당신 안의 그림자 아이를 잘 떠올리고 싶다면 그 이미지를 확실하게 시각화해보는 게 도움이 됩니다. 이 연습은 어린 시절에 무엇이 각인되었는지 한눈에 볼 수 있기 때문에 아주 간단하지만 동시에 강력한 효과가 있지요. 그래서 저는 이 간단한 스케치 연습 혹은 쓰기 연습을 누구에게나 권합니다.

이 책의 뒤에 마련한 종이 혹은 A4 크기의 종이에 아이의 형상을 하나 그립니다. 그리고 형상의 오른쪽과 왼쪽에 부모님(또는 보호자)의 이름을, 어릴 때 당신이 그들을 불렀던 호칭대로 적습니다. 엄마나 아빠, 어머니나 아버지, 그밖에 무엇이라도 좋아요. 그 아래에는 당신의 부모 혹은 보호자가 어떠했는지, 아이였을 때 경험했던 대로 키워드를 나열해봅니다. 이때 앞서 우리가 분류해봤던 주제인 애착과 자립을 기본 얼개로 적용해볼 수 있습니다.

모두 적었다면 이제 애착과 자립에 속하는 당신 부모님의 근본적이고 부정적인 특징들을 적어봅니다. 긍정적인 특성들은 나중에 태양 아이 연습을 위해 아껴두도록 하겠습니다.

> ◇ 율리아의 예
> - 엄마: 자주 집을 비움, 연약한 감정을 잘 다루지 못함, 나를 잘 위로해주지 못함, 나는 늘 강해야 했고 우는 것은 허용되지 않음.
> - 아빠: 자주 집을 비움, 가끔은 작은 자극에도 화를 잘 냄.

그러고 나서 그림자 아이의 형상 가슴 부분에 애착과 자립감에 관한 당신의 부정적인 모토들을 적어봅니다. 최대한 5개만 적어보도록 하겠습니다.

> ◇ 율리아의 예
> 상실에 대한 두려움, 질투, 모두 나를 떠날 것이다, 나는 나로 충분치 않다.

앞서 당신이 그린 그림자 아이의 배 부분에 애착과 자립감에 관해 자신에게 해당되는 부정적인 감정들을 적어 넣습니다. 이 모든 것을 적었다면 이제 당신은 당신의 그림자 아이의 모습을 볼 수 있습니다. 당신을 관계 안에서 반복적으로 어려움에 처하게 만드는 각인들이지요. 결국 우리를 부정적인 신념이나 그것이 불러오는 감정들에 사로잡히도록 만들어비립니다. 이 괴로운 감정들과 부성적인 신념들에서 벗어나기 위해 또는 그로 인한 열등감을 상쇄하기 위해서 우리는 – 이미 어릴 때 – 방어기제를 발달시킵니다. 그런 방어기제들은 흔히 신념의 형태로 형성됩니다. 예를 들면 "나는 항상 예의바르고 사랑스러워야만 해", "나는 완벽해야만 해!", 혹은 로베르트의 경우처럼 "나는 다른 사람들과의 접촉을 차단해야 해!"처럼 말입니다. 이처럼 관계가 고통스러워지는 원인 중 가장 강력한 것이 바로 우리의 자기 방어기제입니다. 우리의 행동을 규정하기 때문이지요.

이제 우리가 현실을 어떻게 인식하고 구성하는지 그리고 이것을 어떻게 그림자 아이의 배경에 투사하는지 알아보겠습니다. 부정적인 신념이 도대체 우리의 사고와 감정과 행동의 어디까지 영향을 미치는 것인지 이해하는 것이 중요합니다. 그래야 당신이 내면의 프로그램, 즉 당신의 그림자 아이를 깨닫고 그로부터 거리를 취한 다음 자신의 생각과 감정들을 더 잘 통제할 수 있기 때문입니다.

내가 느끼는 이 감정, 정당한 걸까?

"나는 썰매 위에 앉아서 나를 향해 달려오는 풍경을 바라보았다. 썰매가 엄청나게 빠른 속도로 내리막길을 달리는데, 아무런 제어도 할 수 없었다. 바위와 나무둥치를 넘는 동안 나는 두려움 때문에 손에 쥐가 날 정도로 썰매를 꽉 붙들었다. 그때 내 앞에 깊은 구덩이가 나타났다. 난 아무것도 할 수 없었고, 썰매에 제동을 걸 수도 없었다. 난 이것이 내 마지막 순간이 되리라 생각했다…."

제가 바바리아 필름 스튜디오에 있는 4D 체험관에서 썰매 타기 영상을 봤을 때의 경험담입니다. 4D 체험관은 우리가 앉아 있는 의자가 화면에서 보이는 썰매의 상황과 일치되어 마치 진짜 썰매를 타는 것처럼 완벽히 움직였습니다. 거기다 바람까지 불어왔습니다. 우리가 우리 자신을 그림자 아이와 동일시하면 바로 그 현장에 있는 것 같은 시각에 사로잡혀 우리가 생각하고 느끼는 모든 게 사실이라고 믿게 됩니다. 각자의 4D 영화관에 갇혀 있는 것입니다. 이 영화에서 빠져나오기 위해서는 관점을 관찰자 시각으로 바꿔야 합니다. 그렇게 해야만 우리가 안전하게 영화관에 앉아 있으며 지금 보고 있는 것은 스크린일 뿐임을 깨달을 수 있습니다.

이것은 구체적으로 어떤 의미일까요? 스스로를 그림자 아이와 동일시하고 있다면, 당신은 정말 스스로가 부족하다고 믿어 상대의 기대들을 압박으로 받아들이게 됩니다. 당신이 가진 신념들을 굳게 믿고 있거든요. 그래서 그 명제들을 신념이라고 부르는 것이기도 합니다. 그러나 사실 그 명제들은 부정적인 각인으로 결국 부분적으로라도 부모님에게서 받았던 무리한 요구를 의미하는 것뿐입니다. 좋은 쪽으로나 나쁜 쪽으로나 당신의 부모님이 다른 모습이었다면 당신의 신념들도 달리 발달했을 것입니다. 이렇게 보면 매우 간단한 문제이지요. 그러니까 신념이라는 것은 당신의 부모님이 관계와 양육에서 어떤 능력이 있었는가를 비추는 것일 뿐이지 당신이 어떤 사람인지를 있는 그대로 담고 있지는 않다는 것입니다. 이것은 이성적인 관찰자의 시각으로 당신 역시 충분히 이끌어낼 수 있는 결론입니다.

관찰자 시각을 가진다는 것은 외부에서 바라보는 시각을 가진다는 것입니다. 감정 개입 없이 순수하게 이성에 의지해 자신을 바라보고, 법적인 사건을 다루는 판사와도 같이 사실에 근거하여 판단하는 겁니다. 같이 한 번 해볼까요? 당신을, 그러니까 당신의 그림자 아이를 완전히 외부의 입장에서 시각화해보세요. 그리고 그것이 당신의 개인적인 각인들과 어떤 관계가 있는지 객관적인 입장에서 바라보세요. 이제 당신의 신념과 감정이 정말로 정당한 것인지 판단해보세요. 어쩌면 그것이 당신과 부모님 사이의 관계 때문에 생겨난 결과는 아닌지 생각해보세요. 또한 당신이 어떤 아이인지와 전혀 무관하게 부모와의 관계가 달랐다면 어땠을지 잘 생각해보세요. 부모님의 태도가 달랐다면 어땠을까요? 이것이 당신의 그림자 아이 배 부분의 신념들과 직접적인 관련이 있습니다. 그림자 아이는 부모의 태도와 아이의 발달 사이의 상호작용을 보여줍니다. 당신이 본래 어떤 사람인지는 거의 아무것도 말해주지 않지요.

뇌에서 이성을 관장하는 것은 전두엽인데, 이성은 변연계, 특히 편도체에서 처리되는 감정보다 느리지만 훨씬 근본적으로 처리됩니다. 그렇기 때문에 우리의 행동에 결정적인 결과를 불러옵니다. 예를 들면 우리가 두려움을 느낄 때, 이 감정은 번개처럼 빠르게 의식으로 전달되어 우리에게서 어떤 행동을 이끌어냅니다. 극단적인 경우 생존 문제와 직결될 수도 있기 때문입니다. 편도체에서 보내오는 감정에 대해 이성은 이겨볼 겨를조차 없는 거지요. 두려움이 재빠르고 강력하게 먼저 신호를 보내는 한 그렇습니다. 그러나 감정이 서서히 가라앉은 뒤에야 이성으로 깨닫는 시간이 찾아옵니다. 그제야 이성은 조용히 상황을 분석하고 파악합니다. 이성은 관찰자 모드를 유지하는 데 결정적인 도구입니다. 현대 심리학에서 우리는 이렇게 논리적으로 생각하는 이성을 일컬어 '내면의 어른' 또는 '성숙한 자아'라고 부르기도 합니다.

우리의 성숙한 자아는 그림자 아이의 투사에서 거리를 두게 도와주는 가장 중요한 수단입니다. 투사란 우리가 스스로에 대해 가지고 있는 내면의 상을 주변 사람에게 덧씌우는 것을 의미합니다. 예를 들어보겠습니다. 율리아의 그림자 아이는 자신이 부족하고 중요하지 않은 사람이라고 생각합니다. 로베르트가 늘 일이나 취미를 핑계로 율리아에게 거리를 둘 때, 율리아는 스스로가 가진 자기 자신의 이미지를 로베르트의 머릿속에 투사해 로베르트가 자신에게서 거리를 두는 이유는 자신이 충분히 착하고 사랑스럽고 예쁘지 않아서라고 생각합니다. 율리아가 해답을 찾으려고 시도하는 것도 이 투사의 결과입니다. 로베르트에게 관계에 대한 확신을 심어주기 위해 그녀는 더 착하고 예쁘고 다정해지려고 합니다. 이런 노력은 그녀가 자신의 그림자 아이와 스스로를 동일시하며 그 아이가 느끼고 생각하는 모든 것을 진실이라고 믿는 한 계속 유지됩니다.

하지만 그녀가 상황을 다른 각도에서, 자신의 성숙한 자아로 바라보면 이야기는 달라집니다. 앞서 애착 프로그램을 찾는 연습 과정에서 실행해본 것과 같이 관찰자 시각을 갖게 되면 로베르트의 행동이 자신의 가치를 말해주는 것이 아니라는 것을 알게 됩니다. 로베르트가 의존적이고 무기력한 엄마를 여성에게 투사하기 때문에 로베르트의 그림자 아이는 어느 여자를 만나든 위협받는다고 느끼고 있다는 것을 알아차릴 것입니다. 이렇듯 우리가 율리아와 로베르트의 태도를 성숙한 자아로, 외부에 있는 관찰자의 시각으로 분석해보면 그 둘의 만남이 두 명의 어른으로서가 아니라 두 명의 그림자 아이, 애착과 친밀감을 갈구하는 율리아의 그림자 아이와 마음속 깊은 곳에서는 같은 것을 원하지만 속박당할까봐 두려움을 느껴 상대를 온전히 신뢰하지 못하는 로베르트의 그림자 아이의 만남이라는 것을 알 수 있습니다. 로베르트는 율리아에게 마음을 여는 아주 드문 순간만 제외하고는 애착관계를 형성하고 싶어 하는 자신의 욕구조차 알지 못합니다.

일상생활에서는 그림자 아이의 시각에서 비롯된 인식과 이성에 의한 인식이 뒤섞여 있습니다. 그 두 가지 의식의 상태를 서로에게서 분리하는 데 익숙하지 않은 것이지요. 그렇기 때문에 우리는 그림자 아이의 감정을 너무 심각하게 받아들이고 그것을 전적으로 믿게 되는 것입니다. 이것이 율리아 안에서 로베르트가 관계에 매우 복잡한 사람이라는 이성적인 이해와 자신이 충분치 못한 사람이라는 그녀 스스로의 두려움이 섞이게 된 이유입니다. 무엇보다도 로베르트가 복잡한 사람이라는 이성적인 이해보다 거절과 상실에 대한 자신의 두려움이 근본적으로 훨씬 강력합니다. 이런 이유들로 로베르트의 이중적인 태도가 그녀의 애착 시스템을 강력하게 작동시켜 율리아는 상실에 대한 두려움을 마치 인생에 한 번뿐인 위대한 사랑인 것처럼 느끼게 되었습니다. 딜레마지요. 이 딜레마에서 벗어나기 위해 그녀는 로베르트에 대한 자신의 감정들에서 거리를 두어야 합니다.

그녀는 사실은 상실에 대한 두려움일 뿐인 로베르트에 대한 사랑의 감정을 전적으로 신뢰한다거나 그것을 자신을 판단하는 근거로 삼지 말아야 합니다. 이 단계에서도 율리아의 이성이 큰 도움을 줄 수 있습니다. 사실 그녀가 로베르트를 그렇게 사랑한다고 느끼는 것도 그가 낚시에 완전히 걸려든 물고기가 아니기 때문이지요. 게다가 감정적으로 자신이 상대방보다 낮은 위치에 있다고 느끼는 것이 그를 이상적인 사람으로 인식하게 하는 것입니다. 둘의 관계에서 로베르트는 둘 사이 거리의 가깝고 먼 것을 결정하는 유일한 사람이고, 그 사실이 율리아 그림자 아이의 눈에는 그토록 빛나고 대단한 존재로 보이게 하는 것입니다. 율리아가 정말 100퍼센트 관찰자 시점으로 자신의 상황을 보는 게 가능하다면, 그녀는 그와 같은 눈높이에 서서 그가 범접할 수 없는 꿈의 이상형이 아니라 연애관계에서 친밀감 형성에 문제가 있는 보통 사람일 뿐이라는 사실을 깨닫게 될 것입니다. 그럼으로써 그녀는 그와 얽힌 관계에서 빠져나올 수 있습니다. 또한 로베르트가 어떻게 느끼고 행동하는지는 자신의 탓이 아니기 때문에 더 이상 자신이 컨트롤할 수 없다는 것 역시 알게 될 것입니다. 이렇게 시각의 전환을 통해 그녀는 그를 이상화하는 것에서 벗어날 수 있습니다. 저는 오랜 상담 경험을 통해 많은 고객들이 관찰자 시점으로 전환함으로써 스스로 취해 있던 사랑의 감정에서 빠져나와 맑은 이성을 갖게 되는 것을 지켜봐왔습니다.

로베르트 쪽에서는 관찰자 시각을 가짐으로써 율리아가 자신의 엄마가 아니라는 사실을 깨닫고, 또 그 지점에서부터 자신이 더 이상 아이가 아니고 다 큰 어른임을, 그래서 자유 또한 연인의 통제에서 지켜져야 하는 게 아니라 자기 안에 이미 보장되어 있는 것임을 인지하게 될 것입니다. 그럼으로써 로베르트도 자신의 성숙한 자아를 통해 그림자 아이의 투사에서 자유로워질 것입니다.

외향적인 사람과
내향적인 사람의 방어기제

앞서 살펴본 대로 율리아는 로베르트의 마음에 드는 사람이 되기 위해 끊임없이 노력합니다. 이렇게 자신의 문제를 해결하려는 시도들을 방어기제라고 부릅니다. 방어기제란 대부분 무의식의 영역에서 우리의 부정적인 믿음과 그로 인해 생겨나는 불쾌한 감정들을 느끼지 않기 위한 시도들입니다. 공격당한 자존감을 지키기 위한 보루 같은 것이지요. 만일 스스로 부족한 사람이라고 느끼면 어떻게 해서든 모든 것을 완벽히 하려고 노력함으로써 나은 사람이 되려고 애를 쓸 것입니다. 완벽주의는 가장 널리 퍼져 있는 방어기제 중 하나입니다. 또 다른 하나는 항상 조화로움을 추구하는 것입니다. 거절해야 하는 상황을 두려워하는 그림자 아이를 가진 사람은 어떤 종류의 갈등도

피하려는 경향이 있습니다. 그래서 이런 사람들은 속으로는 거절하고 싶으면서도 실제로는 승낙하는 경우가 많습니다. 그들의 그림자 아이가 늘 모두의 기대를 충족시키려고 애쓰기 때문이지요.

방어기제 역시 애착 성향과 자율 성향으로 나눠 정리할 수 있습니다. 애착 성향의 기본욕구를 충족시키는 방어기제는 자신을 주변에게 지나치게 맞추려는 행동입니다. 완벽주의, 화목주의, 무기력감, 어리광, 과도한 책임감, 슬픔과 집착, 소비와 중독 등이 이에 해당합니다. 반면 자율 성향의 기본욕구를 충족시키는 방어기제에는 통제와 주도권을 잡으려는 노력, 반항과 차단, 회피, 공격 성향 등이 있습니다. 다소 일반화해서 말하자면, 애착 성향이 강한 사람들은 대체로 자신을 타인에게 맞추려는 수동적인 방어기제를 작동시키고, 자율 성향이 강한 사람들은 자신이 상대를 통제하려고 하고 무엇이든 싸워서 쟁취하려는 능동적인 방어기제를 작동시킵니다.

중요한 것은 사람은 누구나 일종의 방어기제가 있다는 점입니다. 그래서 우리는 가능한 한 적게 실수하려 하고, 가끔은 기꺼이 책임을 떠맡고, 결국은 자율성의 가장 중요한 요소인 통제도 자신이 하려는 것입니다. 거의 모든 사람이 순응하려는 방어기제나 자율적인 방어기제 중 하나에 더 가까운 경향을 보입니다. 문제는 방어기제가 너무나 압도적인 위력을 발휘함으로써 애초에 방어기제가 작동하게끔 했던 문제를 해결하는 것이 아니라 오히려 문제를 악화시키거나 또는 새로 만들어내기까지 하는 경우입니다. 방어기제는 우리의 태도를 표현함으로써 인간관계에 짐이 되기도 합니다. 예를 들어 상대를 늘 뒤따라 다니며 잔소리해서 통제권을 행사하려고 하면, 상대는 매우 스트레스를 받고 화를 내는 것으로 반응할 것입니다. 만일 늘 조화로운 관계를 추구하는 사람이어서 관계를 위해 희생하기만 한다면, 장기적으로 정작 그 관계에서 편안함을 느끼지 못해 어떤 경우에는 그 관계를 끝내게 될 수도 있습니다. 많은 사람들이 완벽주의로 자기 자신을 착취해 결국 최악의 경우에는 번아웃 현상까지 경험하는 상황도 흔히 볼 수 있습니다. 로베르트에 대한 율리아의 집착은 로베르트가 점점 더 그녀에게서 멀어지게 만들고, 그 상황은 율리아로 하여금 로베르트에게 더욱 심하게 집착하게 만들었지요.

지금 맺고 있는 관계의 질을 향상시키고 싶거나 혹은 잘 맞는 상대를 만나고 싶다면, 먼저 자기 자신에게 어떤 방어기제가 있는지 알아야 합니다. 먼저 내향성과 외향성이라는 성격과 각각의 방어기제들의 연관 관계를 살펴보겠습니다.

저는 한 사람이 스스로 발달시키는 개인적인 방어기제들은 그 사람이 가지고 태어난 내향성과 외향성 같은 유전적 요인에도 영향을 받는다고 확신합니다. 내향성과 외향성이란 서로 다른 성격유형으로 매우 많은 성격적 특성들을 결정하는 요인이 됩니다. 어떤 사람이 내향적인지 외향적인지는 유전적으로 이미 어느 정도 정해져 있습니다.

외향성과 내향성의 심리학적 구조는 칼 구스타브 융이 최초로 밝혀냈습니다. 그에 따르면 인간에게는 에너지를 이끌어내는 두 개의 서로 다른 샘이 있습니다. 외부세계와의 접촉, 그리고 내면세계와의 접촉이 그 두 가지입니다. 즉 외향성과 내향성은 에너지를 얻는 원천에 관한 이야기입니다. 외향적인 사람들은 그들의 배터리를 다른 사람들과 교류하면서 충전합니다. 내향적인 사람들은 혼자만의 시간을 가지며 다시 연료를 채워넣습니다. 외향성의 긍정적 특성에는 뛰어난 사교성, 대화하는 것을 좋아하는 점, 빠른 행동력, 위험을 감수할 준비가 되어 있는 것, 즉흥성, 갈등을 두려워하지 않는 것 등이 있습니다. 반면 내향적인 사람들은 내면의 세계로 빠져드는 것을 좋아하며 사려 깊음, 집중력, 독립성, 고요함, 분석적인 사고력, 공감능력, 그리고 경청하는 자세 등의 긍정적 특성이 있습니다.

외향성을 가진 사람들과 내향성을 가진 사람들의 뇌는 다르게 작동합니다. 교감신경과 부교감신경은 자율 신경 시스템의 제일 중요한 두 경쟁자입니다. 교감신경은 싸움과 도망을 대비해 신체를 준비시키는 행동신경이라고 할 수 있고, 부교감신경은 몸이 휴식하고 새로운 힘을 내도록 돌보는 휴식신경이라고 할 수 있습니다. 자율 신경 시스템은 말 그대로 자율적으로 작동하며 특정한 조건하에서만 영향을 줄 수 있습니다. 대체로 외향적인 사람들은 교감신경의 영향을 받고, 내향적인 사람들은 부교감신경의 영향을 받습니다. 외향적인 사람들은 내향적인 사람들에 비해 '실행에 옮기려는' 충동이 훨씬 강합니다. 그들의 뇌는 늘 교감신경의 전달물질인 도파민을 찾습니다. 그래서 외향성을 가진 사람들은 내향성을 가진 사람들보다 고급 음식, 알코올, 섹스, 도박, 성공 등의 중독에 빠질 확률이 높습니다. 이들 내부에서 도파민을 계속 분비시키기 때문입니다. 외향적인 사람들은 외부 세계에서의 자극이 자주 필요합니다. 자극이 부족한 경우 이들은 성난 상태가 됩니다. 또한 별일이 없을 때 쉽게 지루함을 느끼며, 혼자 있는 시간을 힘들어합니다.

부교감신경의 전달물질은 아세틸콜린이라는 물질입니다. 이 농도가 낮아지면 내향성을 가진 사람들의 뇌에는 스트레스가 증가합니다. 내향적인 사람들은 자극이 너무 많을 때, 그중에서도 특히 사회적 접촉이 많을 때 신경질적인 상태가 됩니다. 그밖에도 이들은 두려움에 예민한 중추가 있습니다. 그래서 그들에게 더 큰 동기를 부여하는 것은 보상에 대한 약속보다 두려움을 피하거나 안전을 보장하는 것일 때가 더 많습니다.

외향적인 사람들은 도파민의 영향으로 내향적인 사람들보다 황홀감이나 열광을 추구하는 경향이 큽니다. 이들은 평균적으로 쾌활한 기분을 느끼는 때도 더 잦습니다. 그러나 이들은 통제하는 데 익숙한 내향적인 사람들보다 좀 더 충동적이고, 스트레스를 받는 상황에 처했을 때 공격성을 보일 수 있습니다. 조급함, 공격성, 피상적인 것, 자기 연출, 회피, 경솔함 등이 이들에게 나타나는 부정적인 특성들입니다.

외향적인 사람들이 내면의 조화를 잘 이룰 때에는 다른 사람들에게 먼저 다가가고, 열린 마음으로 대하며, 자신의 문제에 대해서 이야기하기도 하고, 그런 개방성으로 다른 사람들의 호감을 얻습니다. 하지만 내면의 조화가 무너지면 관심과 인기를 얻기 위해 적극적으로 싸우려는 성향을 보입니다. 또한 스스로를 심하게 연출해 늘 대화를 이끌어가려고 하며 자기 자신에 대해 너무 말을 많이 하고 다른 사람들의 생각은 전혀 궁금해 하지 않습니다. 직장생활이나 취미생활에서도 이들은 혼자가 되거나 자신에 대해 깊이 생각하는 것을 피하기 위해 통제가 불가능한 상태가 되기도 합니다. 외향적인 사람들은 전투적 본성 때문에 관계 안에서 발생하는 문제들에 너무 긴 시간 매달리거나, 언제가 떠나보내기에 적절한 때인지 너무 늦게 깨닫기도 합니다.

반면에 내성적인 사람들이 스스로의 중심에 닻을 잘 내리고 있지 않은 경우 그들은 과장된 두려움, 소심함, 수동성, 망설임, 자기기만, 접촉 기피, 익숙한 것에서 벗어나지 않으려는 등의 성향을 보입니다. 성향에 걸맞게 이들의 방어기제는 외향적인 사람보다 훨씬 방어적 방향에 맞추어져 있습니다. 자기의 등껍질 속이나 환상의 세계로 들어가 문을 닫아버려, 외부세계와 맺고 있는 연결성은 점점 더 약해지는 것입니다. 긍정적으로 보면 내향적인 사람들의 사색적인 면은 문제를 해결하는 훌륭한 열쇠가 될 수도 있습니다. 그러기 위해 이들에게는 안전이 보장되는 환경으로 물러나는 자기 방어기제가 꼭 필요합니다.

관계에서의 내향성과 외향성

외향적인 사람과 내향적인 사람 사이의 관계에는 어떤 어려움이 있을까요? 근본적으로 둘은 같은 일을 두고 그것을 내적으로 소화시키는 과정이 다릅니다. 내향적인 사람은 외향적인 사람보다 신경 통로가 더 깁니다. 그래서 외향적인 사람이 어떤 일에 대한 반응 속도가 더 빠르며, 이것은 지적 능력과는 아무 상관이 없습니다. 이는 둘의 대화에 다음과 같이 영향을 미칠 수 있습니다. 내향적인 사람은 누군가 질문을 하면 대답하기 전 잠시 자신 안으로 들어갑니다. 말하기 전에 생각을 하는 것이지요. 반면 외향적인 사람은 말과 생각을 동시에 할 수 있어서 가끔은 좋은 의미에서든 나쁜 의미에서든 자기가 한 말에 놀라는 경우도 있습니다. 외향적인 여성이 저녁에 일터에서 집으로 돌아와 그녀의 내향적인 남편에게 오늘 하루는 어땠느냐고 묻습니다. 그러면 남편은 잠시 생각에 잠겨 자신의 하루가 어땠는지 생각해보지요. 이렇게 '바로 대답하지 않는' 내향적인 사람의 느림을 이해할 수 없는 외향적인 사람은 자기에게 마음을 열지 않는 것으로 오해할 수 있습니다. 그리고 내향적인 상대의 대답을 기다리는 대신 자기의 하루가 어땠는지 말하기 시작하는 것입니다.

내향적인 사람과 외향적인 사람의 말하고 반응하는 속도의 차이는 무엇보다 토론이나 연애관계에서 대화할 때 많은 갈등을 유발합니다. 내향적인 사람은 상대가 원하는 만큼 빠르게 반응해야 하는 것에 부담을 느껴 결국 외향적인 사람 혼자 대화를 이어나가는 경우가 많습니다. 이것은 다시 내향적인 상대를 완전히 가로막고 외향적인 상대에게서 완전히 귀를 닫아버리게 만듭니다.

또한 내향적인 사람들은 외향적인 상대의 충동적 성향을 불편해할 때가 많습니다. 이들은 시끄러운 말다툼을 두려워하며 외향적인 상대가 제대로 싸워보려는 것을 절대로 용납할 수 없는 일이라 생각합니다. 외향적인 상대의 충동적인 성향을 관대하게 받아들이지 못하지요. 그래서 이들의 마음은 외향적인 상대의 충동성을 담아두지 않고 그의 사정을 짐작하고 이해해주는 쪽으로 도달합니다. 원래 좋지 않은 일을 담아두는 것이 내향적인 사람의 특징이기 때문에 관계를 위해서 그러지 않으려는 것입니다. 다시 말하면 외향적인 사람은 싸우고 논쟁하는 일을 통해 능동적인 공격성을 띤다고 할 수 있고, 내향적인 사람은 주변에 벽을 쌓아올리고 수동적인 방식으로 공격성을 나타낸다고 할 수 있습니다. 수동적인 공격성과 능동적인 공격성의 여러 형태들에 대해서는 뒤에서 더 자세히 다룰 예정입니다.

사랑을 얻기 위해
저지르는 실수들

우리는 애착관계를 형성하려는 욕구를 충족시키기 위해 상대방에게 자신을 맞추고 상대방의 마음에 들기 위해 노력합니다. 정도의 차이만 있을 뿐이지 사람이라면 누구나 그렇습니다. 상대방에게 순응하려는 경향이 너무 강해서 자율성의 근본적인 부분을 희생시킬 수밖에 없게 되면, 그것은 더 이상 건강한 범주의 순응이 아니고 방어기제의 영역에 속합니다. 앞서 언급한 대로 방어기제의 대부분은 어린 시절에 발달합니다. 특히 아동기에 부모와의 관계를 좋게 하기 위해 효과적인 해결방안들을 찾는 과정에서 생겨납니다. 그렇게 생성된 것이 무의식중에 어른이 될 때까지 유지되기 때문에 성인이 되어 맺는 관계에 짐이 되는 방해 프로그램이 발달하게 됩니다. 외적인 조건들은 달라졌습니다. 남자든 여자든 이제 어른이 되었고 더 이상 부모에게 의존적인 어린아이가 아닙니다. 하지만 그들 내면의 그림자 아이는 달라진 상황을 이해하지 못합니다. 많은 사람들은 지나치게 상대방에게 자신을 맞추면서도 이를 인식하지 못하는데, 이미 그런 패턴에 익숙해졌기 때문입니다. 즉 그들이 이미 스스로를 자기의 그림자 아이와 완벽하게 동일시하기 때문입니다. 그렇기 때문에 혼자가 된다는 두려움으로 행복한 순간이 거의 없는 관계 안에 붙잡혀 있습니다.

또한 이들은 다른 사람들의 기대에 부응하는 결정을 내립니다. 그들이 가진 가장 근원적인 불안감은 거절당하고 혼자 남겨질 것에 대한 두려움입니다. 그래서 그들은 모든 것을 완벽히 해내려 하고 남을 실망시키지 않으려는 동기로 가득 차 있습니다. 그것을 위해 자신이 가진 자율성과 자기결정권의 일부를 포기합니다. 누군가를 절대로 실망시켜서는 안 되는 사람이란 결국 자유롭지 못한 사람입니다.

많은 경우 이런 상황의 당사자는 부모에게서 자유롭지 못합니다. 부모와 더 이상 연락을 하지 않고 지내거나 이미 돌아가신 지 오래더라도 그렇습니다. 내면의 그림자 아이와 자신을 동일시한다는 것은 여전히 그들이 부모에게서 경험한 각인 안에서 살아가고 있다는 것이며 부모의 기대에 부응하려는 혹은 부모의 기대에 계속 반항하려는 끊임없는 노력 속에서 살아간다는 것을 의미합니다.

부모의 기대를 항상 충족시켜줄 필요는 없습니다. 이것을 '상상 속의 기대들'이라고 하는데요. '난 늘 부족한 사람이야!' 혹은 '누구든 다 나를 떠나갈 거야!'와 같은 그림자 아이의 신념을 가진 율리아의 예를 통해 이를 다시 한 번 살펴보겠습니다. 이 신념들은 그녀의 방어기제가 작동하는 강력한 동기가 됩니다. 율리아의 방어기제들에는 화목함에 대한 강박, 완벽주의, 울며 매달리기, 그리고 '먹기'가 있습니다. 어렸을 때부터 그녀는 부모님의 마음에 꼭 들기를 원했습니다. 그래야만 그들이 그녀의 곁에 있어줄 거라고 생각했기 때문이지요. 그래도 혼자 있게 되는 때가 오면 그녀는 단 것을 먹으며 스스로를 위로했습니다.

율리아의 사례는 반드시 부모가 아이에게 특정 태도를 요구했기 때문에 방어기제가 생겨나는 것은 아니라는 것을 보여줍니다. 율리아의 부모님도 그녀에게 항상 사랑스럽고 의젓하고 가능한 한 완벽하기를 기대한 것은 아니었습니다. 그들은 율리아를 한결같이 사랑했습니다. 자주 곁에 있어주지 못한 것은 직장 때문이었지요. 물론 둘 중 어느 누구도 아이를 위해 자신의 커리어를 희생하고 집에 있을 생각은 없었습니다. 그런 면에서는 자신이 부모님에게 중요한 존재가 아닌 것 같다는 어린 율리아의 감정이 그렇게 틀린 것만은 아니었겠지요. 아이의 입장에서는 그렇게 믿을 수밖에 없었을 테니까요. 그렇게 그녀의 내면에는 자신이 부족하고 부모님의 마음에 들기 위해서는 더 노력해야 한다는 신념이 자라게 된 것입니다.

이제 율리아는 성인이고 독립도 했습니다. 그러나 그녀의 그림자 아이는 로베르트의 애정과 관심을 얻기 위해 아직도 익숙한 방어기제들과 싸우고 있습니다. 율리아의 그림자 아이는 로베르트 없이는 살 수 없다고 생각합니다. 그림자 아이는 율리아와 함께 성장하지 않고 어린아이의 발달단계에 머물러 있습니다.

이제 애착을 원하는 과정에서 가장 빈번하게 나타나는 방어기제들을 살펴보겠습니다. 이 모든 방어기제들이 애착관계를 잃을지도 모른다는 두려움 때문이라는 게 명확히 드러날 것입니다. 그 외에도 자율성과 관련된 방어기제들도 있습니다. 자율성을 지키기 위한 방어기제가 작동되는 사람들은 다른 사람과의 애착관계에 그다지 큰 가치를 두지 않습니다. 그보다는 다른 사람과의 사이에서 거리와 자유가 필요하다고 강조하지요. 잊지 말아야 할 점은 애착관계의 형성은 최초의 발달단계라는 점입니다. 자율성도 그 기초 위에 형성되는 것이니까요. 자율성과 관련된 방어기제를 작동시키는 많은 사람들은 자신의 애착욕구가 해를 입은 것에 대한 반응으로 이러한 행동을 취하는 것입니다. 그들 역시 지나친 순응 쪽으로 기울기 때문에 오히려 애착욕구에 반항하는 쪽으로 방향을 바꾸는 것이지요. 이 책을 읽어나가며 당신이 자율성과 관련된 방어기제를 압도적으로 더 많이 사용하고 있다고 느낀다면 혹시 그 원인이 지나치게 순응하려는 성향의 그림자 아이 때문은 아닐지 생각해보는 것이 좋겠습니다.

계속해서 책을 읽어 나가는 동안 당신이 어떤 방어기제들을 자주 사용하는지 생각해보고 당신의 그림자 아이 그림 발 부분에 적어 보세요.

이상화와 외면

우리의 모든 감정, 생각, 그리고 행동의 기초는 인지와 관련 있습니다. 우리는 오직 우리가 인지하는 것에 대해서만 반응하기 때문입니다. 그 인지 과정이 부분적으로 무의식중에 일어나는 것이라 해도 말입니다. 그러나 특정한 것을 인지하고 싶지 않은 경우 눈을 질끈 감는 수밖에 없습니다. 외면하는 것이지요. 그림자 아이가 애착을 너무나 원할 경우 애착대상과의 사이에 있을 수 있는 갈등의 씨앗을 최소화해야만 합니다.

앞서 이야기했듯이 많은 사람들은 어린 시절 애착욕구가 좌절된 경험이 그대로 재현되는 것을 보는 게 두려워 뒷걸음질을 칩니다. 그렇기 때문에 그들은 잠재적 갈등의 가능성만 피하려는 것이 아니라 아예 그 자체를 제대로 보지 않으려고 합니다. 이런 범주에는 당연히 이상화하는 것도 포함됩니다. 연인을 객관적 눈으로 보았을 때 심각한 성격적 결함이 발견되더라도 말입니다. 지나치게 순응적인 그림자 아이는 자주 현실을 외면하고 일어나고 있는 일들을 아름답게 꾸며 말하곤 합니다. 자신의 입장을 전혀 표현하지 않고, 평가하는 것을 극도로 꺼려하지요.

예전에 저를 찾았던 여성 중 한 명은 자신이 가까운 관계를 유지하며 오랫동안 돌봐온 시누이에게 끝없는 실망과 배신감을 느꼈다고 했습니다. 그녀가 암으로 심각한 상황에 놓였을 때 시누이가 자신에게 신세를 지고 싶지 않아 연락을 끊었다고 했습니다. 그녀는 당연히 그 일로 엄청나게 괴로워했습니다. 자세히 들어보니 그 시누이는 신뢰할 수 없는 사람처럼 보였습니다. 그러나 그녀는 시누이를 한 번도 비판적으로 바라본 일이 없었고, 그저 받아들이기만 했지요. 그녀의 애착욕구는 매우 강했습니다. 불화로 뿔뿔이 흩어진 가족관계를 경험한 그녀는 남편의 가족 안에서 반드시 치유의 세계를 찾기를 원했고, 그래서 이 소망을 방해하는 모든 것을 외면했습니다. 그녀가 더 일찍 눈을 뜨고 시누이의 실제 모습을 보았다면 시누이가 자기중심적이고 그렇게 좋은 관계를 맺을 만한 사람이 아니었다는 걸 진작 알

앉을 것입니다. 그랬다면 시누이와 처음부터 건강한 안전거리를 유지했을 것이고 이렇게 큰 실망을 느낄 일도 없었을 것입니다. 그렇게 그녀는 그림자 아이의 애착욕구를 위해 자신을 속였던 것입니다.

강력한 애착욕구를 지닌 그림자 아이를 가진 사람들은 때론 너무 순진한 생각으로 살아가곤 합니다. 주변에서 "이 거친 세상을 살기엔 너무 착해빠졌다"고 표현하기도 하지요. 그들은 다른 사람에게 자신을 맞추고, 돕고, 견디고, 봉사합니다. 그리고 그렇게 한 대가로 사랑받고 받아들여지기를 바랍니다. 좀 더 비판적인 시선을 견지하며 살아가기 위한 방법은 뒤에서 자세히 다루겠습니다.

감정을 억누르는
'가짜' 욕구들

분노와 공격성은 조화로움의 가장 큰 적입니다. 다른 사람에게 지나치게 자신을 맞추는 사람들은 어렸을 때 이미 분노는 환영받지 못하는 감정이며 심지어 위험하기까지 하다는 것을 배웠습니다. 그래서 그들은 아주 일찍부터 그 감정을 억누르는 것을 연습했습니다. 분노뿐 아니라 상대에게 자신을 맞추는 길에 방해가 되는 다른 감정들도 억압했습니다. 지나치게 순응적인 사람들은 자신이 원하는 게 무엇인지는 그리 중요하게 생각하지 않습니다. 다른 사람들이 그들에게 무엇을 기대하는지가 더 중요하지요.

    이들은 자신의 감정에 접근하는 법을 모르겠다며 슬퍼할 때가 많습니다. 또한 자신이 무엇을 원하는지 잘 모르기 때문에 결정을 내리기도 힘들어합니다. 이러한 불확실성은 연애관계에서 과연 계속 사귀는 게 옳은가, 상대가 정말 내 짝이 맞는가 하는 의문으로 확장됩니다. 이들은 자신이 내린 판단을 신뢰하지 못합니다. 그것이 정말로 맞다는 느낌이 들지 않기 때문입니다. 결정을 내리기 위해 합리적으로 판단하고 헤아리는 과정에서도 기본적으로 감정의 지원사격을 받기 때문에 자신의 감정을 잘 모르는 이들은 늘 모든 판단이 불확실하다고 느끼는 것이지요.

억압된 공격성은 결국에는 우울증의 형태로 나타납니다. 우울증을 앓는 사람들은 공격성이 전혀 없는 경향이 있는데 이는 여성의 경우 더 두드러집니다. 여성의 3분의 2가량이 자신을 타인에게 과도하게 맞춤으로써 스스로를 보호합니다. 이는 우울증이 오랫동안 여성에게 더 많이 나타났던 이유입니다. 당사자는 공허감과 허탈함을 느끼고, 모든 게 가치 없다는 생각을 하고, 자책감을 느끼며, 무기력해져 사는 것이 무의미하다 느낍니다. 이런 모든 증상들을 종합해보면 우울증은 체념의 한 형태로도 이해할 수 있습니다. 우울증을 앓는 사람은 어느 시점에선가 주변 사람들이 원하는 것에 맞춰주고 모든 기대를 충족시켜주려는 자신의 끝이 없고 헛된 시도들에 완전히 지쳐버리는 것이죠.

우울증은 이런 순응하려는 모든 시도들의 종착역이라고 할 수 있습니다. 과도하게 자신을 맞추려는 사람들은 다른 사람에게 저항하는 것을 너무 어렵게 느끼기 때문에 무기력함과 무력감이 극에 달해 정신적 마비 상태가 되는 것입니다. 우울증을 앓는 사람들은 자신이 공허감 이외에 다른 무엇도 느낄 수 없다고 호소합니다. 이 공허는 당사자를 한없이 끌어내리고, 어떤 사람들은 심지어 스스로 죽음을 택하기도 합니다.

성인 남성과 소년들에게 우울증은 공격성의 형태로 나타나는 경우가 많습니다. 일반적으로 남성은 여성보다 우울감이나 무기력함, 슬픔 같은 연약한 종류의 감정들을 표현하는 데 익숙하지 않은 채 자랍니다. 반면 강력한 공격성에 대해서는 그다지 통제받지 않지요. 그래서 우울증을 앓는 남성들은 작은 자극에도 쉽게 공격성을 드러내고 경우에 따라 중독될 대상을 찾아 그것으로 귀를 틀어막습니다. 대략 전체 여성의 3분의 1가량이 자율성을 더 중요하게 느끼는데 이러한 여성들 또한 우울감이 덮쳐올 때 다소 공격적으로 반응하곤 합니다.

과도하게 순응하는 사람들은 주변 사람들의 기대를 채워주기 위해 항상 안테나를 뻗고 있습니다. 그래서 내면적으로 자신의 감정보다는 다른 사람의 감정을 다루느라 바쁩니다. 이것이 심해지면 이들은 곁에 친밀한 누군가가 있을 때 자기 자신과의 접점을 완전히 잃어버립니다. 그래서 시간이 지날수록 자신이 상대방의 언행 하나하나에 병적일 정도로 반응하고 있다는 것을 알게 됩니다. 그들이 스스로의 감정을 감지할 수 있는 최선의 때는 홀로 있거나 아니면 곁에 잠재적으로 그들에게 기대를 덧씌울 사람이 없을 때입니다.

타인에게 지나치게 자신을 맞추려는 사람들은 연인 혹은 배우자의 감정, 소망, 기대로부터 선을 긋는 일에 매우 서툽니다. 왜냐하면 그 관계가 성공적인지 그렇지 않은지는 온전히 자신에게 달려 있다고 생각하기 때문이지요. 거절에 대한 매우 깊은 두려움으로 그들은 자신의 욕구를 희생시킵니다. 그들이 감정을 느끼는 데 취약하다는 사실은 종종 신체적인 특징을 통해서도 감지됩니다. 자신이 어떤 상태인지 거의 느끼지 못해 신체적 한계를 넘어버리는 것입니다. 너무 뚱뚱하거나 너무 말랐고, 익스트림 스포츠를 즐기거나 아예 스포츠라고는 가까이 하지 않으며 성적 욕구가 없다고 호소하기도 합니다. 성생활에서도 이들은 오직 상대가 원하는 것에 자신을 완전히 동일시하여 스스로의 성적 욕구는 거의 신경도 쓰지 않습니다. 섹스를 즐거움으로서가 아니라 의무를 충족시키는 행위로 경험하게 되는 것입니다.

물론 불감증은 부정적인 감정에 대한 두려움과도 관련이 있습니다. 과도한 순응 성향을 가졌든 그렇지 않든 우리는 자신에게 닥쳐올지 모를 어떤 운명을 두려워합니다. 우리에게 두려움, 슬픔, 창피함

또는 무기력감과 같은 감정이 없다면 나쁜 결과에 대해서도 무관심으로 반응할 수 있겠지요. 나쁜 결과라는 것도 거기에 속하는 감정들 없이는 아무 의미가 없으니까요. 많은 사람들은 이러한 무관심을 무의식중에, 때로는 분명한 의식하에 훈련합니다. 그럼으로써 삶은 덜 고통스러워지기 때문입니다. 그들은 자신의 이성에 초점을 맞추어 합리적이고 담대하게 대처합니다. 그러나 이를 통해 살아 있다는 느낌, 우리를 생기롭게 만드는 감정들 또한 사라져버리고 맙니다. 그런 감정이 없다면 우리의 내면은 죽은 것이나 마찬가지이고, 바로 이것이 우울증을 겪는 사람들이 고통을 호소하는 내적으로 공허한 상태를 만드는 주요 원인입니다.

당신이 스스로의 감정을 너무 강하게 억압하는 경우에 해당된다면 치유를 위한 첫 번째 단계로 자기 자신에게 다시 눈을 돌려야 합니다. 주의를 기울여 당신이 신체적으로 그리고 심리적으로 무엇을 느끼는가를 감지하려고 해야 합니다. 하루에도 몇 번씩 멈추어 자신의 내면을 향해 질문해보아야 합니다. 나는 지금 어떤 상태이며 어떤 감정을 느끼고 있는지 말입니다.

화목함에 대한 강박

조화와 화목을 위해 엄청나게 애를 쓰는 사람들은 대부분 평화를 사랑하며 부드러운 본성이 있습니다. 그들은 이미 유전자에 의해 순응적인 태도를 지니고 있으며 내향적인 사람인 경우가 많습니다. 그런데 이들의 이런 성향을 발달시키는 힘들었던 어린 시절의 환경까지 더해지면 이들의 화목을 사랑하는 성향은 갈등에 대한 취약함으로 엇나가게 됩니다. 과도한 순응 성향을 가진 사람들은 주변 사람들의 기대와 욕구에 선을 긋는 것을 어려워합니다. 그래서 이들은 대개 노라고 생각하는 경우에도 예스를 말합니다. 주변을 둘러싸고 있는 관계들이 자신이 있는 그대로의 솔직함을 표현하기에 안정적이지 않다고 느끼는 것이지요. 강력하게 화목을 추구하는 사람들은 여러 잠재적 갈등상황을 자주 상상합니다. 원칙적으로는 서로 큰 차이가 없는 일임에도 말입니다. 거절당할 것에 대한 압도적 두려움은 이들이 타인을 대할 때 너무 조심스러워하도록 만듭니다. 그래서 마치 까치발을 들고 걷듯 인생을 살아 나가며 주변 사람들을 비단 장갑을 낀 손으로 만지듯 대합니다.

그러나 자신의 욕구를 언제까지나 모른 척하며 살 수는 없습니다. 갈등을 회피하는 사람은 한 번쯤 관계에서 자신이 홀대받고 있다는 느낌을 받게 되는 순간이 있습니다. 이들은 자기가 원하는 것을 표현할 수 없기 때문에 상대방이 알아서 충족시켜주기를 바랍니다. 관계가 그렇게 흘러가지 않을 경우 이들은 괴로워합니다. 아니면 딱 한 번 "쯧" 소리를 내고서 상대방이 이 "쯧"에 곧바로 반응해주지 않으면 모욕감을 느낍니다. 이런 상황은 이들 안의 그림자 아이에게는 '난 중요한 사람이 아니야', '난 소중한 존재가 아니야', '내 의견은 별것도 아니지' 등의 신념을 재확인하는 계기가 됩니다. 이들의 그림자 아이는 만성적으로 자신이 열등한 위치에 있다고 느낍니다. 이런 시각은 때때로 상대를 한순간에 적으로 여기게 만듭니다. 실은 상대가 전혀 힘을 휘두르지 않아도 단순히 관계의 역동성에서 자연스레 우세한 위치에 놓이게 될 뿐인데 이를 예민하게 받아들이는 것이죠. 어떤 관계에서 결정을 내릴 때 한쪽 당사자가 수동적인 역할만 하게 되면 어쩔 수 없이 다른 당사자가 능동적인 역할을 떠맡게 되는 것과 같은 이치입니다.

조화에 집착하는 사람들은 자신의 욕구에 대한 책임을 지는 것에 자신이 없습니다. 이들은 자신의 삶을 능동적으로 살기보다는 어떤 일들이 일어나도록 방치합니다. 안전에 대한 높은 욕구는 언제나 방어기제의 큰 동기가 됩니다. 조화로워야 한다는 강박을 가진 사람들은 단지 이별이나 혼자 남겨질 것에 대한 두려움 때문에 서로를 불행하게 만드는 관계에도 너무 오래 붙들려 있습니다. 많은 경우에 그들은 상대를 변화시켜보려고 애를 쓰거나, 아니면 이미 명백히 드러난 상대의 약점을 오히려 이상화시키며 벌어진 일의 책임을 자신에게로 돌립니다. 이런 상황을 극복하기 위해서는 먼저 자신의 의존성에 문제의식을 가지고 자율성과 관련된 능력들을 개발하는 것이 도움이 됩니다.

만약 당신이 조화로움에 집착하는 사람이라면, 가끔은 당신 안에서 무슨 일이 일어나고 있고 당신이 무엇을 원하는지를 상대가 아는 것이 공평하다는 사실을 잊지 말았으면 좋겠습니다. 스스로의 욕구를 항상 숨기기만 하면 상대는 당신의 내면을 살필 기회를 거의 얻지 못할 것입니다. 상대가 당신의 생각을 읽어줄 것이라고 기대하지 마세요. 당신이 자기 자신에 대한 책임을 스스로 지고 방어막에서 걸어 나오는 것이 중요합니다. 이제 당신은 다 큰 어른이라는 걸 잊지 마세요. 그리고 상대는 엄마 또는 아빠와 다르다는 점도요.

너무 점잖은 남성들

여성들은 강한 남자를 좋아합니다. 그래서 과도한 순응 성향이 있는 남성은 여성에게 그렇게 매력적이지는 않습니다. 남성이 남성

다음을 가지고 있는 것은 매우 중요합니다. 흔히 자신의 생각을 대변하고 논쟁할 수 있을 때 남자답다고 말합니다. 그리고 자신이 무엇을 원하고 원하지 않는지를 잘 아는 것도 그렇습니다. 남자답다는 것은 목표를 정하고 그곳까지 도달하는 길에 있는 장애물을 치워버릴 수 있다는 것을 뜻합니다.

어린 시절에 자신과 남성적인 역할을 긍정적으로 동일시하기가 어려웠던 남성은 자신 안의 남성적 성향을 애써 억누릅니다. 이런 남성은 보통 너무 지배적이고 권위적인 아버지 아래서 자란 경우가 많습니다. '아버지 같은 사람이 되지는 말아야지' 하고 다짐하며 자라온 것이지요. 한편 아들에게 아버지에 대해 계속 나쁘게 말함으로써 자기편이 되도록 조종하는 어머니도 동일한 영향을 미칩니다. 그 과정에서 소년은 남성은 악하고 여성을 고통스럽게 한다고 배우게 되고 자신을 여성적인 성향들에 더 동일시하게 됩니다. 그 밖에도 어머니나 아버지가 아이가 어렸을 때부터 극단적으로 순응적인 태도를 가지도록 요구하면 아이가 이후의 발달과정 내내 그때 생성된 각인에서 절대 해방되지 못하는 경우도 있습니다.

남성적인 성향을 '비타협적인', '지배적인', '완고한' 성격과 혼동하면 안 됩니다. 남성적인 성향이란 자신의 감정과 약점까지도 느낄 수 있으며 그것에 대해 이야기할 수 있다는 것입니다. 다른 사람에게

때때로 맞춰줄 수도 있고, 타협할 수도 있으며, 부드러운 면도 있음을 뜻합니다. 이러한 특성들은 애착과 순응 쪽에 속하는 감정들이며 누군가와 친밀한 관계를 맺을 때 꼭 필요한 요소들입니다. 남자를 남성적으로 만드는 조건에는 이런 기본적인 친밀한 특성들 이외에 자율적인 능력들도 포함됩니다. 이런 남자는 타인과의 사이에 선을 그을 줄도 알고, 자기의 의견을 관철시킬 수도 있으며, 성적으로도 자신감에 차 있습니다. 그러나 자율성이 지나쳐 이런 내적인 조화가 깨진 상태는 가짜 자율성에 지나지 않습니다. 이 말은 완고하고 타협을 모르며 다른 사람에게 공감하기보다는 자기중심적인 사람이라는 뜻입니다. 이러한 특성들은 특히 애착형성에 대한 두려움에 시달리거나 마초적인 사람들의 특징을 잘 보여줍니다. 이 두 유형에 대해서는 뒤에서 더 이야기하도록 하겠습니다.

당신이 남성이라면 당신의 남성적인 면 즉 자율성과 관련된 능력들이 제대로 발달되어온 것인지 질문해보는 시간을 가져보세요. 그리고 만약 그렇지 않다고 판단된다면 그 이유가 무엇일지 생각해보세요. 남자답다는 것은 당신이 원하는 것, 그리고 당신의 욕구들에 책임을 지며 동시에 그것을 당당하게 옹호할 수 있음을 뜻하는 것이지, 타협이라고는 모르고 상대방을 전혀 배려하지 않는 모습을 뜻하는 것은 아닙니다. 당신이 자기 생각을 말하고 상대방의 생각에 때때로 동의하지 않으며 스스로의 욕구를 충족시키기 위해 노력한다고 해서 곁에 있는 여성이 떠나는 것은 아닙니다. 여성의 마음이 떠나는 것은 오히려 당신이 그녀에게 너무 낮은 자세를 취한다고 느낄 때입니다. 그런 때에 그녀는 당신을 더 이상 존중하지 않는 것이지요.

건강한 방식으로 누군가와의 사이에 거리를 둘 수 있다고 느낄 때 애착을 형성하기도 더 쉬워집니다. 그 애착관계 안에서 자신을 잃을지도 모른다는 두려움이 없기 때문이지요. 흔히 누군가와 친밀한 애착관계를 형성하는 것을 가로막는 감정인 상실에 대한 두려움도 향상된 자율성과 관련된 능력들을 통해 줄어들 수 있습니다. 왜냐하면 당사자가 더 이상 상대방에게 의존적이라고 느끼지 않게 되면 상상 속 이별에 대한 두려움 또한 더 잘 극복할 수 있기 때문입니다.

혼자가 되는 것을 두려워하는 여성들

이제부터는 늘 그렇지는 않지만 대체로 여성들에게서 더 자주 나타나는 문제에 대해 이야기해보겠습니다. 어떤 여성들은 너무 심하게 순응하는 성향이 있거나 자율성과 관련된 능력이 극도로 적게 발달되어 있어서 거의 모든 것을 다른 사람에게 의존합니다. 이 얽매임에서 벗어나는 것이 늘 실패하는 이유는 무엇일까요?

의존적인 여성들(그리고 남성들)은 상대에 대해 독립적인 판단을 하기에는 자아의 힘이 너무 약합니다. 이들의 그림자 아이는 스스로 더 나은 것을 누릴 자격이 없다고 확신합니다. 그 아이는 자신을 침략자와 동일시하는데, 이것은 곧 내적으로 자신을 학대하는 상대의 편에 서 있는 것과 마찬가지라는 뜻입니다. 당사자 안의 성숙한 자아가 상대방과 헤어져야만 한다는 것을 깨달아도 어쩔 도리가 없습니다. 이들 안의 아이는 홀로 된다는 것에 대한 커다란 두려움이 있고, 지금 맺고 있는 관계 안에서 해피엔딩을 바랍니다.

이렇게 의존적인 성향을 가진 여성들이 자율성과 관련된 능력을 거의 갖고 있지 않은 것은 이들에게 남자 없이는 살 수 없다는 환상이 있기 때문입니다. 겉보기에 매우 독립적이고 처음부터 매우 모순된 신호를 보내는 남자들을 만났을 때 이들의 애착 프로그램은 특히 강력하게 작동합니다. 이것은 아마도 그녀가 바로 이런 타입의 남자를 사로잡고 싶어 했고, 바로 이런 타입의 남자를 자신이 통제하고 싶어 했기 때문이라고 생각합니다. 이때 이들이 부모에게서 겪은 어린 시절의 트라우마가 모든 것을 연출합니다. 심리학에서는 이를 '반복에의 강박'이라고 이야기합니다. 당사자의 내면에는 의식하지 못한 채 자신에게도 해피엔딩이 찾아왔으면 하는 소망이 숨겨져 있습니다. 그래서 무의식중에 상대에게 비극적이었던 부모님의 모습을 투사해 이번만은 모두가 행복해질 수 있는 출구를 찾기를 바라는 것입니다.

반복에 대한 강박은 물론 여성들에게만 있는 것은 아닙니다. 남성들 역시 좋지 않았던 자신의 어머니, 아버지 사이의 관계를 현재 상대에게 비장하게 투사하여 새로운 연출을 하기도 합니다. 그런데 저는 심리상담사로 다년간 일하는 동안 당사자와 다른 성의 부모와의 관계가 지금의 연인 혹은 부부 관계에 지대한 영향을 미친다는 일반적인 의견과는 달리, 성별에 상관없이 부모 중 어떤 쪽이 그 사람에게 더 큰 각인을 남겼는가가 더 큰 영향력을 가진다는 사실을 경험했습니다. 자신의 어머니와의 관계를 남자친구와의 관계에서 반복하는 여성을, 아버지와의 관계를 여자친구와의 관계에서 반복하는 남성을 드물지 않게 보았습니다.

당신이 불행한 관계에서 빠져나오고 싶다면 가장 첫 단계로 상대를 이상화하는 것을 그만두고 상대에 대한 현실적인 그림을 그려보세요. 가장 좋은 것은 직접 종이에 써보는 것입니다. 지금까지 상대방에게 집중해왔던 모든 힘을 다해 스스로에게 쏟고, 그동안 당신이 투사해왔던 것에서 벗어나 당신의 자립심을 강화하세요.

착한 사람 증후군

■

착한 사람 증후군에 시달리는 사람은 자신의 손상된 자아 존중감을 좋은 일을 함으로써 안정시키려고 애를 쓰는 사람입니다. 다른 사람을 도와줌으로써 나는 가치 있는 사람이 된다고 생각하지요. 이런 생각의 저변에 도움을 받는 사람에 대한 우월감이 묻어 있는 것은 드문 일이 아닙니다. 착한 사람 증후군은 대인관계와 관련된 방어기제에 속합니다. 이 증후군이 있는 사람이 연애관계에서도 도움이 필요한 사람과 애착관계를 형성하는 일도 흔합니다. 예를 들어 그들은 심리적으로 불안정하거나, 직업적으로 실패를 겪었거나, 경제적으로 곤경에 처했거나, 중독 증상을 보이거나, 보호가 필요한 사람들과 관계를 맺습니다. 도움을 주는 쪽에서는 자신이 상대방을 고난에서 구해주고 상대에게 누구와도 비교할 수 없을 정도로 중요한 사람이 된다는 망상을 합니다. 하지만 결국 이런 관계는 고통스러운 옭아맴이 됩니다. 둘 사이의 관계에서 더 약한 쪽의 상대를 자신에게 의존하게 함으로써 건강한 애착관계를 형성하는 대신 자신의 모든 노력이 결국 허탈하게 끝났다고 느끼고 무기력 상태에 빠집니다.

도움을 주는 입장의 당사자는 대부분 상대방에게 좋은 대접을 받지 않습니다. 상대방은 늘 너무 잠깐 관심을 기울여줄 뿐입니다. 그런데도 착한 사람 증후군을 보이는 사람들이 이런 관계에서 빠져나오기 어려운 까닭은 그들의 그림자 아이가 상대방의 무관심 역시 자신의 탓이라고 자책하기 때문입니다. 모든 노력이 항상 수포로 돌아가기 때문에 그림자 아이는 가엾게도 늘 실패를 경험할 뿐입니다. 그럼에도 경기장을 떠나는 대신 그는 좋은 사람이 되려는 노력을 다시 한 번 더 강력하게 기울여서 자신이 그 상황을 통제할 수 있기를 바랍니다. 건강에 적신호가 켜지거나 경제적 곤경에 처하고 나서야 탈출하는 경우가 많고, 물론 그런 상황에서조차 탈출하지 못하는 사람도 많습니다.

이렇게 착한 사람 증후군을 앓는 사람이 자신의 생각을 바꾸기 위해서는 낮은 자존감에서 비롯되는 외부세계와의 문제를 좋은 사람이 됨으로써 해결할 수는 없다는 것을 깨달아야 합니다. 그 순간에는 스스로가 반짝반짝 빛나는 것처럼 느껴지겠지만 근본적인 문제를 해결하지는 못합니다. 그보다는 불안해하는 자신의 그림자 아이를 돌보고 오랜 각인들에서 벗어나야 합니다.

완벽주의

■

과도한 순응 성향을 가진 사람들은 완벽주의를 방어기제로 자주 활용합니다. 그림자 아이가 가진 상실과 거절당할 것에 대한 끔찍한 두려움이 모든 것을 가능한 한 완벽하게 하도록 충동하는 것입니다. 이 방어기제 뒤에 숨어 있는 것은 공격당하기 싫어하는 마음입니다. 그림자 아이는 '내가 공격당할 만한 면을 보이지 않으면 누구도 나를 나무랄 수 없고 날 받아들여줄 거야'라고 굳게 믿습니다.

완벽주의 성향을 가진 사람들은 이미 타인에게 자신을 과도하게 맞추는 과정에서 스스로의 상태를 체크해야 할 시기를 넘겼기 때문에 자주 자신의 한계 이상으로 치닫습니다. 이들에게 예정된 것은 극도의 피로감으로 무기력함을 느끼는 번아웃 현상입니다. 이 방어기제의 문제점은 바로 완벽함이란 도달할 수 없는 것이고 그렇기 때문에 당사자는 늘 스스로가 정한 기준에 뒤처질 수밖에 없다는 점입니다. 이들의 판단 기준은 매우 편협합니다. 완벽하지 않은 것은 곧 충분치 않다는 것입니다. 일반적으로 완벽함, 매우 좋음, 좋음, 충분함 등으로 나누는 평가의 기준을 정작 자신에게는 적용하지 않습니다. 이 방어기제 뒤에 숨은 그림자 아이가 받는 보상은 너무 짧은 순간입니다. 아이가 트로피를 손에 쥐고 기뻐하는 순간, 이미 다음 목표를 향해 달려야 하는 것입니다.

완벽주의자들은 관계에서 스스로가 설정한 기준을 위해 많은 시간을 희생해야 하기 때문에 부담을 느낍니다. 많은 완벽주의자들이 관계에서의 도피를 위해 일중독에 시달리고 있다고 해도 과언이 아닙니다. 친밀감으로부터 도피하고자 하는 사람은 일에 몰두하는 것을 통해 자신이 상대방과의 사이에 꼭 두어야만 하는 거리를 만들어내는 것입니다.

늘 완벽하고자 하는 사람들의 내면에는 매우 불안정한 그림자 아이가 있습니다. 어떤 이들은 심지어 자신의 성공으로 그것을 잘 덮어 그림자 아이의 존재조차 의식하지 못하고 살아갑니다. 이들이 과도한 순응 성향을 가진 쪽에서 애착관계 형성을 위해 애를 쓴다면, 상대방은 이상화되고 완벽주의의 화살은 자신을 향한 것이 됩니다. 관계 안에서 모든 것을 잘 해냄으로써 자기 또한 이상적인 상대가 되고 싶기 때문이지요. 이들이 자율 성향을 가진 쪽이라면 이들은 자신의 연약함만 심판대에 올리는 것이 아니라 상대의 약점 또한 심판대에 올립니다. 자율 성향의 완벽주의자들은 상대방의 아주 작은 약점도 견디지 못하고 상대 역시 자신과 같이 스스로의 평가에 엄격해지길 강요합니다. 단 꽤 많은 사람들이 현재 어떤 관계, 어떤 단계에 있는가에 따라 순응 성향과 자율 성향 사이를 오가고 있다는 것을 다시 한 번 상기하기 바랍니다.

아주 작은 일에도
견딜 수 없이 불안해하는 사람

어리광과 무기력감

과도한 순응 성향을 가진 사람들은 흔들리는 발걸음으로 삶을 살아 나갑니다. 이들은 애착관계라는 형태가 자신을 꽉 붙들어주기를 바랍니다. 이들의 불안함은 특히 부서지기 쉬운 자존감에 기인합니다. 여러 번 언급했듯 스스로의 욕구를 억압하는 것은 항상 내가 무엇을 원하는지, 나는 대체 어떤 사람인지 모르는 채로 남겨둡니다. 이들은 자신이 보기에 영리하고 강인한 사람들에게 조언과 확인을 구하지만, 스스로의 삶을 책임져야 할 때가 오면 겁을 먹고 뒷걸음질 칩니다. 자신에겐 그럴 만한 능력이 없다고 믿는 것이지요. 실수를 하거나 잘못된 결정을 내릴지도 모른다는 두려움은 자기가 원하는 일을 하는 것을 방해합니다. 자기보다 강인해 보이는 상대방이 잘못된 결정을 내리고 그것을 권하면, 적어도 일이 잘못된 게 자기 탓은 아니게 될 테니까요.

과도한 순응 성향을 가진 사람들의 연인은 그들이 자신을 필요로 한다는 것에 자주 압박을 느낍니다. 누군가가 자신에게 아주 사소한 결정인데도 지속적으로 확인해주고 정서적으로 지원해주기를 요구한다면 그것은 매우 피곤한 일일 것입니다. 처음에는 과도한 순응 성향을 가진 사람의 의존적인 면도 자립적인 사람에게 매력으로 느껴졌을 것입니다. 이 때문에 점점 더 많은 부분에서 여러 가지 책임을 기꺼이 졌을 것입니다. 이를 통해 순응 성향의 사람은 처음엔 괜찮다가 점점 자신이 지배받고 억압당하고 있다고 느낍니다. 가까이 들여다보면 이러한 생각은 사실 모순적입니다. 지배당하는 것 같은 느낌은 크게 보면 순응 성향의 사람이 자처한 것이나 다름없기 때문이지요. 더 강해 보이는 상대방에게 자발적으로 몸을 낮추는 과정에서 형성된 관계이니까요.

내면적으로 어린아이에 머물러 있는 사람은 부담을 견디는 능력이 매우 약합니다. 비교적 작은 일에도 큰 두려움을 느끼곤 하지요. 그런 사람의 연인은 늘 상대를 돌봐주고, 위로해주고, 다시 일으켜주기를 요구받습니다. 그런 와중에도 도움이 필요한 쪽에서는 충분치 않다는 신호를 자꾸 보내옵니다. 앞에서 살펴보았듯이 과도한 순응 성향의 사람들 내면에 있는 그림자 아이가 가진 신념은 '난 홀대받고 있어' 혹은 '난 중요하지 않은 사람이야' 등이니까요. 이 신념들 때문에 상대가 자신을 자꾸만 매달리게 만든다고 믿게 합니다. 어찌 되었든 과도한 순응 성향을 가진 사람을 충분히 돌봐줄 수 있는 상대는 결코 없습니다. 관계를 더욱 불안정하게 만들 뿐입니다. 능동적인 애착형성 공포에 시달리는 사람이 더 강한 역할을 맡게 되면 관계에서의 도피 충동은 더 강해집니다.

흐느끼고, 매달리고, 요구하고

흐느끼고 매달리는 일도 앞서 설명한 방어기제와 비슷합니다. 의존적인 사람이 상대적으로 그렇지 않은 쪽을 늘 쫓아다니는 형상입니다. 이것이 심할수록 덜 의존적인 사람은 더욱 심한 압박감을 느끼고, 더 빠르게 달아나고 싶어 합니다.

관계에서 친밀감과 거리 두기의 조화가 깨지면, 그 안에서 한 명은 더욱 커다란 친밀감을 원하고 다른 한 명은 그 반대를 원하게 됩니다. 그러면 더 가까워지기를 원하는 쪽은 심리적 불안상태가 되지요. 상실에 대한 끔찍한 두려움에 빠지며 대개는 이 두려움이 상대에게 매달리게 하는 강력한 충동을 불러일으킵니다. 그러면 당사자는 가능한 한 모든 수단을 동원해서 상황을 다시 통제해보려고 온 힘을 다하는 것입니다. 그렇게 되면 자립 성향이 강한 사람은 그동안 유지해왔던 연애 감정과 성욕이 사그라드는데, 이는 의존 성향의 사람을 더욱 절망으로 몰아넣게 됩니다. 불안에 빠진 의존 성향의 사람은 어쩌면 가장 현명한 일인 상대방을 떠나보내는 것 대신 자신의 더욱 날카로워진 잣대를 적용해 상대방에게 더 매달리고 요구합니다. 자립 성향의 상대가 완전히 질려서 관계를 끝낼 때까지 말입니다.

이런 유형의 모든 관계가 앞에서 묘사한 것처럼 극적으로 진행되고 끝나는 것은 아닙니다. 이런 친밀감과 거리 두기의 문제를 완만한 수준으로 반복하며 죽을 때까지 지속되는 관계도 있지요. 상담자 중 한 명은 배우자가 지치지 않고 친밀감과 애정을 갈구하는 동안 뒤로 수없이 많은 구멍을 파서, 거리가 필요할 때면 일과 취미로 도피하곤 했습니다. 이미 여러 번 언급했듯 누가 뒤쫓고 누가 도망가느냐의 역할은 한 관계 안에서도 얼마든지 바뀔 수 있습니다.

쇼핑, 소비, 중독

■

만약 그림자 아이가 애착, 친밀감, 따스함을 바라는데 이것이 충분히 충족되지 못하면 다른 대체물을 찾아 스스로를 위안합니다. 이런 경우 그림자 아이는 상대가 떠날까봐 두려운 마음을 술이나 담배, 혹은 다른 것들로 진정시킵니다.

이런 증상이 중독으로까지 이어지느냐의 문제는 당사자가 놓인 사회적 환경이 어떤지, 어떤 소비품을 접하는지에 따라 달라집니다. 애정과 애착욕구에 결핍이 있는 모든 사람이 중독에 빠지는 것은 아니니까요.

쇼핑 역시 내면의 외로움을 잊기 위해 자주 이용되는 수단입니다. 어떤 가게에 들어가서 친절하게 환영받고 서비스를 받으면, 자신이 기꺼이 받아들여졌다는 느낌을 받게 됩니다. 이외에도 많은 사람들이 자신을 꾸밀 수 있는 좋은 물건을 사면서 자존감이 상승하는 것을 느낍니다. 쇼핑은 자기 자신과 자기가 처한 상황에서 눈을 돌릴 수 있는 검증된 수단인 셈이지요.

만약 당신이 어떤 중독에서 벗어나고 싶은 의지가 있다면, 다음 두 가지가 매우 중요합니다.

첫째, 당신의 중독 증상과 자신을 동일시하면 안 됩니다. 이 말은 중독을 일으키는 욕구를 관찰자 시각에서 살펴봐야만 한다는 것입니다. 둘째, 중독 증세를 일으키는 일 대신 당신이 원하는 명확한 목표를 설정하세요. 그리고 이를 이루기 위한 마음가짐이 필요합니다. 예를 들어 당신이 살을 빼고 싶다면 머릿속에 새로운 삶의 큰 그림을 그려야 한다는 것입니다. 당신이 얼마나 탄탄하고 날렵하고 가벼워진 모습일지 자세히 그려보고, 그것이 어떤 느낌일지 느껴보세요. 우리로 하여금 어떤 일을 하게 하거나 가로막는 것은 무엇보다도 우리의 감정입니다. 그렇기에 여러 중독 증세는 이러한 영역에서 접근해야만 합니다.

히스테릭한 방어기제:
난 이 연극의 주인공이야!

히스테리는 현대 심리학에서 이미 낡은 개념입니다. 오늘날은 히스테리성 인격장애라는 말보다는 연기(演技)성 인격장애라는 말을 사용합니다. 말 그대로 연기하듯 과장된 면을 보인다는 뜻이지요. 그렇지만 '히스테릭'이라는 말이 일상적으로 통용되고 있고, 그래서 학문적으로 딱딱한 느낌도 덜하므로 이 단어를 그냥 사용하도록 하겠습니다. 심리학자 프리츠 리만은 자신의 저서 《불안의 심리》에서 히스테리한, 우울한, 강박적인, 그리고 분열적인 인격들 간의 차이를 언급합니다. 그에 따르면 우리 모두는 이런 인격구조 중 일부를 갖고 있는데, 대부분의 사람들이 위의 네 가지 카테고리 중 한 가지에 특히 강한 경향이 있다고 합니다. 이 네 가지 인격특성 중 한 가지 또는 여러 가지가 강하게 나타날 경우 관계에서 문제가 생길 수 있다는 것입니다.

히스테릭한 성격을 가진 사람들의 특징은 무엇일까요? 이들은 기질적으로 외향적인 경향을 띱니다. 타고나길 사교적이고 타인과 교류하는 것을 즐거워합니다. 재미있고, 활달하고, 창조적이며, 유희적이고, 표현이 풍부한 것은 이들 성격의 긍정적인 면에 기인한 것입니다. 이들이 옆에 있으면 지루할 틈이 없습니다. 그러나 히스테릭한 부분이 매우 강력하게 나타난다면 관계에서 문제를 일으킬 수 있습니다. 이 유형 사람들의 그림자 아이는 '난 충분하지 않아!', '난 중요하게 여겨지고 있지 않아!', '아무도 나를 봐주지 않아!', '누구도 나를 사랑하지 않아!' 등의 신념이 있습니다. 이들이 가진 가장 큰 두려움은 주변 사람들이 자신을 봐주지 않거나, 자신이 중요치 않고 별 의미 없는 사람이 되지 않을까 하는 것입니다. 이들의 방어기제는 이들이 가진 외향성의 영향을 받습니다. 이들은 바깥으로 나가 주목을 받기 위한 싸움을 시작합니다. 우울 성향의 사람들이 위축되어 자기 주변에 조용히 벽을 쌓는 것과는 대조적인 모습입니다. 히스테리를 한 다발의 방어기제 묶음으로 생각할 수 있는데, 이 방어기제의 최종 목적은 주변 사람들의 주목과 호감, 그리고 애정을 얻는 것입니다.

히스테릭한 사람들은 굉장한 수다스러움과 사교성이 있습니다.

이들은 외적인 것에도 큰 가치를 두어서, 그냥 옷을 잘 입는 정도에 그치지 않고 눈에 띄게 화려한 차림을 하기도 합니다. 이 유형의 남성과 여성 모두 이성을 유혹하는 데 일가견이 있습니다. 이성을 유혹하는 것 또한 그들에게는 주변 사람들의 인정과 호감을 확인하는 수단입니다.

이들은 감정적으로 매우 불안정하고 심한 감정기복에 시달립니다. 모든 감정을 매우 치열하게 경험합니다. 이 인격 특성이 강하게 각인된 경우, 당사자의 기분은 하늘 높이 치솟았다가 죽을 것 같이 가라앉기를 반복합니다. 무엇보다도 이들은 평균치보다 훨씬 두려움이 많고, 외향성에 따른 특징으로 충동적이고 공격적인 경향을 보이기도 합니다. 이들은 '과다한 활기'를 지니고 있으며 이것은 그들이 사람을 끌어당기는 매력의 일부이기도 합니다.

히스테릭한 사람들은 흥분되는 일과 '한 방'에 중독되어 있습니다. 그들의 삶은 알록달록하고, 다채롭고, 흥미진진하고, 소란스러워야만 합니다. 그렇지 않으면 이들은 금방 가라앉거나 지루해합니다. 고요 속에서는 내면에 각인된 신념도, 거절과 무관심에 대한 마음 깊은 곳의 두려움도 더욱 커집니다.

히스테릭한 사람들은 매우 빠르게 사람을 사귑니다. 이들은 타인에게 항상 열린 마음으로 다가가며 처음 만난 날에도 개인적이고 사적인 이야기를 거침없이 합니다. 상대방은 그들의 이러한 스스럼없는 친밀함에 마음을 열지만 어느 순간 더 깊은 인연으로 이어지지 않거나 그 관계가 그저 불확실하고 구속력이 없는 것임을 깨달았을 때 크게 실망하고 맙니다. 히스테릭한 사람들에겐 순간이 중요하지, 그것이 확실함을 기반으로 하는지는 크게 중요하지 않습니다.

그러나 이들이 친밀한 연애관계 안으로 들어서면 문제가 달라집니다. 영원한 사랑과 소속감에 대해 누구보다 큰 선망이 있기 때문에 상실과 혼자 남겨지는 것에 대해 매우 심각한 두려움을 갖게 됩니다. 이들이 보이는 히스테릭한 방어기제들은 다른 사람이 보이는 호감을 안전하게 붙들어두는 데 목적이 있습니다. 긍정적인 측면에서 이것은 그들을 재미있고 때론 유쾌하며 섹시하게 보이게 합니다. 그러나 이 방어기제들이 지나치게 전면에 나서게 되면 부정적인 측면이 나타납니다. 무엇이든 통제하려고 하며 강력하게 요구하고, 다른 사람을 자신이 원하는 대로 조종하려는 경향이 심해집니다. 이는 연인관계에서는 상대로 하여금 거리를 두게 되는 원인을 제공하지요.

이들은 관계가 일상적이라고 느끼거나 상대를 더 이상 지배할 수 없다고 생각되면 스스로 그 관계를 끝내기도 합니다. 이 유형의 사람들은 연애의 시작에 도취됩니다. 이들은 자신이 사랑에 빠져 있을 때 가장 활기차다고 느낍니다. 연애에서 이 시기야말로 이들의 확인에 대한 욕구가 가장 훌륭하게 충족되는 때이기 때문입니다. 이 시기에 이들은 연인의 눈을 통해 자기 자신을 바라보고, 그 눈에 비친 스스로의 모습을 좋아합니다.

여성의 경우 히스테릭한 관계 형성 과정에서 가장 일반적인 모습은 '요구가 많은 디바' 유형입니다. 이 디바들은 자신이 상대방에게 줄 수 있는 것보다 훨씬 더 많은 관심을 상대방에게 요구합니다. 물론 스스로는 그렇게 생각하지 않습니다. 내면의 그림자 아이가 가진 신념으로 인해 이들은 자신이 늘 너무 사소한 존재로 취급받고 있다고 여깁니다. 그녀가 괜찮은 하루를 보냈을 때는 좋은 의미에서 흡사 전자제품이 충전되듯 에너지로 가득 찹니다. 그러나 불쾌한 날에는 매우 부정적인 긴장감을 주변에 퍼뜨립니다. 게다가 그녀의 기분은 시시때때로 바뀝니다. 그녀는 주변 사람들을 자신의 이런 기분에 가능한 한 '고분고분하게' 따라오게 하기 위해, 그래서 자신이 계속해서 주목받기 위해 타인을 조종합니다.

언제나 주인처럼 굴려고 하며 자신이 어떤 형태로든 무시당한다거나 모욕감을 느끼면 무섭게 분노합니다. 때로 연극적인 장면을 연출하기도 합니다. 이런 돌발 상황을 피하기 위해서 상대는 종종 엄청난 스트레스를 받기도 하고 그녀가 곁에 있을 때는 까치발을 들고 걸어 다니기도 하며 그녀를 매우 조심스럽게 다루고 늘 주의를 기울입니다. 흐느끼고 사정하고 하소연하는 것도 히스테릭한 여성의 주요 레퍼토리에 속합니다. 이들의 그림자 아이는 거의 명령에 가깝게 관심을 요구하면서도 관계에서 모든 것이 자기 위주로 돌아가고 상대방의 욕구는 전혀 받아들여지지 않고 있다는 것을 모릅니다. 그 관계에서 상대방은 바로 히스테릭한 여성이 제일 두려워하는 관심의 결핍에 시달리게 되는 것이죠. 심리학적 시각으로 바라보면 가해자와 피해자 역할이 전환되는 경우가 많습니다. 그럼에도 불구하고 내면의 흐름을 주시해보면, 이들이 어린 시절에 너무 부족했던 관심을 쟁취하기 위해 매우 고된 싸움을 하고 있다는 것을 알 수 있습니다.

히스테릭한 사람들이 상대방을 조종하는 방법 중 하나가 바로 몸이 아프게 되는 것입니다. 이들은 기본적으로 자잘한 질병과 심각하게 받아들일 만한 큰 병들을 다양하게 앓고 있습니다. 이런 질병들은 상대가 그들에게 주의를 기울이고, 그들을 배려하고 돌봐야 하게끔 만듭니다. 이들이 가진 연극적인 성향은 아주 사소한 일도 굉장히 불쾌한 사건으로 크게 만들어버리기도 합니다. 심한 경우에 이들은 스스로 사고를 자처하거나 큰 병에 걸린 척 행동하기도 합니다.

히스테릭한 사람들과의 관계에서 특히 문제가 되는 것은 그들에게는 비판을 받아들이는 능력이 거의 없다는 점입니다. 이들의 방어기제는 개인적인 실패나 인간 대 인간으로서 거절당하는 상황을 피하는 것에만 집중되어 있습니다. 아주 작은 비판조차도 이들은 큰 모욕으로 받아들이고 엄청난 분노로 반응합니다. 이렇게 비판을 받아들이는 능력이 없는 사람은 사실 관계를 이어나갈 만한 능력도 없습니다. 왜냐하면 관계를 다듬어갈 기회조차 없기 때문입니다.

물론 사랑스러운 타입의 히스테릭한 사람들도 있습니다. 이들은 무척 따스하면서도 동시에 카리스마 있는 기운을 발산합니다. 디바 타입처럼 공격적이지도 않습니다. 이들 역시 매우 많은 관심을 필요로 하기는 합니다. 이들은 끊임없는 사랑과 찬사를 원합니다. 이들 또한 주변 사람들의 찬사 속에서 자신의 자존감을 유지합니다. 히스테릭한 사람들은 대화와 자기표현의 고수이며, 자기의 매력으로 사람을 끌어들이는 데에 탁월한 일가견이 있습니다. 그 과정에서 자신이 하는 이야기가 사실만을 담고 있는지 그렇지 않은지는 이들에게 크게 상관이 없습니다. 지루한 것을 그대로 옮겨 설명하기보다는 차라리 흥미진진한 이야기를 지어내자는 것이 이들의 표어입니다. 반면 상대방의 말을 경청하는 것에는 소질이 없습니다. 이들은 주변 사람의 관심을 끄는 데 노력을 쏟는데, 자기 자신에 관한 일만으로도 너무 바빠서 다른 사람에게 진지한 관심을 기울일 여유가 없습니다.

이 사랑스러운 타입의 히스테릭한 사람들은 관계에서 늘 성실하다고 할 수는 없어도 그 관계가 오래 유지될 수는 있습니다. 그러나 이들 역시 심한 감정기복에 종종 시달리며, 자신에게 많은 관심과 애정을 쏟아줄 상대를 필요로 합니다. 다른 히스테릭한 사람들처럼 이들 역시 충동적인 성향과 예측하기 힘든 분노를 보이지만, 다른 충동적인 사람들처럼 뒤끝이 길지는 않습니다. 이들은 요구하기만 하는 디바 유형의 히스테릭한 사람들보다 상대에게 많은 것을 돌려줍니다. 이들에게 주의를 기울여 다정하게 대해주면 매우 사랑스럽고 활기찬 관계를 이어갈 수 있습니다.

히스테릭한 사람들은 자신이 원하는 모습으로 스스로의 세계를 공상하는 특징이 있습니다. 이들은 구속이나 규칙을 싫어하고 특정한 규정이 다른 이들에게 적용된다는 것을 이해하지만, 자신은 예외라고 생각합니다. 이들은 자신의 행동에 책임지는 것을 어려워합니다. 마치 어린아이 같습니다. 자기가 눈을 감으면 다른 사람들이 자기를 볼 수 없다고 생각합니다. 이들은 자주 산재한 문제 상황들을 심각하게 여기지 않는데, 그 이유는 이들이 아직 현실을 마주할 준비가 되지 않았기 때문입니다. 한 사례로 내담자 중 한 명은 거의 파산 직전까지 갔는데, 그렇게까지 된 이유가 그가 1년 동안이나 청구서에 대한 두려움으로 집에 오는 우편물을 하나도 뜯어보지 않았기 때문이었습니다.

분명한 것은 히스테릭한 성향을 가진 사람들의 문제는 그들이 근본적으로 자신의 구조를 인식하지 못하고 있다는 것입니다. 이들은 자신이 다른 이들에게 하는 요구와 자신의 감정만이 옳다고 여기고, 얼마나 강력하게 자기가 원하는 대로 현실을 왜곡하는지는 깨닫지 못합니다. 그들이 겪는 고통은 전부 다른 사람들 탓이고, 자신을 이해하지 못하고 사랑해주지도 않는 상대방 탓이며, 세상 탓이고, 운명 탓입니다.

이들이 그림자 아이의 시각에서 벗어나려면 가장 먼저 자신이 그림자 아이 모드로 작동하는 중이라는 것을 알아야 합니다. 이것이 성공한다면 히스테릭한 유형에서도 자유로워질 것입니다. 자기 인식을 통해서만 자신의 히스테릭한 유형을 넘어 다른 차원에서 거리를 두고 스스로를 바라볼 수 있기 때문입니다.

인간관계를 꼬이게 만드는
잘못된 방어기제들

히스테릭한 사람은 자신이 필요로 하는 관심을 적극적으로 요구하는 반면, 우울 성향의 사람들은 수동적인 자세로, 즉 착하고 사랑스럽게 행동함으로써 관심을 얻으려 합니다. 우울 성향의 사람들은 타인의 기준에 자신을 과도하게 맞추며 주변 사람들의 모든 기대를 충족시키려고 애를 씁니다. 과도한 순응 성향을 가진 사람은 어떤 면에서는 우울한 인격유형을 보여준다고 할 수도 있습니다. 이것이 반드시 병리학적인 우울증으로 발전한다는 의미가 아니더라도 말입니다.

우울 성향의 구조를 가진 사람들은 유전자의 영향으로 평화롭고 조화를 사랑하는 본성을 지닌 채 세상에 태어납니다. 그리고 이것이 양육되는 과정에서 영향을 받아 과도한 순응 성향으로 모습을 바꾸는 것이지요. 이들의 좋은 면으로는 무엇보다 온화한 에너지와 평화를 사랑하는 마음을 꼽을 수 있습니다. 이들은 사랑받기를 원하고, 그것을 위해 많은 것을 주고 희생할 준비가 되어 있습니다. 이들은 공감능력이 뛰어나며 상대의 눈만 봐도 원하는 것이 무엇인지 읽어낼 수 있습니다. 심리적으로 건강하면서 단지 약간만 우울 성향이 깃든 사람은 마음속에 큰 애정을 품고 있으며, 가장 어려운 시기도 상대와 함께 견딜 준비가 되어 있습니다. 우울한 본성의 내면은 애착형성과 순응을 통해 균형을 유지합니다. 이들은 개별적 존재로 홀로 서는 것과 자율성을 가지는 것에 대해 두려움이 있습니다. 이들의 그림자 아이는 자신이 정말로 어른이 된 것은 아니며 혼자서는 굳게 설 수 없다고 확신합니다. 그렇기 때문에 우울 성향의 구조를 가진 사람들은 가능하면 상대에게 몰두하고 그 사람의 삶을 함께 살아가고 싶어 합니다.

과도한 순응 성향의 사람들은 가능한 한 완벽히 제 기능을 다하기 위해 자신의 욕구나 감정을 억누른다는 것을 상기해보면 좋겠습니다. 자신의 의지, 확실한 목표, 원하는 것을 밀고 나가는 능력 등 자율적인 능력들은 포기하는 것입니다. 그래서 이들에게는 내면의 정류장이 없습니다. 따라서 외부에서 머물 곳을 찾아야 합니다. 바로 연인이나 부모님과의 관계에서요. 부모의 기대에 지나치게 자신을 맞취가려는 아이들이 부모에게서 자립하기 매우 어려워하는 것은 당연한 이치입니다. 이때 필요한 것은 바로 그들이 배우지 않은 단 한 가지, 즉 독립적인 사람이 되는 것입니다. 우울 성향의 구조를 가진 사람들은 자신의 필요에 관한 일인데도 상대가 자신의 삶을 이끌어주기를 바랍니다. 스스로의 욕구를 잘 감지하지도 못하고 실수를 하지 않을까 과도한 두려움을 느끼기 때문에 자신이 선택해야 할 일들을 상대방에게 넘겨버리는 것이지요. 이들은 너무나 의존적이기 때문에 동시에 상실에 대한 강력한 두려움에 시달리기도 합니다. 특히나 이 두려움이 압도적인 질투로 나타날 때 이들은 상대를 압박하게 됩니다. 이들이 필사적으로 상대에게 매달릴수록 상대방은 이들에 대한 존중과 존경심을 잃게 되고 좀 더 거리를 두게 되는데, 이는 또다시 이들의 매달리고 싶은 충동을 더 강화시킬 뿐입니다.

    우울 성향의 그림자 아이는 어른이 되었어도 부모님의 기대를 채우기 위해 애를 씁니다. 저는 개인적으로 오랜 세월동안 부모님을 돌보느라 자신을 희생할 수밖에 없었던 우울 성향의 사람들을 많이 알고 있습니다. 내담자 중 한 명은 두 아이를 키우는 워킹맘이었는데, 그녀의 아버지가 충분한 경제적 능력이 있는데도 가사 도우미 두기를 거부해 매일 부모님 집에 들러 요리와 청소를 했습니다. 그녀는 아버지와의 사이에 경계를 명확히 하기 힘들어했고, 이 문제의 해결과 그에 따른 책임도 아버지에게 모두 넘긴 상태였습니다. 완전한 번아웃 증상으로 상담을 받으러 왔을 때에야 그녀는 부모에게 그들의 삶은 스스로 책임을 지도록 하고, 자신이 부모를 부양하는 일을 정상적인 수준으로 돌려놓는 데 성공했습니다.

우울 성향을 가진 사람이 관계에서 보일 수 있는 또 다른 문제는 스스로의 감정이나 욕구를 제대로 알지 못해서 생기는 진실성의 부족과 갈등 회피입니다. 그래서 이들은 친밀감에 대한 자신의 욕구에 관해서는 상대에게 무리한 요구를 하면서도 다른 한편으로는 그 욕구 자체를 별로 내보이지 않습니다. 그 이유는 그들도 자신이 원하는 게 무엇인지 잘 모르기 때문입니다. 오히려 자신이 원하지 않는 것이 무엇인지는 더 잘 알고 있습니다. 그러나 그것을 적극적으로 표현하기보다는 상대가 알아내주기를 기대합니다. 자신이 상대방에게 그렇게 해주는 것처럼 말입니다. 그리고 이 기대를 충족시켜주지 못할 때, 자신이 관계에서 중요한 존재가 아닐지 모른다는 두려움을 느끼게 됩니다. 가끔은 불평도 하고 하소연도 해보지만 이들에게는 자신이 원하는 것이나 욕구를 적절하고 성숙한 방식으로 상대에게 전달하는 것이 너무나 어렵습니다. 그런 식으로 우울 성향의 사람들 내부에서 점점 냉정한 분노가 쌓이기도 하는 것입니다.

우울 성향의 사람과 아무것도 모르는 상대가 관계의 질을 얼마나 극단적으로 다르게 평가하는지 확인할 때마다 저는 놀라움을 감출 수 없습니다. 우울 성향의 사람이 이미 관계를 끝낼 준비를 하고 있을 때 그 상대는 모든 것이 최상의 상태라고 생각합니다. 우울 성향의 사람이 내적으로 관계에서 발을 빼고 있을 때도 외적으로는 그 관계가 익숙한 채로 여전히 잘 돌아가는 듯 보이는 것입니다.

이제까지 애착 성향 쪽에서 나타나는 다양한 방어기제들에 대해 알아보았습니다. 이중에서 자신의 모습을 발견할 수 있었나요? 아직 시도해보지 않았다면, 당신이 자주 사용하는 전략들이 무엇인지 지금이라도 그림자 아이 형상의 발쪽에 적어보세요.

이제 자율 성향에서 나타나는 방어기제를 살펴보겠습니다. 당신이 스스로를 애착 성향이라 여길지라도 자율 성향의 방어기제에서도 아마 당신의 모습을 발견할 수 있을 겁니다. 계속해서 읽어 나가면서 이 기제들 중 당신에게 해당하는 것 또한 그림자 아이의 발치에 적어보세요.

자율 성향의 방어기제

그림자 아이가 자율 성향의 방어기제들을 사용하는 쪽으로 기울어진 사람들은 무의식중에 한 번쯤은 홀로 있는 것이 스스로를 위해 제일 안전한 옵션이라는 생각을 해본 적이 있을 것입니다. 순응 성향의 그림자 아이가 타인을 너무 믿는다면, 자율 성향은 오히려 불신하는 쪽입니다. 순응 성향이 이상주의자들이라면 자율 성향은 의심하는 쪽입니다. 이들은 상대에게서 그리고 다른 사람들에게서 일정한 안전거리를 확보하고자 합니다.

한 심리학 연구는 마음이 아프게도 젖먹이 아기들이 생후 6주만 되어도 엄마가 자기를 받아들이는지 그렇지 않은지를 느낀다는 증거를 제시했습니다. 이 연구의 대상이었던 엄마들은 애착형성에 장애가 있었으며 아기와 함께 사회 복지 차원에서 진행되는 프로젝트 거주지에 살고 있었습니다. 엄마와 아기 간의 상호작용은 카메라로 촬영했습니다. 판독 결과, 아기들은 엄마가 자신을 바라보면 웃고, 엄마가 다시 다른 곳으로 시선을 돌리면 금세 굳어지고 텅 빈 듯한 표정을 짓는 것을 발견했습니다. 젖먹이 아기들은 엄마가 기분이 안 좋은 것을 본능적으로 감지하고, 생존을 위해 엄마의 기분을 말 그대로 나아지게 해주어야만 하는 것입니다. 생후 2년 동안 부모의 욕구에 자신이 맞춰야만 한다는 사실을 학습하게 되면 이런 아이들은 원래 자기 모습 그대로여도 된다는 것을, 그리고 자신이 무조건적으로 사랑받고 돌봄을 받을 수 있다는 것을 믿는 원(原)신뢰를 쌓지 못하게 됩니다. 이러한 상태에서는 건강한 자율성이 발달할 수 없습니다. 각자의 경험이 얼마나 무겁고 깊은 영향력을 갖느냐에 따라서 아이는 부모나 혹은 다른 애착대상에게 의존하는 상태로 묶여 있거나 아니면 앞으로 남은 인생에서 누군가에게 의존하는 것을 피하고 자신에게 상처를 줄 수도 있는 사람을 곁에 두지 않겠다고 무의식중에 결심하게 됩니다.

꼭 위와 같은 상황이 아니더라도 건강한 자율성을 방해하는 요소들은 많습니다. 부모가 아이에게 어기면 안 되는 규칙들을 너무 많이 정하거나, 아이를 지나치게 보호하는 경우도 그렇습니다. 과보호하는 부모를 둔 아이들은 기본적으로 사랑받고 있다고 느끼기는 하지만 이들에게 집은 너무 답답한 곳입니다. 이들은 자기 안에 많은 반항심을 숨기고 있으며, 어떤 형태로든 구속을 느끼거나 자유를 침해당한다고 생각하면 저항합니다. 자율성을 강하게 원하는 그림자 아이가 반항하는 것이지요. 이들은 상대의 기대나 요구에 바로 알레르기적인 반응을 보입니다. 그것이 전혀 과도한 게 아니어도 그렇습니다. 무의식중에 부모가 자신에게 보였던 요구나 기대들과 겹쳐 보이기 때문이지요.

자율성을 지키고자 늘 싸워온 사람에게는 대개 관계를 잃는 두려움보다 누군가 자신을 구속하고 감독하려는 게 아닌가 하는 두려움이 더 큽니다. 하지만 이 역시 상실에 대한 두려움이 큰 역할을 하고 있습니다. 지나친 순응으로 스스로를 잃을까 두려워하고, 애착관계를 원하는데 그러려면 자신을 과도하게 맞춰야 한다고 생각하는 것입니다. 반항적인 그림자 아이는 사실 애착 성향의 그림자 아이와 똑같이 자신을 낮춰서라도 상대방에게 맞춰야 한다고 생각합니다. 다만 이들 안에는 반항심이 있어서 상대방이 기대하는 대로 하지 않는 것입니다. 그리고 상실에 대한 심한 두려움 때문에 강력한 자율 성향을 방패막이로 사용하는 경우도 있습니다. 상대방이 나를 떠나기 전에 내가 먼저 떠나겠다는 사람들이 그런 경우에 해당합니다. 그렇게 하면 적어도 무슨 일이 일어날지는 자신의 통제하에 둘 수 있으니까요.

자율 성향의 방어기제는 상대방과 거리를 두고 상대방을 통제하려는 방향으로 설정되어 있습니다. 무기력이나 관계에서 더 낮은 위치가 되는 것, 수치스러움을 피하는 것에 초점이 맞추어져 있지요. 상실에 대한 두려움이나 거절당할 것을 두려워하는 마음이 상대방에게서 가능한 한 독립적인 입장을 고수하게 합니다. 똑같은 두려움이 애착 성향의 사람들에게는 거꾸로 상대방에게 더 밀착해 애착을 느끼도록 동기부여를 합니다. 한쪽에서는 애착관계 안의 안전함을, 다른 한쪽에서는 자율성 안의 안전함을 좇는 것입니다.

불신과 평가절하

∎

반항적인 그림자 아이는 다른 사람을 잘 믿지 못하고 주변 사람들을 늘 의심스러운 눈으로 감시합니다. 이들은 자신이 다른 사람들 때문에 구속당하거나 조종당하지는 않을까 늘 걱정합니다. 자신이 모든 상황에 통제력을 가짐으로써 이 두려움을 관리해보려는 것입니다. 그러기 위해서 이들은 타인에 대해 비판적인 시선을 가질 수 있을 정도의 거리를 필요로 합니다.

높은 불신 때문에 신뢰로 이어진 애착관계를 맺기가 어렵습니다. 사람을 신뢰하지 않는 습관은 이들을 실망감에서 보호합니다. 이들은 누구든 언젠가 자신을 떠날 거라고 확신합니다. 하지만 이들 중 다수는 자신이 그렇다는 것을 인식하지 못한 채 오히려 연인에게 향하는 자신의 감정이 어쩐지 충분치 않다는 사실만 염려합니다. 많은 자율 성향의 사람들이 연인에 대한 감정이 식어 잦은 헤어짐을 반복한다고 말합니다. 그러나 이렇게 연애 감정이 사라지는 것은 물 위로 보이는 빙산의 일각에 불과합니다. 의식으로 파악이 가능한 부분일 뿐이지요. 애정이 사라지는 것은 일종의 거리 두기 프로그램의 영향인데 이 프로그램은 관계가 안정되는 시기에 들어서면 비로소 작동됩니다. 한 번 더 상기하면 우리가 떠올리는 스스로의 이미지는 필연적으로 이미 다른 사람을 통해 투영된 것일 수밖에 없습니다. 그렇다면 자기 자신에 대해 높게 평가하지 않는 사람은 상대가 자신을 높이 평가해주기를 기대할 수 없다는 것이 명백해집니다. 그때 이 사람은 자기의 좋은 면만 보여주려고 할 것입니다. 바로 이 노력, 자신의 본모습을 최대한 숨기려는 노력이 자율 성향을 가진 사람으로 하여금 안정적인 관계란 힘든 것이고 자신을 옥죄는 것이라 느끼게 합니다. 그래서 진정한 자유란 홀로 있을 때만 누릴 수 있다고 믿게 되지요.

거리 두기를 통해 개인적인 자유 및 관계의 주도권을 손에 쥐려는 의도는 일반적인 불신 말고도 상대를 박하게 평가하는 것으로도 드러납니다. 상대방을 평가절하하고 단점을 특히 확대해서 보는 것 역시 흔히 보이는 거리 두기의 기술입니다. 이 과정은 대부분 자연스럽게, 의식하지 못한 채 일어납니다. 이런 비판적인 거리 두기가 사소한 계기로 자존감이 훼손된다거나 상실에 대한 두려움을 느끼는 데서 비롯된다는 것을 인식하는 사람은 거의 없습니다. 상대를 비판적으로 깎아내리는 현상 뒤에 자기도취적 동기가 숨어 있다는 것은 어찌 보면 자연의 법칙과도 같습니다. 나르시시스트들은 계속해서 상처받고 주도권을 빼앗긴, 무기력한 자세를 취하려고 신경을 씁니다. 어릴 때 부모님과의 관계에서 그랬던 것처럼 말입니다. 이들의 그림자 아이는 자신의 부모에게 당한 것처럼 앞으로 다시는 그렇게 굴욕이나 창피를 당하지 않으리라고 굳게 맹세했습니다. 대상 없는 복수의 일환으로 다른 사람에게 똑같이 행동하는 것이지요. 그리고 그것을 통해 자신의 열등감을 지워버리려는 것입니다.

주도권 싸움과 경쟁

'신뢰는 좋지만 통제가 더 낫다'라는 것이 반항적인 그림자 아이들의 흔들림 없는 확신입니다. 말하자면 자신이 아닌 타인이 너무 많은 권력을 쥐거나 자신을 통제할 수 있는 힘을 갖게 되는 상황을 어떻게든 피하려고 합니다. 그래서 자신이 먼저 그 힘을 차지하려고 애를 쓰는 것이죠. 이들은 주변 사람들을 항상 의심의 눈초리로 바라보면서 그들의 계획이 무엇인지 알고 싶어 합니다. 심한 경우에는 이것이 걷잡을 수 없는 시샘의 수준까지 치닫기도 합니다.

통제하려고 드는 그림자 아이는 자기 자신이 통제할 수 없는 혼란에 빠지거나 추락하는 것에서 스스로를 지키려고 합니다. 감정들을 두터운 방어벽 뒤에 꽁꽁 숨겨놓고서 자신을 공격당하기 쉽고 상처받기 쉬운 사람으로 생각합니다. 통제에 대한 강박이 있는 사람은 그것을 주변 사람들뿐 아니라 자기 자신에게도 똑같이 적용합니다. 엄청나게 사소한 규칙과 완벽주의, 그리고 일상의 경직된 루틴을 반드시 지켜 나가는 것으로 자신이 공격당하기 쉬운 사람이라는 두려움을 극복하려는 것입니다. 이것이 심해질 경우는 결벽증으로 발전할 수도 있습니다.

이런 사람들은 강박적인 원칙들 안에서 살아갑니다. 이 지점에서 모든 것을 통제하려는 성향은 완벽주의와 접점이 있습니다. 먹는 것은 모두 칼로리를 계산해야 하고, 옷과 집안 살림은 얼룩이나 먼지 하나 없이 깔끔해야 하고, 모든 활동은 정확한 계획에 따라 실행해야 합니다.

통제는 권력과 나란히 붙어 다니는 자매품 같은 것입니다. 순응 성향의 그림자 아이와 같이 반항적인 그림자 아이 또한 주변 사람들과의 관계에서 지배권과 우월함을 행사하려고 합니다. 반항하고 거역함으로써 그렇게 하는 것입니다. 자율 성향의 방어기제를 가진 사람들은 능동적이거나 수동적인 저항감을 지니고 있으며, 자신의 인격에 대해 외부에서 접근하는 모든 간섭이나 공격으로 의심되는 것들을 거부합니다. 여기서 문제는 이들의 반응이 마치 참새를 향해 대포를 발사하는 것과 같다는 점입니다. 이들의 그림자 아이의 시각이 영향력을 끼치기 때문입니다. 그 시각에서는 자신은 작고 상대방이 압도적으로 커다랗습니다. 이 때문에 매우 성급한 사실의 왜곡이 발생하곤 합니다. 해를 끼치려는 의도가 전혀 없는 충고나 아주 사소한 실수라도 자신에 대한 공격이나 모욕이라고 여깁니다. '존중'이 바로 이들이 최고로 여기는 가치이지요. 이들의 그림자 아이는 어렸을 때 부모님에게 존중받아본 일이 없습니다. 그래서 이것에 대해 깊은 상처를 안고 살아왔습니다. 그런 이유로 소금 알갱이만 한 비판도, 상대방의 무심함이나 고집도 이들의 아물지 않은 상처를 덧나게 할 수 있는 것입니다.

도망과 회피

도망치고 상황을 회피하는 것은 매우 의미심장하고 또 가장 널리 퍼져 있는 방어기제입니다. 앞서 말했듯이 모든 방어기제는 당사자가 적절한 해법을 찾아가는 모습을 표현할 수도 있습니다. 우리가 마지막에 이길 확률이 얼마나 되는지에 따라 우리는 갈등을 적극적으로 받아들일 수도 있고 또는 피할 수도 있습니다. 방어기제가 때로 문제가 되는 것은 그것이 장기적인 시각에서 어떤 해결도 하지 못하고 오히려 문제를 일으키기 때문입니다. 지속적으로 어떤 상황이나 행동을 회피하는 것은 문제 자체를 만들어 내거나 상황을 악화시킬 수 있습니다. 그런 악순환의 대표적인 예로 심리학자들은 두려움을 다루는 과정을 꼽습니다. 두려움은 느끼는 주체가 그것을 대면하지 못하고 주변을 맴돌수록 더욱 강화되기 때문입니다.

자율성을 향한 동력이 확실한 사람들은 내면의 경계도 허술해 뭐든지 잘 투과시킵니다. 어릴 때부터 주변 사람들의 기대에 맞춰주는 것에 익숙해져서 다른 사람과의 접촉에서 자기 자신을 유지하기 어려워합니다. 잠재적으로 자신에게 어떤 종류의 기대라도 요구할 수 있는 사람이 같은 공간 안에 들어서면, 이들의 프로그램이 작동되어 그 사람에게 맞추기 시작하는 것입니다. 이들은 그렇게 다른 사람과의 교류, 특히나 친밀한 연애관계에서 쉽게 자기 자신을 잃어버립니다. 그래서 그들은 자기만의 공간으로 파고듭니다. 그 안에서만 자신이 원하는 것을 하도록 허락하는 것이지요.

이들은 홀로 있을 때 스스로가 원하는 것이 무엇이고 지금 어떤 감정을 느끼고 있는지 가장 잘 감지합니다. 그러나 혼자만의 공간으로 물러나는 것뿐 아니라 무언가를 하는 도중에 도망치는 것은 관계 속 지나친 친밀함에서 자신을 지키려는 방어기제입니다. 일로, 취미로, 인터넷으로 도망치는 것은 상대방의 요구를 차단하는 검증된 방법입니다. 도망치는 것은 스스로를 상대방의 손아귀에서 구해내는 데에만 적합한 것이 아니라 자기 자신에게서, 그리고 자기가 처한 곤란한 상황에서 눈을 돌리는 데에도 유용합니다. 절망한 그림자 아이를 지닌 사람들은 차분하게 앉아 있을 수 없습니다. 고요 속에서 그들의 자기 의심과 두려움은 더 시끄러워지기 때문입니다. 이들은 계속해서 초조함을 보이고 가만히 있지 못함으로써 주변 사람들의 신경을 거슬리게 합니다. 이런 상황에서 잠시 눈을 돌리는 것은 문제를 풀어가는 데 건강한 방법이 될 수도 있습니다. 그러나 외면하는 것이 문제를 해결하기보다 오히려 악화시킬 때, 그때가 바로 문제를 직접 대면해야 할 때입니다. 회피는 우리의 뇌에 반복적으로 그 문제를 해결할 가능성이 전혀 없다는 신호를 보내는 일입니다. 그리고 우리가 무언가를 지속적으로 회피할수록 이 신호는 뇌에 깊게 각인되어 피하려는 몸짓과 두려움은 점점 더 강해집니다. 반면 우리가 문제를 제대로 바라보고 해결책을 찾으면 우리는 뿌듯함을 느끼고 행복해집니다. 이후 비슷한 상황에 처하면 우리는 처음만큼 두려움을 느끼지는 않을 것입니다.

비난과 공격

비난과 공격은 원시시대부터 이미 스스로의 영역을 지키기 위한 수단이었습니다. 이것은 사적인 경계를 넘어 침범하는 것에 대한 반격과 다름없습니다. 삶의 공간과 자원을 두고 경쟁한다는 것은 무엇보다 강력한 동기였습니다. 인간은 근본적으로 사이좋은 두 사람(애착관계), 혹은 서로를 적으로 여기는 두 사람(자율을 지키려 투쟁하는 관계)과 함께 살아가야 하는 운명입니다.

오늘날 문명화된 세상에서 살아가는 우리의 문제는, 정도의 차이는 있겠지만 '도대체 무엇을 경계의 침범이나 공격으로 간주해야 하는가'입니다. 반항적인 그림자 아이는 상대가 자신이 있는 공간으로 들어오거나 아니면 전화를 걸어오기만 해도 이미 자신의 경계를 침범당했다고 느낍니다. 이들은 매우 신속하게 상대방이 자신에게 요구하는 것들이 정당한 것일지라도 자신을 압박한다고 생각합니다. 그래서 도망을 치거나 문을 쾅 하고 닫아버립니다. 많은 사람들이 표면적 형태나 여러 가능성을 고려하여 다양한 방어기제를 바꿔가며 사용합니다.

공격성은 그림자 아이의 두려움으로 인한 반응입니다. 이들은 경계를 무너뜨리고 자신의 영역을 침범한 상대방을 비난하고 싸움을 걸어 친밀함을 강요하는 동시에 자신을 위협하는 상대에게서 거리를 유지합니다. 또한 상실에 대한 두려움 때문에 자율성을 지키려는 상대방을 견제함으로써 관계에서 우위를 점하려고 하기도 합니다. 매우 지배적인 남성이나 여성들의 경우 비난과 공격, 그리고 주도권 싸움을 통해 상대방을 지배하려고도 합니다. 그럼으로써 자신이 상처받는 상황을 피하려는 것입니다.

공격성은 감당하기 힘든 심한 좌절이나 상심에서 비롯되기도 합니다. 이런 이유로 조화를 사랑하고 순응 성향을 가진 그림자 아이도 상대가 친밀감과 애착을 바라는 요구를 계속 무시하면 갑자기 독해질 수도 있습니다. 그들이 너무 실망하고 상심하게 되면 어느 순간 갈등을 두려워하는 감정보다 분노가 더 강해지고, 완전히 통제 불능의 상태가 되는 것이지요. 이런 이유로 매우 순응적인 성향을 가진 사람들도 사안이 삶을 좌우할 정도로 중대할 때, 즉 늘 상반된 반응을 보이는 상대를 관계 안에 묶어두려고 할 때 완전히 자율성 성향에 속하는 방어기제를 사용할 수 있는 겁니다.

장벽 쌓기와 대화 거부

주변에 벽을 쌓아 자기 자신을 가두고, 늑장을 부리고, 약속시간에 항상 늦는 것은 수동적인 공격성, 즉 경계를 그으려는 의도에서 비롯된 공격성의 전형적인 형태들입니다. 매우 사소한 일 때문일지라도 자신이 상처받았다고 느끼거나 상대의 기대들로 부담을 느끼면 이들은 내면이나 외부에 두꺼운 벽을 칩니다. 심리학자 한스 엘루셰크는 자신의 의지를 관철시키기 위한 공격성과 상대와 경계를 긋기 위한 공격성을 구분합니다. 전자의 경우 "규칙을 좀 지켜봐!"와 같이 특정한 목표를 달성하려고 합니다. 그러나 후자의 경우는 "내일에 참견하지 마!"처럼 자신의 경계를 지키려는 것입니다. 전자는 능동적인 공격성인 반면 후자는 수동적인 공격성이라 말할 수 있습니다. 여기서 역할이 불공평하게 분배된 것은 드문 일이 아닌데, 한쪽은 늘 뭔가를 요구하고 다른 한쪽은 늘 상대방을 거절합니다. 예를 들어 앞서 율리아는 로베르트에게 자주 더 큰 친밀감과 애착을 요구하고, 로베르트는 그것을 늘 거부하는 식이었지요. 로베르트는 내면에 높은 수동적 공격성을 지니고 있고, 율리아는 능동적 공격성을 띠고 있는 것입니다. 하지만 율리아는 로베르트가 계속 경계를 그으며 거리를 두기 때문에 그렇게 강하게 요구하는 것입니다.

외부의 시각에서 보면 둘 중에 로베르트가 더 조용하고 온화한 사람처럼 보이고, 반면 율리아는 소크라테스의 악처럼 보일 수 있습니다. 그러나 소크라테스의 아내가 그랬듯이 율리아가 요구하는 것은 사실 전적으로 적절한 것이며, 오직 로베르트가 완고하게 저항하기 때문에 날카로운 공격성을 띠는 것입니다. 이러한 수동적인 보이콧에는 능동적인 공격성만큼이나 많은 공격적 에너지가 내재되어 있습니다.

수동적 공격성을 띤 사람들은 어릴 때 분노를 억압당한 경우가 많습니다. 이들의 부모는 아이가 분노라는 감정을 보일 때 어떻게 반응해야 할지 몰랐습니다. 대부분 부모도 공격성에 대해 무지하고 갈등을 회피하는 성향이어서 아이들에게 본보기가 되지 못했던 것입니다. 어떤 가정에서는 모든 잠재적인 갈등이 고의적으로 넘어가버립니다. 억눌린 분노는 그러나 영원히 억눌려 있지 못하고, 언젠가는 수동적인 형태로 돌출되어 튀어나옵니다.

수동적인 공격성을 가진 사람들은 내면에 엄청난 고집과 차가운 분노를 지니고 있습니다. 이들은 갈등을 견디기 어려워하는 성향으로 주변 사람들의 기대에 지나치게 자신을 맞추며 자신의 욕구를 억눌러왔습니다. 이것은 그들 자신은 물론이고 나아가 관계의 주도권을 쥐고 있는 것처럼 보이는 상대방을 나쁜 사람으로 인식하게 만듭니다. 그러면 이들은 상대방에게 수동적인 폐쇄성을 보이는 것으로 벌을 줍니다. 모순적이게도 수동적 공격성을 가진 것처럼 보이는 순응적인 사람이 관계를 개선시킬 수 있는 가능성을 가로막고 있는 것입니다.

이들은 로베르트처럼 자신을 피해자로 여기며 상대의 강력한 요구들에 늘 굴복한다고 생각하며, 이것이 상대방의 요구에 대한 그의 불성실함을 정당화합니다. 여기서 우리는 또 한 번 그림자 아이의 심각한 현실 왜곡을 확인할 수 있습니다. 이런 사람은 상대를 같은 눈높이로 보지 않고 자신보다 월등히 힘이 센 존재로 생각합니다. 늘 자기보다 우위에 있었던 자신의 부모를 투영하는 것이지요. 자신의 자율성을 지키기 위해서는 상대의 요구들에 고집 센 아이처럼 저항해야 하는 것입니다. 그림자 아이는 순종하기 싫어하고, 지속적으로 상대방이 자신에게 기대하는 것과 반대되는 행동을 합니다. 아니면 아무것도 하지 않고 오직 자신의 일에만 완고하게 집중합니다. 이런 과정을 통해서 또다시 상대에게 자신의 고집스런 그림자 아이가 제일 느끼고 싶지 않아 하는 감정을 느끼도록 만드는 것입니다. 무기력과 무력감이 그것입니다.

수동적 공격성을 가진 사람들은 이런 유형의 전형이며 대체로 여성보다는 남성에게서 자주 보입니다. 여성은 특유의 사회화를 통해 자신의 감정이나 욕구를 더 잘 표현할 수 있기 때문입니다. 이런 유형의 남성은 자기보다 우위에 있는 것처럼 보이는 여성에게 지배당할까봐 두려워합니다. 이 때문에 주변에 장벽을 두껍게 쌓아올리고 그 안에서 자기가 하고 싶은 일만 하는 것이지요. "날 좀 내버려둬!" 이것이 그가 관계에서 원하는 모든 것의 거의 유일하고 중심적인 동기입니다.

자기도취적 방어기제:
나르시시스트가 자신을 지키는 법

지성화와 합리화

상대방과 감정을 멀게 유지하려는 또 다른 방어기제에는 지성화와 합리화가 있습니다. "난 너와 정치 색깔이 달라서 사귈 수 없어!"라는 발언은 이런 태도를 다소 희화화한 것이지만, 그래도 요점을 정확히 짚고 있습니다. 다른 자율 성향의 방어기제처럼 이 방어기제도 여성보다 남성이 많이 씁니다. 이성적인 사고 안에서만 살아가는 사람들은 자신의 감정에 대해 생각할 일이 별로 없습니다. 그래서 이들에게는 연애의 기회가 왔을 때 명확하게 결정을 내리는 일이 힘들게 생각되는 것입니다. 이들 중 어떤 사람은 연애관계를 맺는 대신 사랑의 본질과 그 의미에 대한 이론적인 토론에 빠져 있습니다. 이런 식의 태도는 흔히 상대방과 머리카락이 곤두서는 논쟁 끝에 결국엔 서로 무엇을 이야기하려고 했는지 전혀 알 수 없는 결론으로 흘러갈 때가 많습니다. 당사자는 '순전히 이성적인 이유들'로 관계를 끝내곤 합니다. 예를 들어 이미 몇 년이나 사귀어오다가도 나이 차 때문에 관계가 오래갈 것 같지 않다든지 하는 말로 이별을 고하지요. 그때나 지금이나 나이 차는 같은데 말이에요.

이들은 대부분 상처받기 쉬운 마음을 자기 자신도 의식하지 못할 정도로 매우 잘 통제해왔습니다. 이미 앞서 여러 번 설명했듯이 사회화 과정에서 남성들은 슬픔, 무기력, 두려움, 창피함과 같은 연약한 감정들을 다루는 법을 제대로 배우지 못합니다. 그 대신 이들은 공격성에 민감하게 반응하며 이성의 영역으로 도망칩니다. 이성이 학문적인 영역에서는 의미 있는 해답으로 가는 길이 될 수 있겠지만 연애에서는 얘기가 다릅니다. 남성들이 상대가 힘들었던 점을 이야기할 때 재빨리 해결책을 찾으려는 것 또한 감정에서 도망치고 싶기 때문에 일어나는 일 중 하나입니다. 이들이 상대의 감정에 공감하고 싶다면, 먼저 자신의 감정에 접근해야만 합니다.

또한 연약한 감정을 다루는 것에 대한 두려움은 남성이 여성에 비해 스스로를 성찰하는 것을 힘들어 하는 이유가 되기도 합니다. 많은 남성들은 자신의 마음상태보다는 사실관계에 더 집중합니다. 아니면 심리적 상태에 대해 이야기하는 것처럼 보여도 사실은 자신의 감정을 마주하는 일이 없도록 하기 위해서 그것을 스스로 익숙한 지적이고 이론적인 방식으로 다루는 경우가 많습니다. 하지만 이들 중 일부는 더 많은 것을 느낄 수 있기를 바라고 있습니다. 단지 어떻게 해야 할지 모르는 것뿐이지요.

이런 사람들에게는 매일 일정한 시간마다 자신의 내면으로 들어가서 "난 지금 무엇을 느끼고 있는가?"를 질문해보길 권하고 싶습니다. 아주 작은 감정이라도 확실히 알아챌 수 있다면 그것을 늘 하듯이 그냥 억제하지 말고 확실한 의식하에 집중해보기를 바랍니다. 자기의 감정을 습관적으로 치워버리는 대신 그것에 조금 더 주의를 기울이기만 해도 많은 도움이 됩니다. 이렇게 주의를 기울이는 연습을 쉽게 지나쳐버리지 않도록 시계에 알람을 맞춰놓고 그것이 울릴 때마다 잠시 자신의 내면을 들여다보는 방법을 추천하고 싶습니다.

자기도취적 방어기제

그리스 신화에 나오는 미소년 나르시스는 잔잔한 호수의 수면에 비친 자신의 모습을 보고 자기 자신과 사랑에 빠집니다. 그리고 삶의 나머지 시간 동안 고통스런 자기애에 빠져 결국 호수에 빠져 죽고 말지요. 자신을 너무나 사랑해서 스스로를 대단하고 중요한 사람으로 여기는 사람을 나르시시스트라고 부릅니다. 실제로 자신이 얼마나 훌륭하고 결점이 없는지를 증명하려는 것은 방어기제의 일종으로 당사자가 자신의 상처받은 그림자 아이를 되도록 감지하지 않기 위해서 무의식중에 발달시킨 것입니다. 저의 임상 경험에 따르면 히스테리가 여성들에게서 더 자주 나타나는 증상인 반면 나르시시즘은 남자들에게 더 많이 해당됩니다. 히스테리와 자기도취는 나타나는 현상에서 커다란 교집합이 있습니다. 두 경우 모두 당사자들이 가능한 한 많은 인정을 받고 싶어 한다는 점입니다. 그들의 그림자 아이는 거절당하고 비판받고 창피를 당하는 것에 대해서 과도하게 큰 두려움을 가지고 있습니다.

자기도취적인 성격이 발달된 사람들은 제2의 이상적인 자아를 지어냄으로써 무가치하고 비참하게 여기는 자신의 그림자 아이를 배제하는 것을 일찍이 학습했습니다. 이 이상적인 자아는 자기도취적 성향이 있는 사람이 스스로를 평균치에서 끌어올릴 수 있는 모든 요소를 동원하여 구성해낸 것입니다. 나르시시스트들은 자신의 그림자 아이가 너무나 평범하다고 생각하기 때문에, 뭔가 특별한 사람이 되려고 믿을 수 없을 정도로 노력합니다. 그림자 아이를 보호하기 위해 그들은 뛰어난 능력, 권력, 잘생긴 외모, 성공, 그리고 인정을 얻고 싶어 합니다. 그래서 자기도취는 많은 방어기제들이 한 다발로 묶여 있는 것과 다름이 없습니다. 안타깝게도 그 한 다발의 방어기제들 중에는 타인을 깎아내리는 것도 포함되어 있습니다. 그래서 자기도취적인 사람들은 상대방의 약점을 기가 막히게 감지하여 모욕적인 표현으로 그것을 비판합니다. 이들은 무엇보다 자신의 약점을 견딜 수가 없기 때문에 다른 사람들의 약점 또한 너그럽게 볼 수 없는 것입니다. 이렇게 상대방의 약점에 초점을 맞추는 동안은, 자신의 약점에서 눈을 돌릴 수 있게 됩니다. 자신이 절대 느끼고 싶지 않은 감정을 상대방을 향한 비난을 통해 불러일으킵니다. 깊은 불안과 열등감이 그것입니다.

    몇몇 자기도취적인 사람들은 스스로의 가치를 높이기 위해 정반대의 전략을 구사하기도 합니다. 자신과 가까운 사람을 이상적인 사람으로 치켜세우는 것입니다. 예를 들어 내 배우자는 끝내주고, 우리 아이들은 어마어마하고, 내 친구들은 모두 능력 있는 사람들이고… 이런 식이지요. 그러나 이들 중 대다수는 이상화하기와 깎아내리기를 모두 사용합니다. 가장 흔한 경우는 새로이 사람을 사귀거나 사랑에 빠지면 그 사람을 일단 이상적인 사람으로 치켜세웠다가, 얼마 지나지 않아 깎아내리고 관계를 끊는 유형입니다.

이들은 또한 자신의 능력이나 소유물, 계획들에 대해 이야기하기를 좋아합니다. 이때 이들은 요란하고 소란스럽게 동네방네 그 내용을 떠들고 다닙니다. 물론 조용한 편인 나르시시스트들도 있으며, 굉장히 지성적인 사람들도 드물지 않은데 대부분 자신의 우월함과 유일무이함을 아주 능숙한 방식으로 드러냅니다.

자기도취적 성향을 가진 사람에게도 역시 사랑받을 만한 면이 있습니다. 이들은 누구보다 매력적이며 사랑스럽고 흥미로운 사람들입니다. 어떤 이들은 굉장한 카리스마를 가지고 있기도 합니다. 성공에 대한 열망 덕분에 직업적으로 잘나가는 사람일 경우가 많으며 높은 지위에 있는 것을 스스로 즐깁니다. 특별한 사람이고자 하는 이들의 노력은 대부분 그에 따른 결실도 맺습니다. 이러한 그들의 삶은 다른 나르시시스트에게도 매력적이지만 무엇보다 의존적인 성향인 사람들에게 더욱 매력적으로 느껴집니다. 두 명의 능동적인 자기도취 성향의 사람들이 함께 살아가면 이 관계는 열정과 상처를 주고받는 일 사이에서 롤러코스터를 타게 될 것입니다. 그러나 나르시시스트가 의존적인 성향을 가진 사람을 만나면 이 상대는 나르시시스트가 퍼붓는 언어 공격을 대개 큰 저항 없이 받아들이고 그 기대들을 충족시키려고 열심히 노력할 것입니다. 그러나 이것은 이미 실패임이 판가름 난 것이나 다름없습니다. 나르시시스트가 인식을 왜곡하는 습관은 변하지 않기 때문입니다. 이런 인식 왜곡은 스스로의 약점은 흐리게 보면서 사소하고 없는 것이나 다름없는 상대방의 약점은 확대경으로 들여다보듯 크게 확대하는 것의 합작입니다.

많은 사람들이 비판을 받을 때마다 울적해지곤 합니다. 그 비판이 부당한 것인지 궁색한 것인지는 크게 상관이 없습니다. 기본적으로 자기 내면의 각인들에 근거해서 모든 것이 자기 탓이고 늘 부족한 사람이라는 느낌을 받기 때문입니다. 의존 성향의 사람 내면에 있는 성숙한 자아가 이미 오래전부터 상대가 나르시시스트라는 것을 눈치 채고 있었고 그가 항상 자기를 깎아내리는 것은 자신에게 문제가 있어서가 아니라는 것을 알고 있다고 해도 그렇습니다. 그 그림자 아이는 이런 인식에까지 다다르지 못하고 나르시시스트인 상대로 인해 더욱 열등감에 갇혀버립니다.

상황을 개선하기 위해 이들의 그림자 아이는 반드시 상대의 인정을 받기 원합니다. 그리고 그의 마음에 들기 위해 더 열심히 노력하지요. 그러나 나르시시스트는 바뀌지 않습니다. 의존 성향의 사람은 그로 인해 자신이 하는 일들이 아무런 영향력도 없고 무기력하다는 것을 경험합니다. 그리고 이것은 그가 상대방에게 더욱 강하게 의존하도록 만듭니다. 악순환의 고리입니다.

자기도취적인 사람은 그들이 가지고 있는 악바리 근성과 권력에 대한 욕심을 별로 좋아하지 않는 동료나 상사에게까지 발휘합니다. 이 관계를 더욱 어렵게 하는 것은 자기도취 성향의 사람이 쉽게 모욕감을 느낀다는 사실입니다. 이들이 매우 사소한 일에도 얼마나 쉽게 모욕감을 느끼는지 그 입장이 되어보지 않은 사람은 결코 이해할 수 없을 정도입니다. 게다가 이들은 겉보기에 자신감으로 똘똘 뭉친 태도를 유지해 예민한 사람이라는 인상을 주지 않으니까요. 그러나 매우 불안정하고 마음 상하기 쉬운 이들의 그림자 아이는 정말로 마음이 상했을 때 절대로 슬퍼하며 위축되지 않습니다. 그보다는 끔찍하게 화를 내는 쪽이지요.

분노와 원망은 나르시시스트들에게서 두드러지게 나타나는 감정입니다. 무엇보다 이것은 굉장히 우울한 상태로도 이어질 수 있는데, 성공을 위해 준비한 전략들이 실패하거나 개인적인 좌절을 경험하면 그렇습니다. 이들의 그림자 아이는 자신의 모자람을 느끼고 깊은 절망에 빠집니다. 그림자 아이를 보호하기 위해서 이들은 곧 다시 성공을 도모합니다. 그런데 이 고통의 압박이 너무 커서 극단적인 선택을 하거나 심리치료를 받기도 합니다.

어쨌거나 나르시시즘은 우리 모두가 사용하는 방어기제입니다. 과하지 않은 정도에서 우리는 자기애적 방어기제를 다음과 같이 사용합니다. 가능한 한 좋은 사람으로 보이고 싶고, 가끔은 그런 목적으로 누군가를 다소 깎아내리기도 합니다. 어쩌다 한 번쯤은 잘난 척도 조금 합니다. 명성을 얻고 싶다는 생각에서 완전히 자유로울 수 있는 사람은 아마 없을 것입니다. 다른 사람의 약점에 집착하기도 하고 가까운 상대가 창피한 존재로 느껴질 때도 있습니다. 우리 역시 자신의 그림자 아이를 되도록 느끼지 않고 싶어 하며, 자기 약점을 감추고 싶어 합니다. 또한 우리들 대부분은 거절당하고 비판받으면 기분이 상합니다.

히스테릭한 사람들과 비슷하게 자기도취적인 사람들에게도 자기 자신의 구조를 파악하는 것이 매우 어렵게 느껴집니다. 이들이 이것을 깨닫는 데 성공한다면 자신의 관계 프로그램에서 훌쩍 빠져나오는 것도 가능할 것입니다. 사실 자신의 약점을 받아들이고 가엾은 그림자 아이를 위로하는 것이 전부입니다. 그렇게 했을 때 이들은 더 이상 외부의 인정이 필요하지 않을 것이고 다른 사람을 깎아내려야 할 일도 없어질 것입니다.

강박적 vs 분열적 방어기제:
부탁이야, 날 좀 내버려둬!

강박적인 성향을 가진 사람들은 매우 엄격하게 모든 것을 스스로 통제하려고 합니다. 이들 중 대부분은 어렸을 때 매우 엄격한 기준과 규칙을 제시하는 부모님 밑에서 자라며 자율성 발달에 많은 영향을 받았습니다. 이들의 그림자 아이는 이러한 기준들을 철저하게 내면화하면서 자라왔기 때문에 이것이 그대로 옳고 그름에 관한, 좋고 나쁨에 관한 기준이 되었습니다. 이들의 그림자 아이는 열등감과 스스로에 대한 의심으로 가득 차 있으며 그것을 강박적인 행동을 통해 없애려는 것입니다. 강박은 히스테리와 반대 지점에 있습니다.

히스테릭한 성향의 사람은 자신을 구속하는 모든 경계와 규칙을 증오하며 이를 위해 그것을 피하거나 아예 무시하려고 노력합니다.

반면에 강박적인 사람들은 그들 안에 늘 규칙과 법칙에 대한 최상의 기준을 둡니다.

강박적인 성향을 가진 사람들은 융통성이 없고 극단적으로 인색하며 규칙을 신봉하는 경향이 있습니다. 이들은 다른 사람은 잘 신뢰하지 않습니다. 자기 방어를 위해 자율 성향의 극단에 닻을 내리고, '나밖에 믿을 사람은 없어!'라는 생각으로 살아갑니다. 그리고 '세상이 다 내가 정해준 규칙대로 따라온다면 아무 문제가 없을 텐데'라고 안타까워하지요. 이들이 이런 방어기제를 유지하는 대신 치러야 하는 대가는 자신의 욕구에 대한 완고한 압박입니다.

이들에겐 감정이 동요해 즉흥적으로 무언가를 하려는 일은 있을 수 없습니다. 삶을 즐겨본 일은 더욱이 없습니다. 모든 행동은 확고한 구조와 계획에 따라 실행되어야 합니다. 이들은 늘 너무나 정확하게 계획에 따라 움직이기 때문에 일이 진행되다 보면 원래 어디로 향하고 있었던 것인지 알 수 없을 때도 허다합니다. 이런 강박성 뒤에는 감정적 차원의 거절과 상실에 대한 뿌리 깊은 두려움이 숨어 있습니다. 강박 성향이 있는 사람들은 치밀한 규칙을 세움으로써 상실과 거절을 통제하고 싶은 것입니다.

강박은 자신의 삶을 직접 통제하기 위한 일종의 능동적 형식입니다. 그렇기 때문에 자신뿐 아니라 주변 사람들에게도 자신의 규칙을 강요합니다. 그러기 위해서 이들은 힘이 필요합니다. 이런 과정을 거치며 이들은 주변 사람들이 싫어하는 사람이 됩니다. 주변 사람들은 이들이 지시를 내리는 것을 별로 반기지 않습니다. 가르치려 들고 괜한 트집을 잡는다고 느끼는 것이지요.

대개 이들에게는 개인적 관계보다 자신이 정한 규칙이 더 중요합니다. 상대가 이들이 정한 기준과 규칙을 따를 준비가 되어 있지 않다면 그 관계는 끝입니다. 적어도 결혼하지 않은 연인관계에서는 더욱 그렇습니다. 성격유형 연구로 널리 알려진 라이너 작세에 따르면 강박적인 사람들은 자신의 강박을 거의 종교 교리를 전도하듯이 전하고 다니는데, 이들은 새로운 시도를 해야 하는 상황이 싫어서 주변 사람들을 자신의 법칙 속으로 끌어들여야만 한다는 것입니다. 그러면서 자기가 정한 규칙이 더 나은 세상을 위해 도덕적으로 마땅히 지켜야 할 것이라고 말하고 다닙니다. 자기의 규칙을 따르지 않는 사람은 비도덕적이고 반사회적이며 사회에 해악을 끼치는 사람으로 헐뜯으면서 말이죠.

긍정적인 면에서 강박은 모든 것을 올바로 세우고 전통을 지켜나가기 위한 일종의 시도라고 볼 수도 있습니다. 심리적으로 건강하고 단지 약간의 강박적 성향만 있는 사람들은 전통과 질서의 수호자이고 옛 풍습과 도덕의 후견인입니다. 이들은 그들이 하는 모든 일에 정확함을 보증하며 다른 사람들은 이들을 100퍼센트 신뢰해도 됩니다. 이들은 관계가 자신들에게 좋은 영향만 끼치는 것은 아니라고 해도 인내심 있게 그 관계를 붙들고 기다립니다. 여기에는 미지의 새로운 것에 대한 이들의 두려움이 한몫을 하지요. 이들에게는 익숙한 것이 가장 안전한 선택입니다.

강박적 성향의 사람들은 규칙을 지키고 의무를 다하는 것에 대한 높은 기준이 있기 때문에 확실한 관계에 묶이는 것을 오히려 망설입니다. 특히 결혼 전에 이들은 자신이 상대를 제대로 선택했는지에 대해 강한 의심에 빠집니다. 결혼이 사실은 자신의 전통적인 가치체계에 잘 맞는 선택인데도 이들은 마음속에서 결혼에 대한 강렬한 저항감을 느낍니다. 이 저항감은 결혼계약 또한 해지할 수 없는 것이라는 강박적인 생각에 기인합니다. 이런 성향의 사람들은 계약서에 서명을 할 때 그것을 절대 어기면 안 된다는 생각이 강합니다. 강박 성향이 강하면 강할수록 연애관계나 결혼생활이 형식적으로 되어갑니다. 그것을 상호적으로 충족시켜야 할 많은 의무들로 이루어진 영원한 계약으로 보는 것입니다. 이들은 자신의 삶을 의무들로 유지해 나가기 때문에, 이들이 강박적으로 붙잡고 있어야만 하는 자신의 배우자와 점점 더 관계가 나빠질 수도 있습니다.

이들에게는 사랑이 그 자체로 일종의 위협입니다. 무엇보다 사랑의 위험한 형태인 열정과 연애 감정이 그러합니다. 감정과 열정은 계획과 구조의 반대말이나 다름이 없습니다. 그래서 이들은 깊은 불안감을 느끼는 것이지요. 이에 따라 강박적 성향을 가진 사람들은 자기의 감정을 통제해보려고 합니다. 이들은 감정 따위에 자신을 모두 맡기고 싶어 하지 않습니다. 만약 당사자가 한평생을 감정을 억압하며 살아왔고, 자신의 감정을 잘 알지 못한다면 상황은 더욱 어려워집니다. 이들에게는 자신의 감정도 다른 사람들의 감정처럼 알 수 없는 것으로 느껴집니다. 이들은 로맨틱한 상황에서 분위기를 망치는 객관적인 말을 덧붙임으로써 그 분위기를 한방에 날려버릴 수도 있습니다. 연애관계에서도 감정표현에 매우 인색한 사람들이니까요.

강박적인 생각은 수직적인 위계질서를 기본으로 하고 있습니다. 위/아래, 우세/열세, 힘/무기력, 이기는 것/지는 것. 이것이 강박적인 유형의 사람들이 세계를 인식하는 범주입니다. 어린 시절, 힘 있는 사람 아래에서 겪는 무기력을 직접 경험했기 때문에 이들의 그림자 아이는 절대로 다시는 부모님과 살 때처럼 무기력과 열세에 처하지 않겠다고 다짐합니다. 그래서 강박적으로 힘겨루기에 몰두하며 반드시 우위를 점하려고 합니다. 불리한 상황에 놓이지 않으려고 젖 먹던 힘을 다해 애를 쓰는 한편 상대도 이 룰을 따라줄 것을 기대합니다. 그들은 상대방보다 열세에 처하거나 손에 쥐고 있는 통제력을 잃을까봐 두려워 여러 일들에 고집스럽고 부정적으로 반응하기 때문에 타인과 대화할 때도 원활하지 않을 때가 많습니다. 자기가 항상 옳다고 하는 이런 고집스러운 태도는 가벼운 강박적 성향을 가진 사람들에게서도 강하게 나타날 수 있습니다.

  강박적 성향을 가진 사람들이 관계에서 드러내는 다른 문제는 순발력과 진심으로 매료되는 능력이 부족하다는 것입니다. 예를 들어 연애할 때 상대는 함께 보내는 시간이 더 많아지기를 기대합니다. 강박적인 사람들은 대체로 이를 수락하지만 이것도 상세한 계획을 세워 실행하려고 합니다. 예를 들어 매주 금요일만 함께 시간을 보내겠다고 결심하는 식입니다. 그러고 나면 그는 모든 다른 일에 그런 것처럼 이 계획을 완벽히 지킵니다. 그러나 이를 통해 상대는 그가 의무감으로 자신과 시간을 보내고 있다는 느낌을 받습니다. 그리고 이 행위는 애초에 원했던 것, 즉 더 많은 친밀감에 대한 욕구를 절대 채워줄 수 없지요. 그러나 강박적인 사람은 이에 대한 비난에 매우 화를 내며 반응합니다. 그의 생각에는 상대가 원하는 바에 자신이 전적으로 맞춰준 것이라고 생각하기 때문입니다. 그는 모든 것을 규칙에 따라 준비하기에 공감능력이나 감정적인 유연함이 결여되어 있습니다. 상대에게 감정을 이입하기도 어렵습니다. 과도한 애착욕구가 있는 우울 성향의 사람들이 너무 많이 가지고 있는 감정이입 능력을 이들은 너무 적게 가지고 있는 것입니다. 관계에서 그가 가장 노력하는 부분은 상대와의 사이에 경계를 긋고 자신의 원칙을 밀고 나가는 것입니다.

단단히 붙들거나 무언가를 지키고 싶어 하는 이런 강박적 방어기제는 과도한 절약 성향으로 나타나기도 합니다. 연애나 혼인관계가 깨어질 때 많은 경우 재정적 문제가 원인이 됩니다. 이런 때에도 강박 성향인 사람의 완고할 정도로 비타협적인 태도 때문에 상대방은 관계 개선에 실패할 가능성도 높습니다.

강박적인 성향을 가진 사람들이 긴장을 좀 풀고 자유로워지기 위해서는 자신이 가장 두려워하는 일을 해야만 합니다. 자신이 통제하던 것들을 내려놓고 믿어보는 것이지요. 이들의 그림자 아이는 더 큰 애착능력을 기르고, 이를 통해 그것과 수반되는 자신감을 키워야 합니다.

반면 분열적인 사람들은 감정을 생각에서 분리합니다. 분열적인 성격유형은 우울 성향의 성격유형과 정반대편에서 짝을 이룹니다. 이름이 비슷하긴 하지만 정신분열증과는 아무 상관이 없습니다. 우울 성향의 사람이 친밀한 애착관계에서 안전을 찾는다면 분열적인 사람은 애착을 두려워합니다. 그가 유일하게 안전하다 여길 때는 혼자 있을 때입니다. 분열적인 사람들은 다른 사람들에게서 안전거리를 유지하는 것에 대한 매우 강력한 동기가 있습니다.

분열적인 구조를 가진 사람들의 어린 시절은 대부분 우울했습니다. 거절, 학대, 가혹 행위 등이 주요한 역할을 했습니다. 물론 유전적인 영향도 있어서, 분열적인 성향을 가진 사람들은 타고나길 높은 수준의 이성적 사고능력을 지닙니다. 이들은 어릴 때부터 스킨십을 좋아하는 아이들이 아닙니다. 이들의 어머니가 아이가 보내는 신호를 간과해서 아이가 원하는 것보다 너무 많이 접촉하면 친밀감의 홍수가 아이에게 분열적인 방어기제를 발달시키도록 만들 수 있습니다. 이를 더 잘 이해하기 위해 젖먹이 아기들과 유아들의 상황에 자신을 대입해보면 좋을 것 같습니다.

생후 2년간 아이는 자율 성향의 능력이 거의 없습니다. 이 기간에 아이가 학대를 당하거나 지나치게 과도한 친밀감을 강요당하면 자기 내면으로 깊이 위축되거나 모든 감정을 차단해버리는 방식 외에는 스스로를 지킬 수 있는 길이 없어집니다. 그리고 이것이 분열적인 방어기제의 핵심입니다.

분열적인 구조가 매우 강하게 형성된 사람들의 특징은 매우 이성적이고 독립적으로 생각한다는 점입니다. 이들은 선구안이 있으며 개혁가적인 성향인 경우가 많습니다. 이런 성향이 형성된 데에는 훌륭하게 발달된 지적 능력이, 다른 한편으로는 다른 사람들의 판단에 크게 영향을 받지 않는 면이 큰 몫을 합니다. 이들은 혼자 지내는 것에 아주 능숙하며 다른 사람들과의 교제라든지 그들의 동의를 별로 필요로 하지 않습니다. 자신의 감정을 완전히 분리시키는 사람들이기 때문에 이들은 철사와도 같이 예민한 신경을 가지고 있습니다. 이들은 늘 냉철한 판단력을 유지해야 하는 직업군에서 뛰어난 능력을 보이기도 합니다.

분열적인 사람들의 문제는 애착형성 능력이 너무 떨어진다는 데 있습니다. 이들은 다른 사람을 신뢰할 수도 없고 누군가를 위해 헌신하는 일도 없습니다. 이들의 그림자 아이는 뿌리 깊은 불안감에 시달리고 있으며 사실은 다른 사람과의 사이에 경계를 긋는 일도 매우 서툽니다. 그럴수록 외부의 경계를 더욱더 완고하게 지키려는 것이지요. 이들은 다른 사람과 먼 거리를 유지하기 때문에 타인의 감정을 읽거나 공감하는 데 심각한 어려움을 느낍니다. 다른 사람과 교류하는 데 있어서 매우 서툰 것이지요. 또한 자신이 인지하는 것을 신뢰해도 좋은지, 혹은 모든 게 그저 상상에 불과한 것인지 의심합니다. 예를 들어 누군가 이들을 보고 웃으면 그 사람이 친절한 의도로 그런 것인지 아니면 비웃은 것인지 확신할 수 없는 것입니다. 이들이 타인과 접촉할 때 생기는 이런 빈 구멍은 시간이 지날수록 점점 커져가고, 그래서 분열적 구조를 가진 사람들은 나이가 들었을 때 고독해지는 경우가 많습니다. 이들 중 일부는 자신에게 결여된 사회성을 매우 훌륭한 관찰력으로 대체하기도 합니다. 그러면 상대방은 이것을 고도의 공감능력이라고 착각하기가 쉽습니다.

분열적인 성향을 가진 사람은 다른 이들에게 차갑고 다가가기 힘든 사람으로 비춰집니다. 그런데 이들 중 어떤 사람들은 그럼에도 불구하고 상냥하고 다정한 태도를 취하기도 합니다. 이것은 이들이 사람 간의 교제가 있을 때 필요하다고 생각하는 친절 모드를 가동시킨 것이나 다름없다는 것을 이해해야 합니다. 이들은 자신의 깊은 불안감을 사회적인 활동을 위해 따로 익힌 행동방식을 통해 상쇄시킵니다. 그러나 그것은 반지르르한 겉모습일 뿐, 실은 이들이 타인에게 얼마나 무관심한지 알게 된다면 엄청나게 당황할 것입니다. 분열적인 사람들이 자신의 그런 겉모습을 알기 때문에 이들 중 상당수는 항상 갑자기 관계가 중단되지는 않을까 하는 두려움에 시달립니다. 언젠가 실제로 이런 성향을 가진 사람이 저에게 찾아와 자신은 스스로가 다른 사람들과 다르다는 것을 어린 시절부터 느껴왔고, 그래서 사람들 사이에서 튀지 않기 위해 다른 아이들이 하는 것을 모방하여 행동했었다고 말한 적이 있습니다.

"다른 애들이 웃을 때 저도 웃었어요. 생일 때 작은 선물 하나를 골라도 좋다고 하면 저도 그렇게 했죠. 사실은 선물 따위 갖고 싶지도 않았는데 말이에요."

지금도 그는 자신의 이러한 본성을 남들이 알고 실망할까봐 종종 불안하다고 합니다.

분열적인 사람들은 자신을 숨길 수 있는 투명 망토 없이는 집 밖을 나서고 싶어 하지 않습니다. 아무도 그들을 모르고 누구도 그들에게 기대 따위는 하지 않는 그곳에서 그들은 가장 편안함을 느낍니다. 이들은 외톨이입니다. 늘 단체를 조직하고 그 안에서 소속감을 느끼는 사람들과는 정반대 지점에 서 있는 사람들이지요. 이들은 웬만한 일에는 무관심할 때가 많으며 감정 자체를 느끼는 일이 워낙 적기 때문에 괴로움에 압박감을 느끼는 것도 드뭅니다. 삶에 대한 의욕도 별로 없습니다. 스스로를 그저 울타리 바깥의 가장자리에서 다른 사람들의 삶을 관찰하는 구경꾼 정도로 느낍니다.

놀라운 것은 그저 피상적으로 아는 사이에서는 이들의 애착능력 결핍이나 삶에 대한 권태를 전혀 알아챌 수 없다는 점입니다. 내담자 중 한 명은 보통 사람들보다 더 활동적이고, 정치적 활동도 열심히 하고, 창작 활동도 하고, 사람들과 어울려 시간을 보내는 것도 좋아합니다. 그는 다른 사람과 토론하는 것도 좋아하고 친구도 많으며 항상 이런저런 연애사건들의 중심에 있습니다. 그에 대해 잘 알지 못한다면 이 활기찬 삶과 활동성 뒤에 깊은 분열이 숨겨져 있으며 그가 진짜 자신의 곁에는 그 누구도 접근하지 못하게 하고 있다는 것을 짐작조차 할 수 없을 것입니다. 그러나 주변 사람들에게 괴짜로 알려진 분열 성향의 사람들도 적지 않습니다. 컴퓨터 뒤에서 빠져나올 수 없는 늪처럼 머물며 사람들과는 거의 교류하지 않는 히키코모리 같은 사람이 이러한 유형이라 볼 수 있습니다.

분열 성향의 사람들은 가까운 사람들과의 관계에서 큰 문제를 느낍니다. 이들이 친밀감과 가까운 거리를 허용할 수 있는 것은 짧은 시간 동안뿐입니다. 이들 중 일부는 이 시간 동안에 사랑에 빠지기도 하지만, 이 감정을 오래 유지할 수는 없습니다. 이들의 사랑은 불꽃처럼 탁 하고 피어올랐다가, 대부분 연애 감정이 생기는 첫 순간을 지나면 완전히 사라져버립니다. 이 불꽃이 타오르려면 이들이 관계에서 백 번 양보해서 오랜 기간 동안 공간적인 거리를 유지할 때뿐입니다. 가까움은 분열적 구조를 가진 사람들을 위협합니다. 이들은 내면에서 자아의 경계를 매우 빠르게 잃어버리기 때문입니다. 어린 시절의 트라우마 때문에 이들은 관계를, 잠시 저장해두었다가 곧 자신을 지나쳐가도록 떠나보내야 하는 것으로 여깁니다. 이들에게 관계란 함께 만들어 나가는 게 아닌 것이지요. 이들의 그림자 아이는 깊은 곳에서 저항할 수도 없을 만큼 무기력한 상태입니다. 그래서 누군가와의 적정거리가 사라지려고 할 때 공격적으로 반응합니다. 거칠게 거절하고, 얼음처럼 차갑게 말하고, 돌연 연락을 끊는 등의 행동으로 상대를 다시 거리감이 느껴지는 먼 곳으로 밀어냅니다.

분열적인 거리 두기의 또 다른 방법으로는 '분리'가 있습니다. 이들은 의도적으로 완전히 모든 연락 수단을 끊고 내적으로도 모든 접촉을 차단합니다. 자신의 내부로 들어가 사라지는 것이지요. 자신이 어렸을 때 학습했던 것을 그대로 실행에 옮기는 것입니다. 이렇게 분리의 방법을 사용하면 연애관계가 유지되고 있는데도 상대는 매우 외로운 상태가 됩니다. 분열 성향의 상대가 절망한 채 스스로를 철벽같이 방어하기 때문에 상대는 외로운 것입니다.

어떤 분열 성향의 사람들은 연애관계를 전혀 맺지 않고 항상 싱글인 상태를 유지합니다. 그러나 결혼을 하는 경우도 있습니다. 결혼이 사회적인 위장으로 작용하여 애착형성에 문제가 있는 특이한 사람이라는 시선에서 달아날 수 있게 해주기 때문입니다. 이런 경우 결혼생활은 이들의 규칙에 따른 모습일 가능성이 큽니다. 이 말은 분열 성향의 사람이 상대방이 언제 다가와도 좋고 언제 안 되는지 독단적으로 결정한다는 의미입니다. 원칙적으로 이 성향의 사람들이 느끼는 감정은 앞에서 언급했듯 사랑에 빠지는 첫 번째 단계를 지나면 특별히 강력하지 않아지는데(상대방은 이것을 대부분 눈치 채지 못합니다), 그 관계가 안정적으로 들어서면 완전히 사라져버립니다. 감정뿐 아니라 성적인 충동도 고요한 상태에 들어서지요.

그렇다면 이렇게 분열적인 각인이 있는 사람들이 왜 애착관계를 형성하려 하는지 의문이 들 수도 있습니다. 그 대답은 다음과 같습니다. 애착욕구는 그것이 완전히 소멸하지 않은 이상 인간의 실존을 이루는 동기이기 때문이지요. 일단 연애관계로 돌입하면 다른 사람과의 친밀감이 이들을 위협하지만, 이들 중 상당수가 홀로 있는 것을 더 나쁜 옵션이라 생각합니다. 가장 좋은 것은 이들에게 가능한 한 애정에 대한 어떠한 요구도 하지 않고 내버려두는 것입니다. 이 거리감 안에서 이들은 감사함을 느끼며 상대를 따뜻한 사람으로 느낄 수 있을 겁니다. 이렇게 분열 성향의 연인이나 배우자를 가진 사람들은 이들과 문제없이 지내기 위해서 스스로 매우 독립적이고 바라는 게 없는 사람이 되어야 합니다. 아무 요구 없이 사랑을 주어야 하는 것이지요. 당연히 이렇게 할 수 있는 사람은 거의 없습니다.

분열적인 사람이 맺는 관계 역시 매우 가학적 형태를 취할 수도 있습니다. 스스로 자신이 과연 사랑받을 수 있는 사람인가에 대한 깊은 의심에 빠져 상대에게 증오와 복수심을 드러낼 때 그렇습니다. 이들은 종종 상대방의 애정이나 다정함을 오해하고 왜곡합니다. 상대가 즉흥적으로 애정을 표현하기라도 하면 이들은 "왜 그래? 뭐 양심에 찔리는 거라도 있어?"라는 식으로 쏘아붙입니다. 상대방의 마음을 냉소로 망가뜨리는 겁니다. 마음 깊은 곳에서 나온 애정으로 가득한 순간에 이들은 상대의 가장 상처받기 쉬운 부분을 공격하기도 합니다. 상대의 감정을 공격적으로 차단함으로써 그 어떤 사람도 이들 곁에서 오랫동안 견디지 못하게 만듭니다.

이들 역시 먼저 트라우마를 경험한 자신의 그림자 아이를 손에 넣고, 이제 자신은 다 큰 어른이며 <u>스스로를 보호할 수 있음</u>을, 그리고 무엇보다도 이제 안전한 곳에 있음을 확실히 해두어야 합니다.

지금까지 자율적인 성향 쪽에 속하는 여러 방어기제에 대해 알아봤습니다. 이중에서 자신의 모습을 발견할 수 있었나요? 아직 시도해보지 않았다면, 당신이 자주 사용하는 자율 성향의 방어기제는 무엇인지 그림자 아이 형상의 발쪽에 적어보세요.

주는 것과 받는 것의
불공평한 분배

우리가 겪는 갈등의 대부분은 그림자 아이와 그의 신념들, 그리고 방어기제들과 관련 있습니다. 어떤 때는 관계가 특정한 삶의 조건들 때문에 균형을 잃기도 합니다. 예를 들어 부모가 되는 것과 같은 일이지요.

이번에는 쟈닌과 데니스의 사례를 통해 설명해보겠습니다. 이 둘은 결혼한 상태이고 네 살, 다섯 살의 두 아이가 있습니다. 쟈닌은 가족을 돌보고 집안일의 대부분을 본인이 감당하고 있고, 데니스의 지원이 거의 없다고 생각합니다. 이런 문제 때문에 데니스가 "여보, 내 안경 봤어?"와 같은 별것 아닌 질문을 할 때 그에게 신경질적으로 쏘아붙이는 일도 있습니다. 최근에는 이런 충돌이 더욱 자주 일어났습니다. 서로를 대할 때 점점 더 흥분하여 독하게 말하는 일이 많아졌습니다.

쟈닌과 데니스가 이런 일상을 변화시키고 싶다면 그들은 조용한 시간에 함께 앉아 지금 그들에게 일어나고 있는 일들이 무엇인지 곰곰이 생각해봐야 합니다. 그러면 이들은 아이들이 세상에 태어난 이후로 둘 사이 관계의 균형이 점점 깨지고 있다는 것을 알게 될 것입니다.

쟈닌은 주로 돌보고 헌신하는 역할을 하는 반면 데니스는 가정생활에 그다지 기여를 하는 부분이 없습니다. 쟈닌은 자신의 어깨에만 그렇게 큰 책임이 지워지고 데니스의 기여도가 낮다는 것을 부당하게 느낍니다. 자기 안경을 못 봤냐는 데니스의 물음이 바로 쟈닌의 이런 상처를 건드린 것입니다. 온종일 아이들을 돌보는 것만으로도 충분히 힘들어서 데니스까지 챙겨주고 싶지는 않은 것입니다. 가장 좋은 해결책은 데니스가 스스로 본인이 필요한 일들에 대해 책임지는 것입니다.

반면에 데니스는 쟈닌이 늘 사소한 일에 고함을 지르는 것이 지긋지긋합니다. 이 둘이 자신들이 겪고 있는 갈등이 무엇에 관한 것인지 알 수 있다면, 앞으로도 함께하기 위한 새로운 태도를 찾을 수 있습니다. 이제 몇 가지 전형적인 갈등의 주제들을 소개하겠습니다.

동등한 권리의 실종

■

쟈넌과 데니스가 처음 알게 되었을 때, 둘은 각자 따로 사는 집이 있었고 둘 다 원하는 직업에 종사하고 있었습니다. 그리고 각자가 생활에 충분한 돈을 벌고 있었습니다. 이들은 자신이 누리고 있는 자립적인 생활을 사랑했고, 둘이 만날 때는 일상은 사라지고 행복감만이 크게 다가왔습니다. 1년 후 둘은 살림을 합쳤고, 또다시 일 년이 지났을 때 결혼식을 올렸습니다. 얼마 지나지 않아 첫아이가 태어났고, 그 1년 후에는 둘째가 태어났습니다. 이들은 상의하에 쟈넌이 1년간 직장을 쉬고 데니스의 수입으로 가족을 부양하기로 동의했습니다.

데니스는 큰 은행의 관리직으로 그러기에 충분한 돈을 벌고 있었고, 초과 근무도 일상이었습니다. 저녁에 집에 오면 데니스는 조용히 쉬고 싶어 했습니다. 쟈넌은 집에서 거의 모든 집안일을 도맡아 했고, 거기에는 저녁이면 데니스를 위해 맛있는 식사를 준비하는 일도 포함되었습니다. 저녁을 먹고 나면 데니스에게도 뒷정리를 도와야 한다는 생각이 떠올랐지만, 그는 대부분 TV를 틀어놓고 와인 한 잔을 더 하거나 일찍 잠자리에 들었습니다. 아이들을 돌보는 것은 거의 전적으로 쟈넌의 일이었습니다. 아이들도 아빠가 자신들을 위해 뭔가를 해줄 상황이 아니라는 것을 느꼈기 때문입니다. 주말에는 꽤 자주 가족이 다함께 보냈지만, 이것은 데니스가 주말에만 아빠 역할을 감당할 수 있다는 것을 확인하는 효과뿐이었습니다. 데니스는 경력이 쌓여갔지만, 쟈닌은 계속해서 경력이 단절되고 있었습니다. 특히 데니스에게 경제적으로 의존함으로써 데니스가 그녀를 덜 매력적으로 본다는 느낌을 받을 때마다 그녀의 자존감은 낮아졌습니다. 데니스는 성욕이 없다고 할 때가 많았고, 그녀는 남편이 앞치마 따위는 두르지 않은 옛날의 독립적인 쟈닌을 그리워한다고 믿었습니다.

그녀는 데니스에게 이미 몇 번이나 그들의 상황에 대해 주의를 환기시켰고, 좀 더 정당하고 개선된 역할 분담을 위한 해결책을 찾아야 한다고 설명했습니다. 데니스는 충분히 이해하는 것처럼 보일 때도 있었지만, 또 어떤 때는 방어적으로 나오기도 했습니다. 그가 변화를 위한 노력을 했던 것은 대부분 잠시뿐이었습니다.

자율성과 애착의 원칙을 배경으로 볼 때 데니스와 쟈닌 사이의 균형은 데니스가 홀로 자율 성향 쪽을 대변하고 쟈닌이 의존적으로 애착 성향에 묶여 있다고 느낀다는 점에서 한쪽으로 기울어져 있습니다. 이들이 아직 아이가 없을 때는 둘 다 스스로 애착 성향과 자율 성향을 문제없이 실현시킬 수 있었습니다.

아무리 양성 평등을 당연하게 여기는 부부이더라도 이들이 부모가 되면 안타깝게도 과거의 역할상으로 되돌아가는 경우가 많습니다. 우리가 부모에게서 보고 배운 역할상은 우리에게 깊은 흔적을 남기기 때문입니다. 우리가 부모님처럼은 하지 않겠다고 결심했더라도 우리는 우리가 그들과 얼마나 비슷하게 행동하는지 경악하게 되고, 잘해봐야 우리가 자신의 어머니, 아버지의 2.0 버전쯤 된다는 것을 발견합니다. 이 경우에 해당하는 예가 되고 싶지 않다면 우리는 먼저 우리에게 남겨진 각인을 확실히 알아야 합니다. 그럼으로써만 우리는 이 각인들을 과거에 지나간 것으로 떠나보내고 현재의 가정생활과 직장생활에서의 책임과 권한을 잘 분담하겠다고 결심할 수 있습니다.

물론 부부 양쪽이 자신의 역할에 기쁘게 만족한다면 전통적인 역할상에서 벗어나지 않은 결혼 생활도 행복한 것이 될 수 있습니다. 그러나 오늘날의 많은 여성들은 아이를 갖기 전에 훌륭한 교육을 이수하고 커리어를 쌓아오고 있기 때문에, 장기적으로 볼 때 전업주부의 역할을 수행하는 것이 자신에게 알맞은 자리로 느껴지지 않는 것입니다. 여성이 육아휴직 후 다시 복직하고자 하면 남편이 대신 휴직을 하거나 아니면 주중에 아이를 다른 사람의 손에 맡기는 수밖에 없습니다. 이제 겨우 몇 개월밖에 안 된 아기를 하루에 10시간씩이나 남에게 맡긴다는 상상을 하면 선뜻 선택하기 어렵습니다. 그래서 많은 부모들이 이 두 가지 선택지를 모두 거절하는 것입니다. 부모들은 자녀가 자신을 필요로 할 때 곁에 있어주기를 원하고 자녀를 오로지 베이비시터나 어린이집 선생님의 손에 맡겨두고 싶어 하지 않습니다. 이러한 경향은 예를 들어 아이가 발달에 문제를 보이거나 특별히 많은 애정을 갈구하는 성향일 때 더 짙어집니다.

커플 상담에 찾아오는 젊은 부모들 중 상당수가 부부가 함께 보내는 여가시간이 거의 없다고 불평합니다. 주말조차 밥벌이와 육아, 그리고 집안일로 온통 꽉꽉 들어차 있다고 말입니다. 저와 상담을 했던 한 커플은 지금 오직 바라는 게 단둘이 산책을 가보는 것이라고까지 말했습니다. 이렇게 여가시간조차 없는 고행의 시간을 견딜 수 있는 것은 주변의 다른 커플들도 다들 그렇게 살아가고 있기 때문이라고 하더군요. 가정 안에서 일방적인 역할 분담과 밀접한 관계가 있는 것 중에는 불평등한 권력의 분배도 꼽을 수 있습니다.

불평등한 권력 분배

커플 관계에서 서로의 가치가 동등하게 여겨지지 않게 되는 것은 관계 안에서 권력의 분배와 밀접한 관련이 있습니다. 직업, 돈, 교육수준, 아이와의 관계, 친구들이나 다른 가족들과의 관계 등이 이러한 권력의 원천입니다. 처음에 쟈닌과 데니스는 이 원천들에 대해 균형 잡힌 접근성이 있었습니다. 둘은 비슷한 가치의 직업을 갖고 있었고, 돈도 충분했으며, 친구들과의 교제도 비슷했습니다. 그러나 아이가 태어나면서 이 균형 관계는 깨졌습니다.

애착과 의존성이 그런 것처럼, 자율성과 권력도 일종의 연합관계를 이루고 있습니다. 데니스가 자율 성향을 더 많이 갖게 되면서 둘 사이의 균형이 깨져 데니스 쪽으로 쏠리게 되었고, 그로 인해 그는 직업과 돈이라는 권력의 원천에 더 쉽게 접근하게 되었습니다. 그리고 자신이 열세에 있으며 의존적이 되었다고 느끼는 쟈닌보다 이 부분에서 더 인정을 받게 되었지요.

반면에 쟈닌은 '아이들과의 관계'라는 권력의 원천에 더 가까이 다가갔습니다. 데니스는 대부분 집에 없기 때문에 가족 안에서는 외부인의 위치에 있는 것과도 같아졌습니다. 쟈닌은 다행히 아이들을 데니스에게 대항하도록 세뇌시켜서 아이들을 이용해 복수하려는 시도를 하지 않을 정도의 성찰 능력은 유지하고 있습니다.

실제로 아이들로 하여금 '나쁜 아빠'에게 대항하도록 하는 엄마들이 적지 않습니다. 쟈닌은 그래도 데니스가 가족들과의 생활에 더 잘 적응할 수 있도록 노력합니다. 자꾸 바깥쪽에 서려고 하는 것은 오히려 데니스 자신입니다. 그의 그림자 아이는 지금 데니스와 꼭 같은 모습의 자기 아버지가 보여준 아버지상의 영향을 너무 많이 받았습니다. 데니스는 아이들과 함께 있을 때면 자신이 쓸모없는 사람이 된 것 같다고 느끼며 어쩔 줄 몰라 합니다. 그래서 차라리 다른 일로 도망칩니다. 아이였을 때 본인도 아버지와 연결고리가 별로 없었고, 그래서 지금 자신의 아이들과도 친해지는 방법을 잘 모르는 것입니다. 데니스의 그림자 아이는 아이들에게 다정하고 부드러운 태도를 취하는 것을 민망한 일이라고 생각합니다. 실은 그가 그렇게 할 수 있기를 무척 원하는데도 말입니다.

그가 아이들과의 관계나 쟈닌과의 관계를 더 균형 있는 쪽으로 개선하고 싶다면 자기에게 각인되어 있는 가족에 관한 기억을 성찰해보고 새로운 결단을 해야 합니다. 그러나 그는 어떻게든 해결책을 찾으려는 쟈닌의 시도를 계속 거부하고 있습니다. 무의식중에 단독으로 가족을 부양하는 역할을 즐기고 있기 때문입니다. 그는 오히려 쟈닌이 재정적으로 가정에 기여하는 자신의 노력을 인정해주지 않고 있다고 비난합니다. 이 비난은 너무나 부당해서 쟈닌을 끝없이 화나게 합니다. 데니스는 쟈닌의 불만에 전반적으로 동의하면서도 먼저 무언가를 변화시키려 하지는 않습니다. 그 안의 그림자 아이가 아내와 아이들과의 관계에 대한 책임을 떠안지 않으려고 거부하는 것이지요. 그 책임을 인정하는 순간 갈등은 우리가 뒤이어 다룰 주제로 옮겨가기 때문입니다.

전통적 역할에서 벗어나기

■

동반자로 함께 살아가는 관계가 성공적이려면 둘 사이에 주는 것과 받는 것이 조화를 이루고 있어야 합니다. 그러나 우리가 앞서 율리아와 로베르트의 관계, 그리고 쟈넌과 데니스의 관계에서 보았듯이 관계의 당사자들이 애착과 자율이라는 두 극단 사이에서 각자 다른 성향을 보이기 때문에 주는 것과 받는 것 사이의 균형은 쉽게 깨집니다.

쟈넌과 데니스의 사례로 다시 살펴봅시다. 데니스가 가족을 부양할 돈을 번다는 임무 뒤로 몸을 숨길 때 쟈넌은 혼자서 관계를 위해 분투합니다. 그녀는 아이들의 욕구와 데니스의 신체적, 정서적 기대를 홀로 짊어지고 늘 주는 사람의 역할을 하고 있습니다. 물론 인생에는 주는 것과 받는 것 사이의 불균형을 피할 수 없는 시기도 있습니다. 그러나 보다 많이 받는 쪽 사람이 전적으로 주는 사람의 가치를 높이 인정하는 것으로 이 불균형은 충분히 보상받을 수 있습니다. 예를 들면 데니스가 반복적으로 쟈넌이 커리어를 희생해가며 아이들을 위해 노력하는 것에 대한 감사를 말로 전달할 수도 있습니다. 이러한 태도를 통해 늘 주는 쪽이 상대가 자신의 수고를 충분히 알고 있으며 인정받고 있다는 것을 느끼는 것입니다.

다른 한편으로 주는 사람은 자신을 피해자 역할에 대입함으로써 상대방을 가해자로 몰아가지 않도록 주의를 기울여야 합니다. 관계가 어긋나는 것은 늘 주는 쪽이 자신이 충분히 존중받지 못한다고 느끼기 때문만이 아니라, 대체로 받는 쪽이 자책감을 갖게 되기 때문이기도 합니다. 이상하게도 늘 받는 쪽의 이러한 자책감은 자신이 뭔가 좀 더 기여하려는 움직임으로 이어지지는 않습니다. 그보다는 반대로 관계에서 좀 더 멀어지는 계기가 되지요. 오히려 자책을 느끼는 사람은 자신이 처리할 게 없는 '깔끔한' 사람인 척 행동하거나 또는 누군가에게 매력 있는 사람이 되는 기분에만 취하는 경우도 있습니다.

이쯤에서 저는 남성들이 과도하게 자신을 챙겨주던 어머니를 아내에게 투영해 기회만 있으면 그녀와 경계를 긋고 자율성을 확보하려는 경향이 있다는 점을 다시 한 번 말하고 싶습니다. 율리아와 로베르트의 사례에서도 그런 경향을 잘 볼 수 있었지요. 이런 남성들은 여성이 관계에서 더 많은 애정과 참여를 요구하는 것을 자신에게 마땅히 보장되어야 할 선택의 자유를 침해하는 것으로 받아들입니다. 이들이 더 주는 법을 배우려면 먼저 이 오랜 그림자 아이의 투영을 멈춰야 합니다.

또 한편으로 꽤 많은 여성들이 전통적인 맥락에서 받는 역할에 서는 것을 어려워하기도 합니다. 이들에게는 어머니가 불평 없이 가족들을 돌봤던 역할이 깊이 각인되어 있어서 버거울 때 상대방에게 도움을 받는 것조차 쉽지 않습니다. 거기다 이들이 통제하려는 성향을 보일 경우 아이를 아빠에게 한순간도 맡기려 하지 않는 경우도 있습니다. 자기 자신을 대체 불가능한 존재로 여기는 것이지요.

관계에서 생기는 다른 갈등들의 해결과정과 마찬가지로 이 문제에서도 자신의 행동에 책임을 지고 상대방이 져야 할 책임은 스스로 지도록 맡겨두는 게 매우 중요합니다. 아빠가 아이들을 돌볼 때, 아내는 아이들 생명을 위협하는 일이 아니라면 아빠와 아이들이 관계를 어떻게 형성해 나가든 그들에게 맡겨두는 것이 좋습니다. 얼마 전 내담자 중 한 명이 출장을 갈 때면 딸이 무척 걱정된다는 이야기를 했습니다. 남편은 아이 저녁밥을 챙겨주는 것도 잊는 사람이라는 거죠. 그러나 그녀가 그 관계에 참견하지 않으면, 아이는 자기가 냉장고를 열고 스스로 저녁을 챙겨 먹거나 아빠에게 뭔가를 요리해달라고 할 것입니다. 지금까지 아이가 굶어 죽지는 않았으니까요.

물론 그 내담자는 이전에 남편에게 딸에 대해 더 책임감을 가져 달라고 몇 번이나 말했었다고 합니다. 그러나 남편은 전통적 역할에 갇혀 있는 사람이고 남편의 그림자 아이 역시 아주 완고한 성향이어서 여성이 이래라 저래라 하는 것을 받아들이지 못했기에 계속해서 문제가 해결되지 못했다고 합니다. 그러나 그녀는 이대로는 영영 해결할 수 없다는 것을 영리하게 받아들이고 남편과 딸 관계의 책임감은 남편이 질 수 있도록 공을 넘겼습니다.

이것이 바로 책임감에 관해 매우 건강한 방식으로 선을 긋는 좋은 사례이고, 이렇게 하면 이 가정은 불필요한 갈등을 줄일 수 있습니다.

4장

· · · · ·

누구를 사랑하든,
누구와 함께하든
내가 다치지 않도록

·

행복한 관계란
어떤 관계일까?

지금까지는 자신의 관계 프로그램과 그 안에서 사용하는 방어기제를 알아보는 과정이었습니다. 이제부터는 당신이 내면의 프로그램과 그에 수반되는 삐걱대는 행동방식을 변화시킬 수 있도록 돕겠습니다.

이 '치유'의 핵심은 사실 자기 자신을 더 이상 그림자 아이와 동일시하지 않고 그것이 실은 어린 시절의 유령 그 이상도 이하도 아니라는 점을 인식하는 것입니다. 이렇게 내적으로 거리를 두는 것에서부터, 그러니까 관찰자 시점으로 옮겨가는 것에서 시작하면 당신은 오래된 감정들과 부정적인 생각에서 빠져나와 성숙한 어른이라는 현실에 걸맞은 태도를 가질 수 있습니다. 또 한걸음 더 나아가 새롭고 건설적인 내면의 신념들을 세우고 그림자 아이에 대항하는 프로그램을 활성화시킬 수 있는 건강한 행동방식을 연습할 수 있습니다.

지금부터는 당신의 태양 아이에 대해 다룰 것입니다. 태양 아이를 더 잘 느끼기 위해, 그리고 다정한 방식으로 그림자 아이를 무력하게 만들기 위해 우리는 먼저 그림자 아이를 저지할 힘과 강인함을 지닌 성숙한 자아를 필요로 합니다. 이 성숙한 자아를 강화할 수 있는 가능성들을 함께 살펴보겠습니다. 그전에 먼저 우리의 목적이 무엇인지 확실한 비전을 가질 수 있도록, 온전한 관계를 가능하게 하는 요소들에 대해 알아보겠습니다.

사랑에 빠진 상태란 사랑의 감정들 중 극히 일부일 뿐입니다. 사랑에 빠진다는 것은 근본적으로 신체적인 증상들을 통해 알아챌 수 있습니다. 심장이 뛰고, 뱃속이 간지러운 느낌이 들고, 다른 사람에 대한 강한 육체적 끌림이 생기지요. 저는 사랑에 빠진다는 것을 시험에 대한 두려움과 비교해보고 싶습니다. 둘 사이에 공통점이 많기 때문입니다. 신경이 예민해지고 자극에 쉽게 흥분하게 되는 형태로 우리의 몸이 반응한다는 점이 그렇습니다. 단지 사랑에 빠진 상태에서의 이 증상들은 긍정적인 것으로 여겨지고 시험에 대한 두려움일 때는 부정적으로 여겨진다는 것만 다르지요. 저는 사랑에 빠진 상태가 시험에 대한 두려움의 일종이라고 생각합니다. 이 시험의 문제는 다음과 같은 것들입니다. '난 사랑받을 만한 가치가 있는 사람인가?', '난 매력적인가?', '당신은 나를 원하는가?', '당신은 내가 화장하지 않은 얼굴을 보더라도 나를 떠나지 않을 것인가?', '당신도 나를 사랑하게 하기 위해 난 무엇을 해야 하는가?', '당신은 나와 함께 머물 것인가?' 등등. 이제 막 사랑에 빠진 사람은 상대가 자신에 대한 확신을 가지도록 최선을 다합니다.

사랑에 빠진 상태에서 우리는 상대방을 신뢰한다기보다는 정반대로 행동합니다. 자기의 가장 좋은 면만 보여주고 약점은 감춥니다. 이것은 솔직하고 열린 모습과는 거리가 멀지요. 사랑에 빠진 사람은 근본적으로 자기 자신에 몰입하는 것이지 상대를 주시하고 있지 않습니다. 이것은 사랑에 빠진 사람들에 대한 신경심리학 연구를 통해서도 증명된 사실입니다. 연애 감정에 도취된 상태에서는 자기 자신과 관련이 있는 뇌의 영역이 활성화됩니다. 사랑에 빠진 사람이 줄곧 사랑의 대상을 떠올리며 강한 갈망을 느낄 때에도, 이 생각이나 열망은 흥분에서 비롯된 쾌락이지 상대방의 감정에 공감하고 그와의 관계를 책임을 지려는 것이 아닙니다. 상대방에 대해 느끼는 커다란 책임감과 진정성이야말로 사랑의 속성입니다. 이러한 행복한 관계에서 나타나는 특징들로는 소중히 여기는 것, 다정함, 함께하는 즐거움, 공감능력과 약점도 수용하기 등이 있습니다.

긍정적인 의미에서 상대에게 책임감을 느낄 때 우리는 상대가 문제없이 잘 지내기를 원하고 상처를 줄 수 있는 행동을 삼가게 됩니다. 상대를 존중하며 다정히 대하고 소중하게 생각합니다. 책임이란 상대를 위해 모든 것을 해결해주며 그 과정에서 자기 자신을 완전히 잊는 것을 의미하지 않습니다. 오히려 자신의 욕구에 대해 책임 있는 자세를 지니고 상대와 열린 마음으로 소통하는 것이 진짜 책임입니다. 그렇게 함으로써 상대방도 나와 동등하게 존중받고, 또 소중하게 여겨지는 기회를 얻기 때문입니다. 연애관계에서는 다양한 소망과 생각을 나누고 타협하는 것이 허용되며, 또 그렇게 해야만 합니다. 이것은 곧 자기의 본질과 스스로가 원하는 것에 솔직해도 된다는 의미입니다. 서로가 서로를 신뢰하기 때문에 우리는 스스로를 깊이 탐구해보아도 좋은 것입니다.

친밀하고 활기찬 관계 안에 있는 사람들은 갈등을 해결하는 능력이 있습니다. 이들은 사랑에 논쟁을 견디는 힘이 있다고 믿습니다. 무엇보다도 그들은 각자의 그림자 아이를 잘 파악하고 있고, 그래서 상대방에게 부정적으로 뒤틀린 투사를 감내하게 하는 일도 없습니다. 상대방이 자신을 제대로 보고 있으며 늘 이해받고 있다고 느낍니다. 앞선 내용들을 종합해보면 힘든 연애관계에서는 당사자 중 적어도 어느 한 명이 내면에 아직 충분히 성찰되지 않은 그림자 아이를 담고 있다는 것을 알 수 있습니다. 성격의 건강한 부분에서 생성된 갈등은 원칙적으로 빠르게 해결됩니다. 문제가 생겼을 때 대부분은 타협으로 해결할 수 있습니다.

관계가 오래 지속되는 커플들은 상대의 약점에 관대하고 장점에 집중합니다. 그들은 상대를 더 이상 연애 초기 때처럼 강력하게 이상화하지는 않지만, 어떤 부분들은 여전히 이상적이라 생각한 채로 남아 있습니다. 가끔씩은 서로 격렬하게 싸우기도 하지만, 그 후에는 모든 것이 다시 괜찮아집니다. 행복한 커플은 서로 싸울 수 있고, 그리고 다시 서로를 받아들입니다. 이때의 싸움은 흉터를 남기지 않습니다. 그들이 근본적으로 서로 신뢰하고 있고 상대방의 사랑에 대해 아무런 의심이 없기 때문입니다.

행복한 커플의 다른 특징은 역행입니다. 이들은 가끔 이전의 발달단계로 되돌아가서 마치 유아기에 느꼈던 것과 같은 편안하고 포근한 의존성을 경험합니다. 여러 연구들에서 행복한 커플은 서로 '베이비 토크'를 나눈다는 것을 밝혔습니다. 가끔씩 서로 어린아이처럼 대화한다는 것이지요. 이들 중 많은 이들이 특별한 친밀감을 나타내는 말로 둘 사이에만 통하는 일종의 언어를 만들어냅니다. 이러한 역행은 보호받는다고 느끼는 안전한 연애관계 안에서 행복하게 서로에게 빠져드는 것을 허용하는 것입니다.

관계의 당사자들이 서로 비슷한 성향을 가지고 있는 것은 매우 유리한 점입니다. 수많은 연구에서 반대 성향에 끌리는 두 사람보다 성향이 같은 사람끼리 함께하는 게 더욱 수월하다는 것을 밝혀냈습니다. 끌리는 감정은 주로 관계의 시작 단계에만 존재합니다. 관계의 이후 단계에서는 반대 성향이 서로 함께하는 것을 힘들게 만들 뿐입니다. 공동의 가치, 공통의 흥미와 취미, 그리고 서로 공통적으로 가진 문화적 정체성 등이 관계를 수월하게 만들어줍니다.

앞에서 설명한 것들이 행복한 관계를 만드는 요소들입니다. 여러분도 이제 편안함과 사랑받고 있음을 느끼는 관계 안에서 살아가는 게 사실 그렇게 어렵지 않다는 것을 잘 알게 되었으리라 생각합니다. 관계 안에서 안전하고 동시에 자유롭게 느끼는 것은 얼마나 좋을까요? 당신에게 중요한 것이 무엇인지 상대에게 이야기하고 보여줄 수 있다면, 그리고 상대방이 그것을 이해하고 함께 현명한 해결책을 찾아갈 수 있다면 얼마나 좋을까요?

어쩌면 당신에게 이것은 현실이라고 하기에는 너무 이상적으로 들릴 수도 있습니다. 하지만 이렇게 되기 위한 유일한 조건은 당신이 스스로를 성찰하고 그림자 아이의 프로그램을 깨닫고 그래서 결국은 그것을 떠나보내겠다고 용감하게 결심하는 것입니다.

피해자 역할에서 벗어나
성숙한 자아 찾아가기

지금부터는 어떻게 각자의 성숙한 자아를 강화할 수 있을지 살펴보겠습니다. 단 전제 조건이 있습니다. 당신이 피해자 역할에서 벗어나 당신의 그림자 아이에 대한 책임을 진다는 것입니다. 그럼으로써만 다음의 예제들을 능동적으로 함께 꾸려갈 수 있기 때문입니다. 그렇지 않으면 당신은 책을 읽어 내려가며 많은 부분에 동의하면서도, 곧 다시 잊게 될 것입니다. 있는 그대로를 인정함으로써 당신의 행동에 대한 책임은 당신이 집니다. 왜냐하면 당신이 눈을 제대로 뜨고 그림자 아이가 당신의 내면에서 영향력을 발휘하고 있다는 사실을 인정해야만, 당신 안의 성숙한 자아가 그 아이에 대한 책임을 지겠다는 결심을 할 수 있기 때문입니다. 바로 이 결심을 해야만 합니다.

많은 사람들이 이 부분을 어려워합니다. 변화가 두렵기 때문이지요. 기존 것이 별로 좋지는 않지만 왠지 안심이 되고 안전하게 느껴집니다. 그러나 해방은 하늘에서 뚝 떨어지는 게 아니라 연습으로 성취할 수 있는 것입니다. 새로운 춤이나 새로 시작한 운동, 아니면 악기를 연주하는 법을 언젠가 마스터하기 위해서는 연습을 해야만 하는 것처럼 새로운 생각이나 감정, 행동을 학습하기 위해서도 훈련이 필요합니다. 이 책에서 제시하는 몇 개의 연습문제들을 통해 당신은 내면의 옛 프로그램을 무력화하고 새로운 프로그램을 들일 수 있을 겁니다. 변화는 당신의 손에 달려 있습니다.

성숙한 자아 모드로 전환해보세요

■

변화전략 중 가장 좋은 것은 스스로가 그림자 아이 모드로 작동하는 바로 그때 자기 자신이 그것을 감지하고, 성숙한 자아 모드로 전환하는 것입니다. 내가 스스로를 변화시키고 싶다면 먼저 내 문제가 무엇인지 파악해야 합니다. 우리는 각자 자신의 그림자 아이를 분석하는 과정에서 이것을 해냈습니다. 그런 다음 성숙하고 합리적인 사고를 통해 그것이 내가 의도하지 않은 각인임을 깨닫고, 나 자신의 가치에 대해 말해주기보다는 부모가 나를 어떤 방식으로 양육했는지를 말해주는 것임을 알고 넘어가는 것입니다. 아직 당신의 감정을 내적으로 완전히 납득할 수는 없더라도, 적어도 이성적으로는 당신이 가진 부정적 신념들의 내용이 진실이 아니라는 것을 이해해야 합니다. 그것이 당신의 행동 하나하나에 영향을 끼치고 있다는 것, 즉 이것이 지금까지 당신의 현실을 구성해왔기 때문에 당신이 습관적으로 모든 일에 그림자 아이로 반응하고 있다는 것을 명확히 해두기 바랍니다. 스스로를 느끼기에 가장 수월한 것은 당신의 감정들에 대해 생각해보는 일입니다. 그렇기에 당신의 그림자 아이에게 속하는 감정들을 아는 것이 매우 중요합니다. 예를 들면 이런 감정들에는 창피함, 자책, 질투, 공허감, 상실에 대한 두려움, 거절당할 것에 대한 두려움, 슬픔, 절망, 압박감, 반항심, 분노 등이 있습니다.

당신이 이런 감정들을 느꼈다면 이것은 당신의 그림자 아이가 발언하는 것임을 곧바로 알 수 있습니다. 그림자 아이의 영향과는 전혀 상관이 없는 정당한 분노나 그럴 만한 두려움도 있다고 반론을 제기하고 싶을지 모르겠습니다. 물론 당신의 반론은 전적으로 옳은 말입니다. 그러나 납득할 만한 상황에서의 정당한 감정이라면 머리로 바로 파악할 수 있을 겁니다. 당신이 그림자 아이로부터 흘러나온 감정, 당신이 더 이상 신뢰해서는 안 될 그 감정들을 다른 일반적 감정과 어떻게 구분할 수 있을지는 뒤에서 더 자세히 다루겠습니다.

자신이 느끼는 감정을 더 잘 파악하기 위해서 당신은 자기 자신에게 더 많은 주의를 기울여야 합니다. 그것이 모든 관계 진전의 시작이자 끝이라고 저는 사람들에게 누차 강조합니다. 그림자 아이가 다시 나올 때, 그에게 붙들려 함께 가라앉지 않고 자기 자신에게 주의를 기울여 한 단계 위로 떠올라 그 사실을 알아차리기 위해서는 몇몇 원칙들이 필요합니다. 많은 사람들이 이것을 이론적으로는 선명하게 알지만 막상 상황이 닥쳤을 때 제대로 적용하지 못합니다. 그러나 당신이 반복적으로 스스로의 감정을 느끼고 자신을 전환할 수 있다면, 당신의 머릿속에는 점점 더 많은 데이터가 쌓여갈 것이고 이를 통해 당신에 감정 안에 옛 그림자 아이의 감정들을 무력화시킬 수 있는 새로운 프로그램을 세우게 될 것입니다.

그 외에도 변화된 마음가짐을 준비해야 합니다. 변화된 마음가짐이란 그림자 아이가 순전히 어린 시절의 투사일 뿐이며 지금의 현실과는 아무 관련이 없음을 명백한 사실로 받아들인다는 것입니다. 당신의 성숙한 자아를 강하게 만들기 위해 몇 가지 논거들을 예시로 제시해보겠습니다. 이 논거들은 합리적 사고의 문을 활짝 열어준다는 점에서 앞으로 진행될 논의에서 중요한 역할을 할 것입니다.

성숙한 자아를 강하게 만드는 논거들

- 나쁘게 태어나는 아이는 없습니다.
- 어린아이들은 나쁜 사람일 수 없습니다.
- 어린아이들은 신경에 거슬리고 피곤하게 굴 수는 있지만 그것이 아이들을 덜 소중한 존재로 만드는 것은 아닙니다.
- 아이를 낳기 전에 부모가 되는 부담을 감당할 수 있는지 숙고해보는 것은 부모가 마땅히 해야 할 일입니다.
- 어린아이들은 심지어 짜증나게 할 수밖에 없습니다. 왜냐하면 어린아이들은 아무런 힘이 없고, 자신의 욕구를 충족시키기 위해서는 어른들을 움직여 그렇게 해주도록 할 수밖에 없기 때문입니다. 어린아이들에게 입력되어 있는 프로그램이란 결국 이런 것입니다. 살아남아라! 성장해라! 모든 것을 학습해라!
- 부모가 육아 때문에 버겁게 느낄 경우 다른 사람에게 도움을 구해야 합니다. 그 상황에 아이들은 할 수 있는 일이 없으니까요.
- 아이들의 감정과 욕구를 이해하는 것은 부모의 과제입니다. 부모의 감정과 욕구를 이해하고 충족시켜주는 것은 아이의 책임이 아닙니다.
- 아이가 태어나 세상에서 환영과 사랑을 받고 있다고 느끼도록 해주는 것이 부모의 과제입니다. 부모가 자신을 사랑할 수 있도록 행동

하는 것은 아이의 과제가 아닙니다.

당신이 다시 그림자 아이 모드로 빠져들었을 때 그것을 최대한 빠르게 감지하도록 계속해서 자신을 주의 깊게 관찰해야 합니다. 가장 좋은 것은 그 감정들이 아직 강하게 드러나지 않은 상태라고 해도, 막 생겨나기 시작할 때 이미 인지하는 것입니다. 매우 강력한 감정들은 통제하기가 어렵기 때문에 그림자 아이의 감정으로 빠져드는 것 같으면 얼른 관찰자 시선으로 전환하여 감정에 일정한 거리를 두어야 합니다. 예를 들어 관찰자 시선에서 바라보면 당신은 상대방에게 열세를 느낄 이유가 없다는 게 확실히 보일 것입니다. 그리고 상대방에게 저항하거나 논쟁하거나 때로는 관계를 끝내도 괜찮다는 것을 알 수 있습니다. 어쩌면 지금 당신은 "이론적으로는 이미 오래전부터 다 알고 있지만, 그래도 아무것도 바꿀 수가 없었다고요"라고 말할지도 모릅니다. 저는 우리가 이 책을 통해 당신의 감정들을 새로운 관점으로 보기 위한 연습을 충분히 할 거라고 보장할 수 있습니다.

이제 중요한 것은 관점의 전환이며, 이것은 당신의 성숙한 이성으로 가능한 것입니다. 감정이 잘 따라오고 있는지는 아직은 그렇게 중요한 게 아닙니다. 그것보다 지금은 그림자 아이가 당신 자체가 아니며 당신이 받은 훈육의 산물이라는 것을 이성적으로 명확히 아는 것이 우선입니다.

인식의 두 가지 입장

■

이 연습은 현장 시각에서 관찰자 시각으로 관점을 전환하는 연습입니다. 인식의 두 가지 입장에 대해 이야기해보겠습니다. 첫 번째 입장에서 나는 내 감정들과 완전히 동일시되어 있습니다. 현장 시각을 고수하는 것이지요. 여기서는 그림자 아이의 감정이나 내 성격 중 건강한 부분을 다룰 수 있습니다. 관찰자 시각은 인식의 두 번째 입장을 나타냅니다. 여기서 나는 명확한 이성, 그리고 성숙한 자아와 동일시됩니다.

이 연습을 할 때 주변 사람과 일어났던 일 중 그림자 아이가 확실히 나타났던 특정한 갈등상황을 떠올려보는 게 좋습니다. 가장 좋은 것은 곧바로 최악의 갈등 상황이었던 것을 떠올리지 말고, 당신이 이 연습의 원칙을 일단 이해할 수 있도록 가벼운 중간 정도 수준의 갈등 상황에 적용해보세요. 의견이 달라 다툼이 있었거나 아니면 또다시 당신의 순응 성향이 나오면서 그런 다툼을 회피했던 상황을 구체적으로 떠올려보세요. 떠올렸다면 이제 인식의 첫 번째 입장에 대입해보세요. 그림자 아이 속으로 들어가는 것이지요. 실제로 구체적인 어떤 공간 안에 있다고 상상해보세요. 그리고 현장 시점, 그러니까 그림자 아이의 눈으로 떠올린 힘든 상황에 있는 당신이 상대방을 바라보고 어떤 생각을 하는지, 어떤 동기와 의도로 그에게 숙이고 들어가는지, 그리고 이 모든 것을 당신이 어떻게 느끼는지 인식해보세요.

이 모든 과정을 진행했다면, 이제 당신의 모든 감정에서 완전히 빠져나오세요. 가장 좋은 것은 잠깐 다른 일을 하거나 머리부터 발끝까지 톡톡 두드리며 상황에서 나오는 것입니다. 확실한 전환을 위해 각 알파벳으로 시작하는 나라 이름 대기 같은 것을 해도 좋겠습니다.

그림자 아이의 감정에서 완전히 빠져나왔다면, 이제 인식의 두 번째 입장으로 옮겨갈 차례입니다. 관찰자 시점입니다. 여기서는 성숙한 자아의 눈으로 자신과 상호작용을 하는 상대를 봅니다. 거리를 두고 바라보는 것입니다. 바라보고 있는 대상이 자신이 아니라 다른 사람이라고 생각해도 좋습니다. 그렇게 해서라도 바라보는 당신과 그 대상 사이에 가능한 한 먼 거리를 확보해야 합니다. 이제 당신이 이 상황에 판결을 내려야 하는 완전히 객관적인 판사의 입장이라고 상상해보세요. 그리고 다음의 질문을 던져보세요.

"외부에서 보니 당신의 그림자 아이를 어떻게 인식하게 되나요?"

"그림자 아이의 신념과 감정, 행동을 분석해보세요."

"그림자 아이의 감정이나 행동이 적합하다고 생각하나요?"

"당신이 코치라면 스스로에게 어떤 충고를 하겠습니까?"

당신이 마주치는 다양한 상황과 갈등에 이 연습을 모두 적용해 보아도 충분치 않을 겁니다. 그만큼 이 연습은 모든 변화와 자율 규제를 위한 기본이 됩니다.

다음 연습에서는 한걸음 더 나가보겠습니다. 위의 연습에서는 현장 시점에서 관찰자 시점으로 가능한 한 빠르게 이동하는 것을 훈련했습니다. 이제는 세 번째 입장이 등장하는데, 이것은 상대방의 입장입니다. 여기서 중요한 것은 상대방의 입장에 공감하는 시점 전환입니다. 이 단계를 중간에 넣고 모든 상황은 항상 관찰자 시점으로 마무리하겠습니다. 세 가지 입장은 다음과 같습니다.

1. 현장 시점 : 나는 내 그림자 아이와 동일하다.
2. 공감 : 나는 내 상대방의 감정과 동일하다.
3. 관찰자 시점 : 나는 나와 상대방을 외부에서 보고 있다.

가장 이상적인 것은 우리가 특별한 노력을 기울이지 않아도 이 모든 시점들 사이를 자유롭게 전환하는 것이겠지요. 입장을 바꿀 때 그 공간 내부에서 당신의 위치를 꼭 바꿀 필요는 없습니다. 이것은 그저 관점의 전환이 더 잘 되도록 돕기 위한 방안에 지나지 않으니까요. 많은 사람들은 한 가지 시점에 머무르는 것을 선호합니다. 그래서 순응적이고 애착욕구가 강한 그림자 아이는 대개 공감의 단계에 고정되어 있습니다. 이들은 자신이 원하는 것보다 상대방이 원하는 것에 더 강하게 동일시합니다. 이들은 대화상대가 자신에게 기대하는 것이 무엇인지 알아내기 위해 그에게 감정을 이입합니다. 또한 자신의 주의를 전부 기울여 상대방의 감정을 느끼기 때문에 동시에 자기 자신의 감정은 느낄 수가 없습니다. 스스로의 감정을 아는 것이 가능할 때는 여러 번 언급했듯이 이들이 혼자 있을 때뿐입니다.

반면 자신의 경계를 지키느라 바쁜 자율 성향의 그림자 아이는 인식의 첫 번째 입장에 머물러 있는 경우가 대부분입니다. 이들은 자신의 급박한 상황은 감지하지만 상대방의 기분은 느끼지 못합니다. 이들은 다른 사람에게 공감하는 일이 너무나 어렵습니다. 자아의 경계를 보호하느라 너무 바쁘기 때문입니다.

또 다른 유형으로 대부분 관찰자 시점에만 머무르는 사람들은, 자신의 감정과도 상대방의 감정과도 전혀 접촉이 없습니다. 이들은 대개 매우 객관적이며 감정의 진폭이 매우 작습니다. 때론 아무것도 감지하지 못합니다. 이들은 삶에 활기차게 참여하지 않는 채로 세계와 주변 사람들을 바깥에서 바라봅니다. 이들 중 다수는 자신이 그저 기능을 수행하는 것처럼 살아가고 있다고 느낍니다.

혹시 당신이 이들 중 한 가지 입장을 주로 보이고 있지 않은지 생각해보세요.

인식의 세 가지 입장

이 연습을 위해 앞의 연습에서 떠올렸던 것과 같은 갈등상황을 다시 한 번 가져와봅시다. 앞의 연습에서 첫 번째 인식의 입장, 즉 그림자 아이의 입장에 자신을 대입해보았으므로 이 단계에서는 그것을 생략하고 곧장 두 번째 입장으로 들어가겠습니다. 상대방의 감정에 이입하여 상대의 눈으로 당신을 바라보는 것입니다. 당신의 상대방은 당신에 대해 어떤 감정을 느끼고 있나요?

충분히 느껴보았다면 다시 모든 감정들을 털어내고 세 번째 입장으로 옮겨갑시다. 관찰자의 입장에서 마치 어떤 성향도 띠지 않는 판사처럼 당신의 성숙한 자아가 처해 있는 상황을 분석해봅시다. 여기서 감정은 어떤 역할도 하지 않으며 '중립적인' 입장에서 객관적인 논거들을 살펴보아야 합니다. 분석을 마치면 당신이 자신의 코치라고 생각하고 어떻게 행동하면 좋을지 제안해보거나 내면에 새로운 마음가짐을 더해봅니다.

앞에서 살펴본 세 가지 입장은 갈등을 견디는 능력, 공감능력, 그리고 상황을 객관적으로 판단하는 능력의 기초를 형성합니다. 만약 당신이 세 가지 중 특정한 어느 하나에 자꾸 매이는 경향이 있다면 일상에서 다른 두 가지 입장을 취하는 연습을 충분히 하기를 바랍니다. 예를 들어 당신이 상대방의 입장과 주로 동일시한다면(두 번째 입장), 다른 사람과 대화할 때 의식적으로 자신을 더 느껴보는 것입니다(첫 번째 입장). 스스로에게 물어보세요. 지금 상대방을 대하는 내 기분은 어떠한가? 나는 무엇을 원하는가? 내가 원하는 것은 무엇인가? 다른 사람들과 같이 있더라도 당신의 감정들과 접촉한 상태에 머물러 있도록 노력해보세요.

반면에 만약 당신이 공감의 관점을 취하는 게 어렵다면 역시 의식적으로 상대방의 감정에 자신을 대입해보는 연습을 하세요. 주의력을 집중해서 상대방의 기분이 지금 어떤지, 상대방이 원하는 것은 무엇인지, 그리고 그가 어떤 감정을 느끼고 있을지 자문해보는 것이지요. 이런 훈련을 통해 당신의 관계가 훨씬 조화로워짐을 경험할 것입니다.

당신이 대체적으로 세 번째 입장, 관찰자 시점에 머물러 있다면 스스로에게 첫 번째 입장으로 가서 당신 자신이 되어볼 수 있는 기회를 허락해주세요. 당신의 감정에 주의를 기울여보고 느껴보세요. 삶에 재미나 활기를 더해보세요. 당신에게는 스스로를 향한 연결고리를 발달시키는 연습이 필요합니다. 나중에 그것에 관한 연습도 함께 해보기로 하지요.

해석과 사실을 구분하기

이미 언급했듯이 우리는 감정을 신뢰하도록 되어 있습니다. 왜냐하면 감정이 우리의 행동에 방향을 부여하며 우리를 움직이게 하기 때문입니다.

'감정'이라는 단어의 라틴어 어원은 'emovere'이며, '~로부터 움직여 나오다'라는 뜻입니다. 가장 어려운 것은 우리가 경험하는 모든 감정을 다 믿으면 안 된다는 것입니다. 어떤 감정의 뿌리는 그림자 아이에게 있는데, 이럴 경우 이 감정은 좋지 않은 안내자가 되기 때문입니다. 우리의 감정 또한 유전적인 영향을 받습니다. 외향적인 사람들은 좋은 감정이든 나쁜 감정이든 내향적인 사람들보다 격하게 경험합니다. 내향적인 사람들의 감정은 보다 원만하며 극적인 면이 덜합니다.

그러면 우리는 진짜 감정들을 그림자 아이의 감정과 어떻게 구분할 수 있을까요? 그리고 어쩌면 그림자 아이가 만들어내는 감정들도 진짜가 아니라고 할 수는 없지 않을까요? 저는 종종 독자들에게서 그림자 아이 또한 우리의 일부이며 그림자 아이의 감정들 또한 제 내로 인정받을 사격이 있는 것이 아니냐는 말을 듣습니다. 안타깝지만 이것은 전적으로 맞는 말은 아닙니다. 그림자 아이 안에서 시작된 프로그램이 부모나 다른 양육자로부터 작은 상처를 입음으로써 생긴 결함을 가진 소프트웨어와 비슷하다는 것을 이해한다면, 우리는 그림자 아이에게서 비롯된 감정이 현실의 잘못된 수용이며 부적절한 해석이라는 것을 인정할 수 있습니다.

앞서 소개한 '투사'는 이 부분에서 중요한 키워드입니다. 우리가 그림자 아이 안에 붙들려 있을 때, 우리는 상대방에게 잘못된 해석을 투사할 가능성이 매우 큽니다. 율리아는 '나는 나로 충분치 않아'라는 자신의 신념 때문에 로베르트에게 엄청난 우세함을 투사하고, 역시 그 신념을 근거로 거절당한 느낌과 열등감을 느끼게 됩니다. 그녀가 이런 감정을 변화시키길 원한다면 애착형성에 관한 두려움이 있는 로베르트가 그녀를 드디어 인정해주기를 바랄 게 아니라, 자신의 신념과 현실 해석을 의심해보아야 하는 것입니다.

우리는 그림자 아이 안에 갇혀 있을 때 모든 것을 자기중심적으로 생각하는 경향이 있습니다. 어린아이들은 주변에서 일어나는 모든 일을 자기와 연관 짓습니다. 그래서 부모님이나 다른 사람이 이렇게, 혹은 저렇게 행동하는 게 자기 때문일 거라고 생각합니다. 아빠가 아이를 때리면 아이는 내가 잘못했다고 생각하지 아빠가 너무 공격적이라고 생각하지 않습니다. 엄마가 아이를 바라보고 미소 지으면 아이는 자신이 옳다고 생각합니다. 다른 사람의 눈에 비춰진 것에 의해 형성된 자기 가치의 평가는 어른이 된 우리에게 주변 사람들의 행동방식을 사적인 감정이 섞인 것으로 받아들이도록 유혹합니다. 우리가 느끼는 감정이 그림자 아이에게서 비롯되었다면 이는 매우 나쁜 충고자의 목소리로, 듣지 말아야 합니다.

당신의 삶에서 깊은 감정 문제로 출발한 갈등이나 상심의 경험, 또는 출구가 없는 것처럼 느껴졌던 상황을 최소한 세 가지 떠올려 그것을 성찰 노트에 적어보세요.

그러고 나서 당신이 다른 사람과 갈등이나 문제를 일으켰을 때를 생각해보고 다음과 같이 그 사건을 분석해보세요.

◆ 상대의 어떤 행동이 문제라고 느껴졌나요? 당신과 갈등을 빚었던 사람의 행동을 중립적인 제삼자의 관찰인 것처럼 객관적으로 적어보세요.

(예시: "남자친구는 내 얘기를 제대로 듣지 않고 말을 가로막은 적이 많다")

◆ 당신은 그 행동을 어떻게 해석했나요?

(예시: "그는 나를 중요하게 여기지 않는다. 내가 어떤 생각을 하는지 전혀 흥미가 없다.")

◆ 당신의 신념 중 이 해석에 잘 맞는 것은 어느 것인가요?

(예시: "난 중요한 사람이 아니야!")

◆ 당신은 그 생각을 할 때 어떤 감정을 느꼈나요?

(예시: "슬프고 화가 난다.")

◆ 이제 상대가 왜 그 행동을 했을지에 대한 설명을 적어도 세 가지 찾아 적어보세요.

(예시: 1. 그/그녀는 외향적인 성향이고 그래서 매우 인내심이 부족하다. 2. 나는 주의를 거의 끌지 못하고 너무 작은 목소리로 위축된 채 말한다. 3. 그/그녀는 정말로 내게 흥미가 없는 것이지만 사실 이것은 나와 아무 상관이 없는 일이다. 내 자존감은 그/그녀가 나를 대할 때 어떤 태도를 취하는지에 의존적이지 않다. 그 행동은 오히려 그/그녀에 대해 말해줄 뿐이다.)

사실을 해석에서 구분하는 것에 익숙해져야 합니다. 이때 당신의 성숙한 자아를 관찰자 시점으로 전환하는 것이 매우 큰 도움이 됩니다.

더 이상 나를 비참하게 만들지 않기

내가 다른 사람과 어떤 일에 연루되었다는 것은 그 사람과 현실에서 잠재적 갈등을 겪고 있다는 말입니다. '연루'되었다는 것은 다른 사람의 사고방식, 행동방식, 감정 등이 갈등을 자극하게 되고 그 부분에 대한 자신의 책임여부를 깔끔하게 구분할 수 없다는 뜻입니다. 율리아는 로베르트와 연루되어 있습니다. 왜냐하면 그녀는 그가 그녀와의 관계에 몰입하지 않는 것에 대해 책임을 느끼고 있기 때문입니다. 그녀의 그림자 아이가 잘못된 해석을 하는 바람에 로베르트가 친밀감을 회피하는 이유를 자신의 부족함 때문이라 여기고, 그를 위해 더 예쁘고 더 나은 사람이 되어야 한다고 자신을 채찍질하는 것이지요. 이 연루에서 빠져나오기 위해 그녀는 인식의 세 번째 단계로 가서 다음과 같은 것을 실행에 옮겨야 합니다.

1. 내면의 눈으로 자신과 로베르트 사이에 유리벽을 하나 세웁니다.
2. 로베르트의 행동이 정말로 자신과 관련이 있는지, 로베르트의 어떤 부분이 그 상황에 영향을 미친 것일지 상세히 분석해보고 책임의 소재를 그에게 돌립니다.
3. 그의 행동이 자신의 가치에 대해 무언가를 말해주고 있는지 스스로에게 물어봅니다.
4. 자신의 어떤 행동이 그 상황에 기여했는지 분석해봅니다.
5. 이 상황에 기여한 로베르트를 다시 떠올려봅니다. 로베르트의 행동이나 감정, 그리고 투사에 대한 책임은 이제 그에게 맡기고, 자신이 져야 할 책임은 기꺼이 껴안습니다.

이 연습에서 율리아는 로베르트의 행동이 자신의 애착형성에 대한 두려움에서 비롯된 것이고 스스로의 가치와는 아무 상관이 없다는 것을 깨달을 것입니다. 그러나 로베르트에게 지나치게 강한 애착을 요구하는 것에 대한 책임은 그녀에게 있습니다. 이러한 분석을 통해 율리아는 새로운 선택을 할 수도 있습니다. 예를 들어 앞으로는 자기 자신을 더 돌보고 자신의 일에 집중하겠다는 결심 혹은 로베르트와의 이별을 진지하게 생각해볼 수도 있습니다.

이와 마찬가지로 로베르트 또한 율리아에게 자신의 어머니를 투사하는 것은 자신의 책임이라는 것을 깨닿을 것입니다. 관계에 너 신지하게 임하기를 바라는 율리아의 요구가 정당하며 자신이 어머니에게 그랬듯 더 이상 여성에게 몸을 수그려야만 하는 어린아이가 아니라는 것을 이해할 수 있을 것입니다. 이 과정에서 그는 율리아에게 마음을 더 열지도 모르지요.

두 사람은 이 연습을 통해 로베르트의 회피 충동과 율리아의 의존 성향에 대해 각자 성찰하고 한걸음 물러나서 더 높은 차원에서 서로의 관계에 대해 이야기해볼 수 있습니다. 이를 통해 관계는 질적으로 엄청난 향상을 보이게 됩니다.

막연한 감정보다는 논거

잘못된 감정과 옳은 감정을 구분하고 싶다면 안전한 관점이 필요합니다. 안전한 관점은 좋은 논거들을 통해 얻을 수 있습니다. 우리의 예감이라는 건, 보통 그림자 아이의 감정에서 비롯된 것이라 대부분 나쁜 충고자 역할만 합니다. 반면 이성은 더 정확합니다. 그래서 우리는 합리적 이성에게 조언을 구해야 하는 것이지요. 로베르트가 거리를 두는 것이 자신 탓이라고 주장했던 율리아의 그림자 아이의 사례를 계속 들어봅시다. 율리아가 자신의 생각을 점검해보고 싶다면 인식의 세 번째 단계로 가서 여러 논거들을 바탕으로 그녀의 짐작이 정말로 맞는 것일지 분석해보아야 합니다. 그녀의 이성이 이끄는 생각들은 다음과 같이 펼쳐질 수 있습니다.

- 난 로베르트에게 늘 집착하고 징징거리면서 그의 신경을 거슬리게 한다. 이런 고민들 때문에 살이 3킬로그램이나 쪘다. 나는 그에게 충분한 자유를 주지 않는다.
- 난 로베르트가 좀 더 친밀한 태도를 보이고 나와 시간을 자주 보낸다면 하소연하는 것을 멈출 것이다. 내가 일주일에 세 번 저녁을 함께 보내고 싶어 하는 것은 과한 게 아니다. 내가 원하는 예측 가능한 관계와 계획성도 그가 원하는 유연성이나 자유와 똑같이 인정받을 권리가 있기 때문이다. 자유에 관해서는 로베르트에게 결정권이 있다. 사실 그의 결정을 뒷받침하는 근거는 항상 그가 무엇을 원하는지이다. 나는 그가 원할 때에만 그에게 가까이 다가갈 수 있다. 이 부분에서 그에게 타협이란 없다. 타협도 관계의 일부다. 내가 3킬로그램이 늘었다고 해서 나를 사

> 랑하지 않는 남자라면 정말로 누군가를 사랑할 자격이 없는 사람이다. 그리고 로베르트도 이전에 다른 관계에서 친밀감과 관련된 문제를 겪은 적이 있다. 그녀 그 고집스러운 여자는 그를 진심으로 받아들여주지 않았다고 한다.
> - 갑자기 내가 로베르트와의 관계를 위해 크리스를 떠났던 것이 떠올랐다. 그때는 크리스가 훨씬 관계에 적극적이었다. 어쩌면 나 또한 관계에서 적절한 거리를 유지하는 데 문제가 있는 건 아닌지 주의 깊게 돌아볼 필요가 있는 것 같다.

당신이 단지 감정에서 비롯된 것을 사실로 여기려고 할 때는 이러한 인식의 세 번째 단계로 옮겨가서 당신의 생각을 점검해보기를 바랍니다.

그림자 아이의 손을 잡아주세요

지금까지 당신은 많은 것을 배웠습니다. 그림자 아이와 방해가 되는 그림자 아이의 신념들, 그리고 방어기제에 대해 알아보았고, 당신 내면의 성숙한 자아를 강화해보았습니다. 또한 내면의 어른과 그림자 아이를 어떻게 구분할 수 있는지도 알고 있습니다. 인식의 여러 단계를 옮기며 분석하고, 논거를 세우는 연습을 함으로써 가능한 일이지요. 어떻게 그림자 아이를 달래서 부정적인 감정들에서 벗어날 수 있는지 꽤 많은 노하우도 얻었습니다. 연습문제를 함께해보는 과정에서 아마 의식적으로 그림자 아이를 만나는 것이 조금은 슬픈 일이라는 걸 느꼈을지도 모르겠습니다. 어쩌면 당신은 당신의 그림자 아이가 얼마나 마음이 아팠는지 혹은 분노했는지, 그리고 얼마나 오래 길을 잃어 방황했는지 느낄지도 모릅니다. 바로 그 이유로 단순히 그림자 아이의 존재를 깨닫는 것만으로는 충분하지 않습니다. 그림자 아이를 다정하게 받아들여 그 아이를 존중하고 위로해주어야 합니다. 그리고 너의 시간은 지나갔고 나는 이제 어른이 되었으니 네가 지금의 내 삶에 더 이상 어떤 힘도 휘두를 수 없다는 사실을 설명해주는 게 훨씬 수월해질 것입니다.

당신이 지금까지 배운 것들을 활용하면 그림자 아이와 직접적으로 소통하고 그 아이를 훌륭하게 위로할 수 있을 것입니다. 성숙한 자아의 도움으로 부정적인 신념들이 당신이 양육된 방식의 결과물일 뿐 사실이 아니라는 것을 분명히 성찰할 수 있습니다. 짐작컨대 당신의 그림자 아이는 호락호락하게 넘어가주지 않을 것입니다. 옛 기억의 각인들은 감정의 깊숙한 곳에 남아 있기 때문입니다. 이 때문에 당신의 그림자 아이를 감정적인 차원에서 만나는 게 중요합니다. 이 만남은 당신이 그림자 아이를 받아들일 때에만 가능합니다. 그림자 아이를 받아들이는 것은 치유의 기초를 다지는 발걸음입니다. 깊은 차원에서 과거에 입었던 상처를 인정하는 동안, 당신 또한 스스로를 인정할 수 있습니다. 그러지 않고 당신의 그림자 아이와 그 상처들을 피하고 없애버리면 그 아이가 당신의 부모에게서 겪었던 부당함을 다시 겪는 것과 다름 없습니다. 그림자 아이의 감정과 내면의 상처는 다시 무시되고 부정당하는 것입니다. 치유된다는 것은 온전한 것이 된다는 의미입니다. 이를 받아들임으로써 당신은 온전해집니다. 위축된 채로 초라하게 살아가던, 그러나 그럴수록 더 막강한 감정과 파괴적인 프로그램을 마구 휘두르던 그림자 아이는 이제 내면에 편안한 고향을 찾은 것입니다. 당신 안에서 더 소중히 다루어지고 있다고 느낄수록 이 아이는 더 잠잠해질 것입니다.

이제 그림자 아이의 손을 잡아주기 위한 연습을 해보겠습니다. 아래의 과정을 하나씩 천천히 따라하며 연습해보세요.

1. 눈을 감고 마음속 그림자 아이와 접촉해보세요. 당신의 부정적인 신념들을 읊어보며 깊이 느낄 때 그림자 아이를 만날 수 있습니다. 그림자 아이가 매우 능동적으로 앞에 나섰던 상황을 생각해보면 그림

자 아이를 더 쉽게 불러낼 수 있을지도 모릅니다. 그 상황은 당신의 어린 시절일지도 모르고, 성인이 되고 겪은 일일지도 모릅니다. 상황을 떠올리면서 당신의 그림자 아이가 어떻게 느끼고 있을지 감지해보세요. 아마 두려움이나 압박감, 분노, 슬픔, 수치심과 같은 익숙한 옛 감정들이 함께 떠오를 겁니다. 이 감정들 안에서 당신의 그림자 아이가 나타납니다.

2. 뱃속까지 깊게 숨을 들이쉬고 말해보세요. "그래, 맞아. 이게 내 그림자 아이야. 가엾은 그림자 아이야, 이제 그냥 여기에 있어도 돼. 나는 너를 인식했고, 그리고 너를 진지하게 받아들일 거야. 환영해!"

3. 호흡을 계속하세요. 당신의 그림자 아이에게 감정을 대입해보고 당신이 그를 위해 항상 곁에 있어주겠다고 확신을 주세요. 이제 다시는 홀로 있지 않을 것이라고 말해주세요. 이대로의 나로도 충분하다는 것을 깊은 내면에서 느끼도록 내면의 어른인 당신이 그 아이를 받아들여주세요. 세상이 어떤 곳인지 설명해주겠다고 말해주세요.

당신이 그림자 아이를 받아들일수록 그 아이가 잠잠해지는 것을 느끼게 될 것입니다. 아이는 자신이 발견되고 받아들여졌음을 느끼게 됩니다. 이 연습을 일상 속에서 가능한 한 자주 반복하세요.

이제부터는 그림자 아이가 당신의 행동을 이끌지 못하도록 주의해야 합니다. 그림자 아이는 두렵고 낙담하면 도망가거나 문을 쾅 닫고 찾을 수 없는 곳으로 들어가버릴 수 있습니다. 그러나 어떤 행동을 할지는 성숙한 자아가 결정하는 것입니다. 현실의 삶에서 어린아이를 다루는 방법과 꼭 같습니다. 아이가 치과에 가는 것을 두려워할 때, 다정한 부모는 아이의 손을 잡고 치과에 가서 치료를 받는 과정을 돕습니다. 학교에 가기 싫어하는 아이의 경우도 마찬가지입니다. 단순히 가고 싶지 않다고 학교를 빠지게 하는 경우는 드물지요. 바로 이런 원칙을 당신의 그림자 아이에게도 적용한다고 생각하면 됩니다. 당신은 그의 말을 귀 기울여 들어주고 그가 두려움과 염려를 모두 털어놓도록 격려합니다. 최종적으로 어떻게 행동할지 결정하는 것은 합리적인 이성과 논리적인 근거들을 활용한 당신의 성숙한 자아입니다.

내 안의 상처 입은
그림자 아이 달래주기

지금까지 제가 소개한 연습들을 실행에 옮기기 위해서는 시간을 따로 내야 합니다. 장기적 시점에서 그림자 아이를 치유하는 데 유용한 방법이지요. 그러나 일상생활에서는 항상 그림자 아이와 대화를 나누거나 인식의 세 가지 입장을 옮겨 다니며 성찰할 만한 시간적 여유가 없을 때도 있습니다. 때문에 그림자 아이가 전면에 나서려는 곤란한 상황이 오면 빨리 적용해볼 수 있는 간단한 기술이 필요합니다. 그래서 지금부터는 언제나 쉽게 접근할 수 있는 일상의 전략들을 정리해보았습니다. 당신만의 전략을 찾기 위해 창의성과 상상력을 동원해보세요. 중요한 것은 당신만의 몇몇 전략을 함께 묶어서 가능하면 메모를 해두면 좋습니다. 그러면 항상 준비가 되어 있어 급히 적용이 필요할 때 바로 방법을 떠올릴 수 있을 테니까요.

기분전환이 되는 말들

■

그림자 아이를 잠잠하게 하고 분위기를 바꾸고 싶다면 대부분 기분전환이 되는 짧은 문장들로 충분합니다. 당신이 그림자 아이의 자상한 엄마 혹은 아빠라고 상상해보세요. 아이가 위로를 받고 달리던 길에서 멈추기 위해 필요한 사람이라고요. 그림자 아이에게 항상 다정한 태도로 대해주세요. 예를 들어 당신이 아주 사소한 비판에 병적으로 반응하는 것을 감지했을 때 그림자 아이에게 이렇게 말할 수 있습니다.

"괜찮아. 우리는 괜찮을 거야. 작은 실수 하나쯤 할 수도 있지!"

아니면 누군가에게 열등감을 느끼며 비굴하게 굽히고 들어가는 자신을 느낄 때는 이렇게 말하는 겁니다.

"이 사람은 옛날의 엄마, 아빠가 아니야. 이제 우리는 다 컸고 다른 사람들이랑 눈높이를 맞추고 살아가고 있단다!"

가끔은 당신 내면의 눈앞에 서 있는 그림자 아이의 작은 머리를 부드럽게 쓰다듬어주고 손을 잡아주는 것만으로도 도움이 됩니다. 자기 자신에게 이렇게 하는 게 바보같이 느껴진다고 거부하지 말고,

한번 시도해보세요. 아무도 보거나 듣지 않으니까요. 분명 당신에게 긍정적인 변화를 불러오고 그림자 아이를 잠잠하게 만든다는 것을 느낄 수 있을 거예요.

당신의 그림자 아이를 자극하는 일상에서의 상황을 적어도 세 가지 생각해보세요. 그리고 각각의 상황에 사용할 수 있는, 상황을 전환하기 좋은 말이나 행동을 찾아보세요. 그리고 당신의 성찰 노트에 생각한 것을 모두 적어두세요.

명확히 통보하기

그림자 아이를 조금 엄격하게 대하는 것도 도움이 될 때가 있습니다. 그림자 아이는 강한 두려움을 느낄 때 종종 자기 연민에 빠져 길을 잃기 때문입니다. 현실에서 아이들을 대할 때도 종종 확실한 경계를 필요로 할 때가 있습니다. 당신이 부정적인 생각의 굴레와 두려움의 시나리오에서 빠져나오지 못하고 있다고 느낄 때 단호한 목소리로 그림자 아이에게 "이제 그쯤 해두자. 너만 걱정이 있는 게 아니야!" 또는 "이제 말도 안 되는 생각은 그만해. 늘 똑같은 얘기잖아!" 또는 "네가 두려워하는 일이 실제로 일어난 적은 한 번도 없어. 네가 나에게 지금 두려움을 주잖아" 등의 말을 하는 것입니다.

당신의 그림자 아이를 정신 차리게 할 수 있는 문장을 최소한 세 개 준비해서 노트에 적어두세요.

지금 당신을 행복하게 해줄 이미지를 떠올려보세요

상상의 이미지는 엄청난 힘이 있습니다. 부정적 측면에서는 당신이 어떤 일에 대해 최악의 시나리오를 그려볼 때 상상의 이미지는 일어나지 않을 상황을 실제처럼 실감하게 합니다. 이 상상력은 그러나 긍정적인 이미지를 그려보는 데에도 사용할 수 있습니다. 이제 많은 에너지를 얻을 수 있고 그림자 아이의 두려움도 달래주고 분위기를 밝게 해주는 상황을 하나 그려보세요. 당신이 세상에서 제일 좋아하는 풍경도 좋고, 스스로의 강인함과 경쟁력을 확인했던 과거의 특정 사건도 좋습니다. 어쩌면 단순한 행복감을 느꼈던 상황을 떠올리고 싶을 수도 있겠네요. 한 가지 상황을 자유롭게 상상하거나 영화에서 본 장면을 떠올려도 됩니다. 〈스타워즈〉나 〈반지의 제왕〉 같은 판타지 영화에서 말입니다. 중요한 것은 이 이미지나 상황이 당신에게 내적인 힘과 안정감을 전달해줄 수 있어야 한다는 점입니다. 이 이미지는 당신의 개인적인 힘의 원천이 될 것입니다.

한자리에 안정적으로 발을 붙이고 서서 당신 힘의 원천 속으로 깊이 헤엄쳐 들어가보세요. 모든 감각의 채널을 끌어안고 이미지 속으로 몸을 담가보는 것입니다. 무엇이 보이나요? 어떤 톤의 소리가 들리나요? 냄새는 나지 않나요? 어떤 감정이 드나요? 당신의 몸은 무엇을 느끼고 있죠? 이 힘의 원천에 붙일 수 있는 키워드를 하나 찾아 이 세계를 상징하는 것으로 성찰 노트에 그리거나 적어두세요. 당신이 일상에서 그림자 아이 모드로 작동하고 있음을 감지했을 때, 언제라도 기억에서 불러와 내적인 에너지를 얻을 수 있습니다.

당신 내면의 성숙한 자아를 강하게 단련했고, 또 그림자 아이도 통제할 수 있게 되었으니 이제 당신의 태양 아이를 소개하고 싶습니다. 당신 자신을 상징하며 당신이 원하는 목표 상태의 명확한 비전을 표현하는 존재입니다.

내가 원하는 내 모습,
태양 아이 발견하기

태양 아이는 인격의 건강한 부분을 상징하는 존재로 우리에게 기쁨과 잠재력을 일깨워줍니다. 우리는 모두 내면의 태양 아이와 함께 살고 있습니다. 어렸을 때 자기를 완전히 잊은 채로 즐겁게 놀고 떠들썩하게 웃어젖히던 때를 떠올려보세요. 당신은 아이였을 때 세상을 얼마나 꾸밈없는 시선으로 바라보았나요. 오늘날 당신이 느끼는 아름답고 추한 것, 옳은 것과 그른 것에 대한 기준은 그때는 존재하지도 않았습니다. 모든 것은 그것 그대로 좋았습니다. 흥미로운 점은 어린 시절에 끔찍한 경험을 한 사람도 아이였을 때의 이 경쾌함은 기억합니다. 이 힘이 바로 당신의 태양 아이입니다. 태양 아이는 당신을 활기차고 호기심 많고 강인하게 만드는 모든 성향들이 합쳐진 존재입니다. 자신의 태양 아이를 열심히 탐구해본다면, 자신이 얼마나 많은 긍정적인 각인과 특성을 지니고 있는지 느끼게 될 것입니다. 이 과정에서 내면에 있는 창조적이고 성숙한 잠재력으로 가는 길을 만나고, 머릿속에 떠올리는 새로운 이미지의 나를 만들 수 있습니다.

태양 아이의 시각으로는 우리의 오래된 부정적인 신념들을 긍정적인 신념들로 바꿀 수 있습니다. 이제 당신만의 강점을 찾아보고, 그에 대한 방어기제와 전략을 알아보겠습니다. 이를 통해 관계를 건설적이고 행복하게 만들어 나갈 수 있습니다. 당신을 완전히 다른 존재로 만드는 것은 아닙니다. 당신에게는 이미 좋은 점이 많이 있기 때문이죠. 지금까지 당신의 행동방식을 살펴보고, 당신이 가는 길을 막아서서 관계의 행복을 해치는 것들을 바꿔보았다면 이제부터는 당신이 지니고 있는 훌륭한 심리적 자원을 찾아보려고 합니다. 뒤에 이어지는 연습들을 통해 당신이 가진 긍정적이고 경쾌한 면들을 어떻게 하면 계속 확장하고 강화시킬 수 있을지 함께 알아봅시다.

아름다운 유년 시절의 기억 불러오기

이제 다시 상상력을 발휘하는 연습을 해봅시다. 이것은 유년시절에 있었던 아름다운 기억들을 불러오는 데 도움이 될 것입니다. 다음 질문에 답해보세요.

- 어렸을 때 제일 좋아한 놀이는 무엇이었나요?
- 어떤 장소에 머무는 것을 좋아했나요?
- 누구와 자주 놀았나요?
- 당신이 제일 좋아했던 장난감은 무엇이었나요?
- 당신이 제일 좋아하는 음식은 무엇인가요?
- 당신이 제일 좋아하는 향기는 무엇인가요?
- 어린 시절 가장 행복했던 순간은 언제였나요?

긍정적인 기억들이 당신의 내면에 어떤 감정을 불러오는지 느껴보고, 그것을 성찰 노트에 적어보세요.

당신의 긍정적인 신념을 찾아보세요

이제 우리는 당신의 긍정적인 신념을 찾는 작업을 할 것입니다. 이 연습을 위해서 이 책의 뒤에 마련한 종이 혹은 A4용지와 여러 색깔의 색연필을 준비해주세요.

종이 위에 아이의 형상을 하나 그려보세요. 이 아이는 그림자 아이와는 달리 알록달록하고 예쁘고 신나는 모습이어야 합니다. 이것이 당신의 태양 아이 모습입니다. 태양 아이는 당신의 목표 지점을 시각화한 것으로 보기에도 친근해 보여야 합니다. 이 형상은 당신에게 새로운 경험에 대한 흥미를 불러일으킬 것입니다. 그러니까 당신의 태양 아이를 미술 대회에 출품할 작품이라도 되는 듯이 예쁘게 꾸며주세요. 얼굴과 머리카락, 표정 등을 당신의 취향과 선호에 따라 보기 좋게 그려보세요.

이제는 당신의 긍정적인 신념들을 찾아보겠습니다. 이것은 두 단계에 걸쳐 진행해보겠습니다. 먼저 당신이 부모님이나 다른 양육자에게서 받은 것들을 살펴봅니다. 그리고 두 번째로는 당신이 그림자 아이에게서 찾은 핵심 신념을 그 반대편에 있는 긍정적인 것으로 뒤집어보겠습니다.

당신이 태양 아이에게서 부모님의 영향을 발견하고 싶을 만큼 부모님과의 관계가 괜찮았다면, 엄마, 아빠, 또는 다른 양육자의 이름을 태양 아이 머리 양옆에 적습니다. 그리고 이들의 훌륭한 점이나 마음에 들었던 점은 무엇이었는지 적어보세요.

◇ 율리아의 예

- 엄마: 다정했다, 나를 늘 신경써주었다.

- 아빠: 다정하고 배려심이 있었다.

만약 당신이 부모님과의 관계가 너무 힘들었거나 현재 힘들기 때문에 태양 아이에게서 부모님을 느끼고 싶지 않다면, 연습에서 이 부분을 아예 제거하거나 아니면 다른 종이에 일단 적어본 다음, 태양 아이가 그려진 종이에는 그 장점에서 받은 신념만 적도록 합니다. 당신을 예뻐하던 사랑하는 할머니, 친절한 이웃 아주머니, 또는 어린 시절에 따스함을 불어넣어주었던 이해심 많은 선생님이 있을지도 모르지요. 그렇다면 그 사람을 부모님 자리에 대신 넣어도 됩니다.

이 상대의 좋은 성향을 적어보았다면, 이제 내면에서 느껴보세요. 그것에서 뽑아낼 수 있는 신념은 무엇인가요? 당신에게 도움이 되었으면 하는 마음에서 아래에 긍정적인 신념의 리스트를 만들어보았습니다.

- 난 사랑받고 있어요!
- 난 소중한 사람이에요!
- 난 이대로 충분해요!
- 난 환영받고 있어요!

- 난 모든 걸 충분히 받고 있어요!
- 난 똑똑해요!
- 난 아름다워요!
- 난 기뻐할 권리가 있어요!
- 난 실수해도 괜찮아요!
- 난 행복할 자격이 있어요!
- 삶은 참으로 수월해요!
- 난 나여도 괜찮아요!
- 난 한번쯤은 누군가에게 짐이 되어도 괜찮아요!
- 난 좀 반항해도 괜찮아요!
- 난 내 주장을 가져도 돼요!
- 난 감정을 느껴도 돼요!
- 난 경계를 그어도 돼요!
- 난 할 수 있어요!

만약 당신이 여러 개의 신념을 찾았다면 최대 두 개 이상 골라서 당신의 태양 아이 형상의 가슴 부분에 써넣으세요.

이제 앞서 동일시하는 연습을 했던 당신의 부정적인 핵심 신념을 가져와봅시다. 이것을 이제 긍정적인 반대 명제로 뒤집어보겠습니다. '난 가치 없는 사람이에요'라든가 '나로는 충분하지 않아요' 등은 '난 소중해요!', '나다운 것으로 충분해요!'로 바꿀 수 있습니다. 그러나 단순한 뒤집기가 잘 안 되는 좀 더 복잡한 신념들도 있을 텐데요. 그 이유는 우리가 긍정적인 신념에서는 '~가 아니에요'라든지 '~하지 않아요'와 같은 부정문은 되도록 사용하지 않으려고 하기 때문입니다. 예를 들어 당신의 신념이 '난 당신의 행복에 책임이 있어요'라면, 이 문장을 뒤집은 것을 '난 당신의 행복에 책임이 없어요'라고 쓰지 않으려 한다는 것입니다. 부정문은 의식의 아래층에서 생각하기 매우 귀찮은 요소입니다. 어떤 것을 생각하지 '않는' 것은 의외로 어려운 일이기 때문입니다. 누군가 분홍 풍선에 대해 생각하지 말라고 이야기한다면, 당신은 곧바로 분홍 풍선을 떠올릴 것입니다. 그러니 '난 당신의 행복에 책임이 있어요!'는 '난 경계를 그어도 괜찮아요!'나 '난 나에게 집중해도 좋아요!' 또는 '내 소망과 욕구들도 중요해요!'로 뒤집어보는 게 좋습니다.

'난 누군가에게 늘 짐이 돼요' 같은 신념을 뒤집을 때는 '난 가끔은 누군가에게 짐이 되어도 괜찮아요!' 정도로 바꿀 수 있습니다. 실제로 나이가 들어 몸이 아프거나 누군가의 도움을 받아야만 하는 상황에 맞닥뜨리면 한 번쯤은 누군가에게 짐이 될 수도 있는 거니까요. '가끔은 실수해도 돼요!' 같은 문장도 마찬가지입니다.

긍정적인 신념들은 누구나 받아들이기 쉬운 형태로 쓰면 좋습니다. 어떤 사람들에게는 예를 들어 '난 못생겼어요'의 뒤집기로 '난 예뻐요!'가 들어가는 게 너무 지나치다고 생각할 수도 있지요. 이것이 마음에 걸린다면 '충분하다'는 말을 문장에 넣어보기를 추천합니다. '난 충분히 예뻐요!' 혹은 '난 충분히 능력 있어요!'와 같이 말입니다.

자신의 신념들을 잘 소화시킬 수 있도록 문장에 한정을 두는 것도 괜찮습니다. 예를 들어 '난 중요한 사람입니다!'가 너무 과장스럽고 받아들이기 어려우면 '내 아이들에게/친구들에게/부모님에게 나는 중요한 사람입니다!'로 바꾸는 식입니다. 당신의 새로운 신념들을 당신이 가장 편안함을 느끼는 형태로 만들어보세요.

이렇게 만든 당신의 긍정적인 핵심 신념들을 태양 아이 형상의 배 부분에 써넣어보세요.

◇ 율리아의 예

나는 나로 충분하다. 나는 홀로 설 수 있다.

태양 아이에게 힘을 실어주는 논거를 찾아보세요

■

이제 긍정적인 새로운 신념들을 잘 받아들이도록 논리적으로 뒷받침해주는 논거들을 마련해봅시다. 당신이 정말로 새로운 신념들을 정말로 느끼도록 하기 위해 먼저 이성의 '지원 사격'을 받아야 합니다.

계속해서 율리아의 예로 설명해보겠습니다. 율리아는 '언젠가는 모두 나를 떠나갈 거야'와 '나로는 충분하지 않아'라는 핵심 신념을 썼었지요. 이 문장들을 뒤집은 명제들은 다음과 같습니다. '나는 나로 충분해!', '난 홀로 설 수 있어!'

'언젠가는 모두 나를 떠나갈 거야'에 대한 뒤집기로 율리아는 그녀의 자율 성향과 연관된 능력들을 강화함으로써 혼자 남겨질 것에 대한 공포를 없애주는 새로운 신념을 골랐습니다. 누군가 그녀를 떠나가거나 떠나지 않는 것을 통제할 수 있는 능력은 그녀에게 없습니다. 그래서 이 신념에 대한 뒤집기가 '로베르트는 내 곁에 머무를 거야!'로는 적합하지 않은 것이지요. 그렇게 할지 말지는 오직 로베르트만이 결정할 수 있으니까요. 긍정적인 신념들은 반드시 우리가 통제할 수 있는 것에 대해서만 쓸 수 있습니다. 율리아의 새로운 신념은 '난 언제든지 새로운 사랑을 시작할 수 있어요!'가 될 수도 있습니다다. 이 신념은 율리아가 관계를 능동적으로 함께 일구어 나갈 수 있으며, 더 이상 어렸을 때처럼 무기력하고 의존적이지 않다는 것을 강조합니다. 이것 또한 그녀의 자율 성향과 관련된 능력들을 강화할 수 있는 선택인 것입니다.

'난 홀로 설 수 있어요!'라는 율리아의 논거는 '난 이제 다 컸고 스스로를 돌볼 수 있어요. 꼭 누군가가 나를 돌봐줘야 하는 것은 아니에요. 난 독립적인 삶을 꾸려가는 데 필요한 능력들을 다 갖고 있어요. 그리고 친구도 많고 다른 가족들과도 원만하게 지내요. 도움이나 위로가 필요할 때면 연락할 수 있는 사람들이 늘 곁에 있어요'의 의미를 담고 있습니다.

율리아의 새로운 신념인 '나는 나로 충분해!'를 뒷받침하는 논거는 이런 것입니다. '난 솔직하고 믿을 만한 친구입니다. 계속해서 발전하는 사람이 되려고 노력하지요. 나에겐 좋은 직업이 있습니다. 늘 완벽하지 않아도 되며 실수를 해도 되고, 그걸로도 충분한 까닭은 무엇보다 내가 괜찮고 있는 그대로의 나로 있어도 되기 때문이에요.'

관찰자의 시점(당신의 성숙한 자아의 시점)으로 가서 새로운 신념들을 위한 훌륭한 논거들을 찾아보세요. 그리고 찾은 것을 성찰 노트에 적어보세요.

당신만의 장점과 자원을 찾아보세요

긍정적인 신념 외에도 당신만의 장점과 자원을 잘 아는 것도 매우 중요합니다. 장점으로는 성격도 좋고 아니면 유용한 능력을 꼽아도 좋습니다. 예를 들어 유머러스함, 용기, 사회성 같은 것들 말입니다. 이제 스스로에게 매우 관대해져도 좋습니다. 자신의 좋은 점을 찾기가 어렵다면, 친구들이 당신을 칭찬한다면 어떤 점을 이야기할지 상상해보세요. 아니면 실제로 친구들에게 물어봐도 좋습니다.

장점을 표현하는 것을 돕기 위해 다음의 단어들을 참고해보세요.

- 유머러스한, 솔직한, 성실한, 친절한, 지적인, 창조적인, 성찰 능력이 있는, 사회성이 있는, 호감 가는, 깐깐하지 않은, 매력적인, 유연한, 관용적인, 웃긴, 건강한, 애정이 있는, 관대한, 교양 있는, 지적 욕구가 있는, 원만한, 활달한, 안정적인, 재미있는, 사려 깊은, 어울리기 좋아하는, 믿을 만한, 양심적인, 개방적인, 공감능력이 좋은.

당신의 장점을 태양 아이 형상 안에 써보세요. 당신이 갖고 있는 자원은 당신에게 힘을 주는 원천, 또는 당신에게 에너지를 충전해주는 외적인 삶의 조건들입니다. 다음과 같은 것들이 그러한 자원이 될 수 있습니다.

- 좋은 친구들, 건강한 관계, 가족, 아이들, 좋은 직업, 경제적 여유, 건강, 자연, 음악, 잘 꾸민 집, 애완동물, 사람 좋은 동료들, 여행 등.

당신의 자원들을 태양 아이 주변에 써넣어보세요.

당신의 태양 아이를 느껴보세요

■

다음의 연습을 통해 태양 아이를 당신의 감정과 영혼과 몸 안에 잘 붙들어두고자 합니다. 이 연습은 게임이라고 말해도 좋습니다. 아마 태양 아이는 그런 이름을 더 좋아할 거예요.

가장 좋은 방법은 자리에서 일어나는 것입니다. 태양 아이를 그린 종이를 당신 앞의 바닥에 내려놓고 당신의 몸을 의식해보세요. 그리고 당신의 가슴과 배에 주의를 집중해보세요. 감정들이 살고 있는 곳이랍니다.

1. 긍정적인 신념들을 읽어보고 당신의 감정을 느껴보세요. 이 신념들을 가만히 읽을 때에 어떤 느낌이 드나요?

2. 기억 속에서 당신의 긍정적인 신념이 진짜로 일어났던 때를 떠올려보세요. 친구들과의 모임일 수도 있고, 일터에서, 운동할 때, 아니면 휴가 중일 수도 있습니다. 어쩌면 음악을 들을 때나 자연 속에 머물고 있을 때일 수도 있지요. 적어도 인생에 한 번쯤은 당신의 긍정적인 신념이 아주 제대로, 그리고 기분 좋게 느껴졌던 적이 있을 것입니다.

3. 그러고 나서 생각을 당신의 자원들 쪽으로 옮겨보세요. 여러 가지 감각들로 그것을 느껴보세요. 시각, 청각, 후각, 미각, 그 어떤 감각이라도 좋습니다. 그리고 그것이 당신에게 어떻게 힘을 주는지 느껴보세요.

4. 당신의 장점을 생각해보세요. 생각하지만 말고, 그것을 조용히 발음해볼 때 당신의 몸이 어떤 느낌이 되는지 느껴보세요. 어떤 감정이 당신의 마음속에서 떠오르나요?

5. 모든 것을 온전히 느껴보세요. 당신의 몸은 태양 아이를 어떻게 받아들이나요?

이러한 내면의 상태를 유지한 채 지금 있는 공간 안에서 조금씩 움직여보세요. 그리고 태양 아이의 자세를 찾으며 당신의 몸 전체가 어떻게 느끼고 있는지 느껴보세요. 선명한 의식하에 태양 아이 모드일 때 당신의 호흡이 어떻게 흘러가는지 느껴보세요. 당신의 태양 아이를 표현하는 작은 제스처를 찾아보세요. 그리고 그것을 몸 밖으로 표현해보세요. 이 제스처는 일상에서 마치 닻과 같이 기능할 것입니다. 언제나 필요할 때마다 이 행복한 상태를 다시 소환해줄 것입니다. 내담자 중 한 명은 이런 제스처로 손을 약간 열어 작은 공기 모양을 만들었습니다. 이 기분 좋은 손짓은 그녀가 태양 아이를 부르는 제스처가 되었습니다.

이제 당신의 태양 아이 형상의 배 쪽에 좋은 감정들을 적어보세요. 그리고 태양 아이의 좋은 내면의 상태를 유지한 채 이 감정들에서 이미지 하나를 떠올려봅니다. 바다일 수도 있고, 아름다운 풍경이나 놀이터, 숲속의 작은 오두막 같은 것을 떠올릴 수도 있습니다.

태양 아이에게서 찾아낸 이 그림에 대한 키워드 하나를 적어두세요. 매일매일, 그리고 가능하면 자주 태양 아이 모드를 취해보세요. 그렇게 함으로써 뇌와 이미지 사이에 연관 관계를 만들 수 있습니다. 신경학적으로 하나의 새로운 의식을 훈련하는 것이지요. 어떤 몸동작을 배우고 싶을 때와 마찬가지입니다. 이를 통해 당신의 태양 아이는 점점 더 당신의 일부가 되어갈 것입니다. 그리고 이것을 반복함으로써 당신의 사고와 감정 역시 일종의 습관을 갖게 됩니다. 태양 아이의 면에 점점 더 많이 닿을 것인지 그렇지 않을지는 당신의 선택입니다.

태양 아이에서 관찰자 시점으로

■

우리는 이제까지 당신의 성숙한 자아를 그림자 아이에서 분리하는 훈련을 했고, 그를 통해 분명하고 현실적인 방법으로 당신의 문제에 맞서 이길 수 있었습니다. 모든 변화의 기본은 자신이 그림자 아이 모드로 작동하고 있음을 알아채고 분명한 의식 속에서 이것을 성숙한 자아 모드로 바꾸는 것부터 시작한다는 것을 잊지 마세요. 태양 아이를 통해 당신은 번개처럼 빠르게 좋은 기분을 느낄 수 있고, 당신을 둘러싼 문제들을 전혀 다른 시각에서 바라보게 됩니다.

저는 당신의 태양 아이의 감정을 다시 한 번 관찰자 시점으로 바꾸어보기를 권합니다. 앞에서 그림자 아이로 연습했던 것처럼, 당신의 모든 감각을 열고 태양 아이의 안으로 들어가세요. 그리고 당신의 문제를 태양 아이 모드인 관찰자 시점에서 바라보는 것이지요. 그림자 아이 훈련에서 다뤘던 문제들을 여기서 다시 다루어보아도 좋습니다. 아니면 친밀성을 회피하는 남자친구 로베르트 때문에 괴로워하던 율리아를 생각해보세요.

율리아가 그녀의 문제들을 태양 아이 시점에서 바라볼 때, 그녀는 웃으며 이렇게 말하게 될 수 있습니다. "우린 정말 이 관계를 어렵게 만들어왔구나. 그래도 다행인 건 지금 당장 멈출 수 있다는 거야."

우리가 겪는 문제는 우리가 좋은 기분으로 그것을 다시 바라볼 때 완전히 다른 양상으로 나타나기도 합니다. 기분이 좋을 때는 모든 것이 반만 힘들고, 걱정도 공기 중으로 날아가는 느낌입니다. 태양 아이 모드에서 당신이 얼마나 있는 그대로로 충분한 사람인지 인지해 보세요. 당신의 부정적인 신념들은 당신 자신이나 현재 당신의 현실과는 아무 상관이 없고, 그보다는 부모님의 무리한 요구가 있었던 어린 시절 때문에 생겨난 것입니다. 내면의 눈앞에 당신의 그림자 아이를 세워두고 그 아이에게 따뜻한 태양빛을 쬐어주며 당신이 그 아이를 위해 항상 곁에 있겠다고 말해주면 어떨까요?

좀 더 산뜻한
인간관계를 위하여

보물 전략이란 방어기제에 대한 구체적인 대응 방법입니다. 이것은 우리의 인간관계를 산뜻하고 안정적으로 만들어줍니다. 또한 긍정적인 신념을 행동으로 옮기기 위한 구체적인 방법이기도 합니다. 즉 보물 전략은 '무엇을 개선할 수 있을까?'에 관한 답변입니다. 지금부터는 자율 성향의 그림자 아이와 순응 성향의 그림자 아이 모두에게 적용되는 '일반적인 보물 전략'을 소개하겠습니다.

책임을 지고, 있는 그대로 긍정하기

"네, 그래요", "네, 저의 그림자 아이는 항상 너무 비굴한 것 같아요", "네, 그래서 제가 그렇게 질투심이 많나 봐요", "네, 엄마는 원래 저를 갖지 않기를 원했대요." 우리가 있는 그대로를 받아들이지 않으면, 늘 저항하는 상태일 수밖에 없습니다. 그리고 이 저항은 결국 우리 에너지의 많은 부분을 뺏어갑니다. '현실을 긍정하며 받아들이는 것'은 불교 사상에 뿌리를 둔 태도로 지난 20년간 심리 치료 분야에 점점 더 많이 이용되고 있습니다. 이렇게 현실을 받아들이는 태도는 두 가지 원칙에 기초를 두고 있습니다.

1. 문제가 있다고 인정해야 그 문제를 해결할 수 있다.
2. 현실을 받아들이는 것은 긴장을 느슨하게 한다. 반면 저항하는 것은 팽팽한 긴장 상태에 더 가깝다.

무엇인가를 수용하는 태도를 가지는 것만으로도 팽팽한 긴장 상태에서 풀려나며, 그로 인해 문제의 일부도 이미 해결되었다고 볼 수 있습니다. 우리는 이것을 앞서 '그림자 아이를 달래는 기술'에서 이미 경험했습니다. 내가 나 자신에게 '그래, 그런 거야!'라고 인정하는 순간 이미 작은 해방감이 밀려옵니다. 이 원칙은 모든 문제들에 적용할 수 있습니다. 일상의 흔한 골칫거리들에도 말입니다. 자신이 어찌할 수 없는 특정한 환경을 그대로 받아들이고 수용하는 것은 날카로운 신경을 안정시키는 효과가 있습니다. 밖에서 마주치는 모든 것과 모든 사람들에 대해 흥분하는 것은 너무 많은 분노 에너지가 필요한 일임에 틀림없습니다. 우리가 다룰 다음 주제에 관한 것이죠. 당신의 감정들에 대해 책임을 지라는 것입니다.

우리는 모두 스트레스나 다른 부정적인 감정을 외부 상황에 투사하는 경향이 있습니다. 아이들은 사람을 한시도 조용히 놔두지 않습니다. 마트의 계산원은 인내심의 한계를 시험합니다. 날씨가 사람을 우울하게 만듭니다. 우리가 긍정하는 태도를 받아들이고 우리의 감정에 대한 책임을 스스로 지겠다고 결심한다면 이 모든 일상적인 불평은 어떻게 될까요? 책임을 지는 것은 결심에서 시작합니다. 나를 괴롭게 하는 거의 모든 불행이 결국 내 선택의 결과라는 점을 깨달아야 합니다(물론 정말 운명의 장난은 제외하고요). 이런 시각으로 바라보면 위에 나열한 문제들은 다음과 같이 생각할 수도 있습니다. 아이들을 낳기로 한 것은 내 선택이었습니다. 그러니까 아이들이 한 번씩 신경을 긁어도 그 정도는 감수해야 하는 것이지요. 아이들은 떼려야 뗄 수 없는 관계이니까요. 또한 내 인내심의 한계를 시험하는 것은 계산원이 아니라, 그 상황과 그 사람에 대한 내 자의적인 설정입니다. 그렇게 분노하고 있을 시간에 차라리 명상을 하는 게 좋았을 뻔했습니다. 비가 옵니다. 하지만 내가 그 날씨를 어떻게 평가하고 오늘 하루를 어떻게 보낼지는 나에게 달려 있습니다.

당신도 자신의 문제에 맞는 긍정적인 태도를 찾아보세요. 이것만으로도 문제의 무게가 반으로 줄어들 것입니다. 저는 사람들에게 문제에는 항상 A 파트와 B 파트가 있다고 얘기합니다. A 파트는 예를 들면 이런 것입니다.

"나는 혼자 자동차를 몰고 나가면 공황장애가 찾아온다."

B 파트는 이렇습니다.

"공황장애를 앓다니, 난 망했어."

B 파트는 내 문제에 대한 나의 태도입니다.

많은 사람들이 특정한 문제들 때문에 스스로 침울해지기를 자처합니다. B 파트가 A 파트보다 과중한 문제가 되는 것도 드물지 않은 일이지만 심지어는 문제를 해결하는 것을 막기도 합니다. 예를 들면 문제의 당사자가 수치스러운 마음에 해결책을 찾는데 그 어떤 도움도 청하지 않을 경우가 그렇습니다. A 파트 때문에 괴로운 것으로 문제는 이미 충분합니다. B 파트는 그냥 처음부터 없던 걸로 치거나 편안한 마음으로 놓아버리면 되는 것입니다. 위의 사례에 적용해보면 다음과 같이 나타납니다.

"가엾은 내 그림자 아이가 공황 장애에 시달리는구나. 자기 발로 홀로 설 수 없다고 생각하고 아직도 엄마의 손길을 기대하나 보네."

문제의 B 파트는 어느새 사라졌습니다. 성숙한 자아가 "내가 너를 돌보고 네가 옛 기억으로 인한 두려움이나 부당한 투사에서 자유로워지도록 걱정도 덜어줄게"라는 태도를 보이며 A 파트에 대한 책임을 도맡은 것이지요.

당신의 문제에 대해서 편안하고 긍정적인 태도를 보이고 책임을 넘겨받도록 시도해보세요. 그러고 나서 이것에 관한 당신의 생각을 성찰 노트에 적어보세요.

투사하는 것을 멈추고 메타-태도를 찾으세요

앞서 당신은 이미 그림자 아이의 투사를 멈추기 위한 몇 가지 연습을 해보았습니다. 다시 한 번 반복하자면, 투사란 당신의 과거에 뿌리를 두고 있는 오래된 기억들을 현재 상황과 동일시함으로써 문제를 회피하려는 시도입니다. 예를 들어 당신이 어렸을 때 아무것도 할 수 없는 무기력한 상황을 여러 번 겪으면서 매우 우울한 성향을 갖게 된 그림자 아이를 발견했다면, 합리적 이성의 도움을 받아 이제 당신은 다 성장했고 스스로 자신의 인생을 어떻게 살지 결정해도 된다는 것을 확실히 함으로써 그 우울한 성향이 현재의 삶에 영향을 미치지 않도록 만드는 것입니다. 이러한 인식을 불러오는 태도를 '메타-태도'라고 부릅니다.

만일 내 그림자 아이가 기본적으로 모든 것을 어둡게만 보는 경향이 있다는 것을 알았을 때 이것은 인식의 왜곡에 해당하며 앞으로는 결정을 내릴 때 그림자 아이가 작동하면 안 되겠다고 다짐하는 것입니다. 방금 빠진 생각은 부정적인 환상을 뇌 속에 주입하는 우울하고 겁에 질린 목소리라는 것을 스스로에게 알리는 것이지요. 그리고 성숙한 자아의 전망대에서 '만약 정말로 모든 것이 잘못된다면 이것을 뒷받침할 수 있는 논거는 무엇일까?'라는 질문을 던져보는 것입니다. 만일 가장 이성적인 논거조차 부정적인 전망을 제시한다면 반드시 해야 하는 마지막 질문을 던집니다. '나는 살아남을 수 있을까?' 또는 '최악의 경우 무슨 일이 일어날까?'와 같은 질문이 그것입니다.

또 다른 예를 살펴보겠습니다. 만일 로베르트가 율리아의 요구에 구속감을 느끼는 게 그의 어머니를 그녀에게 투사하기 때문이라고 단 한 번이라도 생각해봤다면 그 깨달음이 메타-태도로 그의 머릿속에 입력될 수 있었을 것입니다. 아마 '네 그림자 아이는 늘 네 모든 것을 결정하려 했던 엄마처럼 율리아도 너를 옭아매려 한다고 주장하지. 그건 개소리야. 이제 넌 더 이상 어린 소년이 아니고 율리아와 똑같은 권리를 가진 성인이야. 이제 그만 작고 고집 센 어린애처럼 선을 그어가며 자율성을 지켜야 한다고 싸우는 짓을 멈춰. 더 큰 친밀감과 애착을 원하는 율리아의 요구는 그럴 만한 거야. 너는 네 의지로 그 요구에 동의할 수 있어'와 같은 목소리였겠지요.

율리아는 메타-태도를 통해 독단적인 어머니와의 관계로 애착 공포에 시달리는 로베르트에게 지속적인 인정과 애정을 기대한다는 건 의미 없는 일이라는 것을 깨달았겠지요. 그녀는 자신의 가치가 정해지는 것은 로베르트의 태도와는 아무 상관없는 일이라는 것을 확실히 했어야 합니다. 그렇다면 이렇게 생각할 수도 있었을 것입니다. '로베르트가 다시 그림자 아이 모드로 빠져들어서 나에게 부당한 비난을 퍼부으면 나는 내면의 눈으로 그와 나 사이에 유리벽을 하나 세우고 그의 문제는 그가 해결하도록 놓아두겠어'라고 말입니다.

당신의 그림자 아이의 투사에 반박할 수 있는 메타-태도를 찾아보고, 성찰 노트에 글로 적어보세요.

삶을 즐길수록 더 좋은 사람이 됩니다

■

자신의 사고와 감정을 모두 그림자 아이에게 맡겨두는 사람들은 대부분 다음 두 가지 상태밖에 알지 못합니다. 스트레스로 완전히 망가져 있거나, 아니면 피곤하고 지루해합니다. 이들은 행복 결핍 신드롬에 시달리고 있습니다. 이들의 그림자 아이는 거절과 실패로 점철

된 바깥세상이 매우 위험하다는 확신에 가득 차 있습니다. 이들은 끔찍한 시나리오를 만들어가며 골머리를 앓고, 그 때문에 아름다운 순간들까지 모두 망쳐버립니다. 이들의 방어기제 중에는 완벽주의가 가장 흔한데, 이것이 이들을 한순간도 평화로운 상태로 놔두지 않고 한순간도 단순히 즐길 수 없게 만듭니다. 이들이 유일하게 휴식을 취하는 때는 병에 걸렸을 때뿐입니다. 스트레스가 면역체계를 약화시키기 때문에 이들 중 다수는 몸이 약해 자주 아픕니다. 인생을 사는 내내 아프고 스트레스에 짓눌려 있지요.

중요한 것은 늘 똑같습니다. 인식하고 전환하세요! 첫 번째 단계로 먼저 내 두려움이 진짜가 아니라는 것을 알아야 합니다. 두 번째 단계는 여기에서도 메타-태도를 취하는 것입니다. 인생의 모든 즐거움을 적으로 삼아버리는 설정은 아무 의미 없는 일이라고 말입니다. 그것은 누구에게도 이득이 되지 않으며 특히 스스로에게 제일 가혹한 일입니다. 당신 주변 사람들에게도 물론이고요. 안타깝게도 이미 돌아가신 제 아버지는 이런 말을 하곤 하셨습니다. "재미없는 삶이 누구에겐들 소용이 있겠니?" 저는 이 말을 늘 즐겨 인용하지요. 이제는 당신에게 똑같이 아버지의 말을 전달하고 싶습니다. 삶을 즐길 줄 아는 사람일수록 당신은 더 좋은 사람이라고요. 스트레스를 받으면 우리는 더 편협해지고 공격적이 됩니다. 그런 상태에서는 주변 사람들까지도 불편하게 만들지요. 바깥세상에는 멍청이들이나 돌아다니고 있다고 생각하게 되지요. 그러나 우리가 선의로 세상을 바라보면 그렇게 불평했던 바깥세상이 핑크빛 세상이 됩니다. 이것은 우리의 내면 상태가 얼마나 강력하게 외부 세계에 투사되는지를 단적으로 보여주는 예입니다. 삶에서 재미와 기쁨, 휴식을 찾는 것도 당신의 의무 중 하나로 여겨보세요.

함께 무언가를 공유하고 즐기는 것은 관계를 형성하는 요소들 중 빼놓을 수 없는 것입니다. 아이들을 키우는 부부는 누구보다 늘 지쳐서 녹초가 되어 있습니다. 너무 많은 제약들이 있기 때문입니다. 그럼에도 불구하고 배우자와 함께 무언가를 즐기는 시간을 갖도록 신경을 쓰는지, 아니면 관계에서 즐거움이 사라져버린 지 오래인지 생각해보세요. 정말 그렇다면, 다시 그런 즐거움을 함께 느끼기 위해 무엇을 해야 할지 고민해보세요. 서로 함께 느끼는 즐거움이 없는 커플은 일상의 습관에 그저 붙들린 채 살아갑니다. 이들은 대부분 주도권 싸움에 단단히 얽매여 있습니다. 주는 것과 받는 것 사이의 조화가 깨져 관계가 이렇게 망가진 것은 모두 상대방의 책임이라고 비난하면서요. 이런 경우에 해당된다면, 한 번쯤 시간을 내서 상대와 이야기해보기를 권합니다. 하지만 부디 대화를 시작하자마자 비난과 불평으로 직진하지는 마세요. 초점은 어디까지나 해결책을 찾는 데 맞취져야 합니다. 스스로 삶에서 재미와 여유를 찾을 때 더 나은 연인, 부모, 동료, 친구가 된다는 사실을 잊지 말기를 바랍니다. 해야 할 일들을 적어두는 것처럼, 즐거운 일을 하는 날도 미리 정해 다이어리에 적어두세요.

우리의 뇌는 부정적인 것에 초점을 맞춰 사고하도록 되어 있습니다. 이것이 인간의 역사에서 우리의 생존을 가능하게 해주었기 때문입니다. 가엾게도 뇌라는 소프트웨어는 자동화가 진행된 현대사회로 완벽히 편입하지 못했습니다. 그래서 우리는 뇌가 생각할 때 그 자동 기능에 맞추어 혼자 일하도록 놓아두면 안 되고 우리의 성숙한 자아를 통해 의식적으로 계속 수정해주어야 합니다. 다시 말해 우리가 어두운 생각에 빠진 것을 감지했을 때 곧바로 '스톱!'을 외치고 기분을 밝게 만드는 생각들에 집중해주어야 한다는 것이지요. '내 인생에서 잘되고 있는 것은 무엇이지?', '내가 자부심을 느껴도 되는 것에는 무엇이 있을까?', '난 누구를 좋아하지?', '나를 좋아하는 사람은 누구일까?', '내 장점은 무엇일까?', '내가 감사할 일에는 무엇이 있을까?' 이 생각들은 우리의 뇌가 혼자서 자동으로는 하지 못하는 질문들이고, 그렇기 때문에 이런 질문을 할 수 있게끔 도와주어야 합니다. 태양 아이가 자주 나타나는 훌륭한 자존감을 가진 사람들은 스스로 이 생각을 합니다. 이것이 그들의 성공 비밀 중 하나이지요. 이들은 뼈저린 실패 후에도 자신이 지금까지 인생에서 이룬 것은 무엇이고 잘할 수 있는 것은 무엇인지 눈앞에 그려보며 모든 것을 다시 지어 올립니다. '내가 감사할 일에는 무엇이 있을까?'라는 질문은 낭신의 사고 안에서 정말 큰 공간을 배당받아야 합니다. 자기 자신을 피해자 역할에 가두어버리면, 스스로 불행하다고 판단해버리는 것과 다름없는 선택을 하는 것입니다.

현재의 당신을 있게 한 것은 바로 당신이라는 사실을 깨닫게 된다면 이제 더 큰 삶의 기쁨을 느끼며 살아갈 수 있습니다. 평범하게 들릴지 모르겠지만 삶에서 작은 기쁨들을 더 분명한 인식하에 즐기며 살아가야 한다는 의미입니다. 스트레스를 많이 받는 사람들은 그들이 무엇을 먹고 마시는지도, 주변에 얼마나 감탄할 만한 아름다움이 널려 있는지 잘 인지하지 못합니다. 마음이 완전히 망가져서 병원에 와서야 이들은 '즐거움 요법'이라는 치료를 받으며 다시 음식의 맛을 음미하는 법과 감각의 스위치를 올리는 법을 배웁니다. 이미 언급했듯이 많은 사람들이 자신의 욕구와 원하는 것이 무엇인지 느끼지도 못할 정도로 그것을 지우며 살아갑니다. 이제 눈을 뜨고 당신의 감각을 열어 아름다운 것들을 받아들이세요. 집과 직장의 당신 자리를 예쁘게 꾸며보도록 하세요. 주변 환경은 당신의 기분과 지속적인 상호작용을 하고 있습니다.

스스로를 온전히 느끼며
관계를 만들어 나가는 법

지금부터 소개할 보물 전략들은 과도한 순응 성향을 보여서 자신의 자율성을 길러야 하는 그림자 아이를 가진 사람들을 위한 것입니다. 요약하자면 당신의 욕구들을 더 잘 느끼고 자신의 입장을 대변해야 한다는 것이 핵심입니다. 자신의 욕구를 스스로 대변하는 일은 갈등을 견디는 능력을 향상시킵니다. 또한 스스로 자립할 수 있다는 확신을 심어줍니다. 그 과정에서 당신은 타인의 의견이나 애정에 덜 영향을 받는 사람이 될 것입니다.

강력한 자율 성향을 보이는 그림자 아이 뒤에도 과도한 순응 성향이 숨어 있다는 것을 생각해야 합니다. 자율 성향이 강한 사람들 역시 사랑받기 위해서 다른 사람들의 기대를 충족시켜야 한다는 생각이 있습니다. 그러나 이 생각은 이들 안에서 반항과 저항감을 불러와 안티 프로그램을 작동시키고 맙니다. 건강한 진짜 자율성으로 살아가는 게 아니라 외부와 차단하고 경계를 긋는 행동을 함으로써 일종의 가짜 자율성으로 살아가는 것입니다. 그렇기 때문에 지금부터 소개할 전략들은 과도한 자율 성향의 그림자 아이에게도 매우 중요합니다. 건강한 자율성에 도달하기 위해 지금부터 살펴볼 내용을 잘 읽어보세요. 이것이 해결될 때 비로소 연애라는 모험에도 더 잘 적응할 수 있습니다. 왜냐하면 내적으로 경계를 긋는 자신의 강점이 완전하게 충족되면 더 이상 그 가시가 외부를 향하지 않아도 되기 때문입니다.

내적인 경계를 긋는 능력은 스스로 소중하다고 느끼고, 나 자신을 느낄 수 있고, 자신을 대변할 수도 있고, 관계를 함께 만들어 나가는 힘을 의미합니다.

당신을 중요하게 여기세요

이 말은 거의 괴로울 정도로 평범한 말로 들립니다. 자기계발서로 꽉 찬 서랍 맨 아래 칸에 있는 책에 쓰여 있을 것 같기도 하죠. 그럼에도 불구하고 과도한 순응 성향의 그림자 아이가 자신의 욕구를 중요하지 않게 여기는 것은 분명한 사실입니다. 욕구가 상대에게 맞추려는 행동을 방해하기 때문이지요. 자신의 욕구를 중요하게 생각하기 시작하면 아마 주변 사람들과 경계를 그어야 할 것이고, 이는 그림자 아이가 가장 피하고 싶어 하는 일입니다. 조화로운 관계만을 생각하는 이들의 깊은 욕구는 자기 자신답게 살아가는 길을 가로막고 있습니다. 이들은 모든 것이 푹신푹신 부드럽길 바랍니다. 앞서 설명했듯이 이런 태도는 단기적으로는 조화로움을 보장해줍니다.

당신이 자율 성향을 더 강화시키고 싶다면 일단 가장 기본적인 결정을 내려야 합니다. 욕구, 사고방식, 감정과 생각과 목표들을 지금 당장부터 중요하게 여기겠다고 다짐하는 것입니다. 당신의 욕구에 대해 책임을 지고, 상대가 이것을 당신의 눈에서 읽어주기를 기대하지 마세요. 무리한 요구입니다. 당신이 직접 대변해야 하는 것입니다. 모두가 자신의 욕구에 책임을 진다면 그 누구도 다른 사람의 생각을 읽는 일 같은 것은 하지 않아도 되며, 열린 마음으로 공정한 분위기에서 서로를 대할 수 있습니다.

당신 자신을 느껴보세요

■

당신이 순응 성향이라면, 당신의 주의력은 다른 사람에게만 향하고 자신에게는 향해 있지 않을 것입니다. 아무도 없을 때 스스로를 제일 잘 느낄 수 있지만, 다른 사람들과의 접촉을 통해서는 자신을 점점 더 잃어갑니다. 그래서 당신에게는 스스로를 인식하는 일이 너무나 중요합니다. 그래야만 스스로를 지키기 위해 반드시 필요한 나와 너 사이의 경계도 감지할 수 있습니다.

우리가 자기 자신을 느낄 수 있는 가장 쉬운 방법은 호흡을 느껴보는 것입니다. 눈을 감고 당신의 호흡에 주의를 기울여보세요. 억지로 바꾸거나 조절할 필요는 없고, 그냥 가만히 인지해보세요.

다음의 연습은 눈을 감은 채 하기를 바랍니다. 연습을 시작하기 전에 한 번 끝까지 읽고 시작하는 것을 추천합니다.

우선 눈을 감고 아무 목적 없이 호흡에만 집중해보세요. 이제 다른 사람 때문에 매우 화가 났던 상황을 한 가지 떠올려봅시다. 연인이 있다면 그가 당신을 화나게 했던 일을 생각해봐도 좋습니다. 이제 이 상황이 지금 바로 일어나고 있는 것인 양 의식 속으로 생생하게 불러와 분노를 느끼는 것을 스스로에게 허락해주세요. 물론 원한다면 슬픔이나 다른 불쾌한 감정들로 분노를 대체해도 됩니다.

당신의 주의력을 내면으로 집중하는 가운데, 분노(슬픔, 수치스러움 등)를 의식적으로 느끼세요. 보통 우리는 감정을 느낄 때 외부에, 분노의 대상에게 집중을 합니다. 예를 들면 상대에게 분노의 감정을 집중하는 식이지요. 그리고 여전히 외부에서, 누군가에게 복수를 다짐하거나 분노의 대상을 깎아내리면서 이 감정을 해소하려고 하지요. 하지만 우리가 자신의 감정을 느끼려고 할 때는 내면에 있는 공간을 탐구해야 합니다. 이 과정에서 당신은 분노가 상대의 행동 때문에 나온 결과가 아니라, 그 행동에 부정적인 의미를 부여하는 자신의 그림자 아이에게서 비롯되었음을 알게 될 겁니다. 그것을 느낌으로써 당신은 이미 인식의 첫 번째 입장에서 조금 멀어져(현장 시점, 그림자 아이, 감정과의 완전한 동일시) 세 번째 입장(관찰자, 성숙한 자아)을 향해 가는 것입니다. 그곳에서 화난 그림자 아이를 부드럽고 다정하게 다뤄주고, 그 아이를 이해하게 될 것입니다. 화난 그림자 아이의 손을 잡고 내면에 그의 자리를 마련해주면, 그 아이는 잠잠해지고 감정은 스르르 풀어집니다. 당신의 분노가 어떤 것인지 알 때에만 당신은 상황과 감정에 대한 책임을 질 수 있고, 상대방과 함께 계속 가기 위한 의미 있는 해결책을 찾을 수 있습니다.

    기본적으로는 호흡을 통해 감정에 가장 빠르게 접근할 수 있습니다. 그러므로 하루에 여러 번 당신의 호흡에 주의를 집중하면서 내면에서 어떤 감정이 떠오르는지 느껴보세요. 명상 역시 자기 자신을 만날 수 있는 좋은 수단입니다. 신체를 더 잘 느낄 수 있는 연습들이 대체적으로 당신에게 도움이 될 것입니다.

결정하고 협상하세요

■

과도한 순응 성향의 사람들은 결정을 내리는 것을 어려워합니다. 기본적으로 자기 자신을 존중하는 것에 대한 연습이 많이 부족하기 때문입니다. 이들은 자신의 삶을 적극적으로 만들어 나가기보다는, 무슨 일이 일어나면 그냥 그러도록 놓아둔다는 편이 더 가까울 것 같습니다. 당신이 스스로를 느끼는 법을 학습하면, 결정을 내리는 일도 한결 수월하게 느껴질 것입니다. 그러면 삶과 관계 역시 능동적으로 이뤄나갈 수 있습니다.

다음의 연습은 당신이 올바른 결정을 내릴 수 있도록 도와줄 겁니다. 눈을 감고 하는 연습이므로 시작 전에 한 번 다 읽어보세요.

1. 실제 있었던 일을 떠올리거나 아니면 원하는 상황을 연상해봅니다. 당신은 그것을 너무나 원하고 있습니다. 이때 몸의 느낌이 어떠한지 가만히 느껴보세요. 이 긍정적인 느낌에 당신의 몸이 어떤 표현을 하는지 주의해야 합니다. 간질간질한 느낌일 수도 있고, 배가 따스한 느낌일 수도 있고, 깊은 숨이 쉬어지는 경우도 있습니다. 이 느낌을 잠시 즐겨보세요. 그리고 천천히 눈을 뜨고 깊은 심호흡을 합니다. 몸을 가볍게 흔들어 다시 지금, 여기로 돌아옵니다.

2. 다시 눈을 감고, 당신이 절대 수용할 수 없는 어떤 상황(예를 들어 당신이 절대 수용할 수 없는 특정 정치적 견해 같은 것)을 상상해봅니다. 당신은 자신이 분명 이 일에 반대할 것이라는 걸 확실히 알고 있습니다. 그리고 몸의 반응을 느껴봅니다. 이 느낌 또한 잠시 음미하고, 수면 위로 다시 올라오기 전에 깊은 들숨과 날숨을 쉬고 조금 몸을 움직입니다. 연습을 끝내면서는 스트레칭을 하거나 기지개를 펴도 좋습니다.

이제 당신이 무언가에 동의할 때, 그리고 반대할 때 몸이 어떻게 느끼는지를 알았습니다. 이것을 바탕으로 뭔가 결정할 일이 있을 때 몸의 반응에 주목해보세요. 당신이 느끼는 것은 찬성의 반응인가요, 아니면 반대의 반응인가요?

앞서 얘기했듯이 그림자 아이에게서 비롯된 감정은 문제를 해결하는 데 별 도움이 되지 못합니다. 그들은 좋지 않은 충고자들이니까요. 그래서 우리의 투사에서 벗어나는 게 중요한 것입니다. 당신이 느끼는 감정이 그림자 아이의 감정인지, 아니면 건강한 감정인지 어떻게 알 수 있나요? 이 질문에 답을 하기 위해서는 일단 관찰자 시점, 당신의 성숙한 자아의 시점으로 이동합니다. 그리고 '인식의 세 가지 입장'에서 했던 것처럼, 이 시각에서 볼 때 지금 느끼는 감정에 그림자 아이의 몫이 얼마나 되는지 분석해봅니다.

결정을 잘 내리지 못하는 것은 대개 그림자 아이와 합리적 이성이 자꾸 뒤섞이기 때문인 경우가 많습니다. 이 두 가지가 우리 안에서 뒤섞일 때, 우리는 "머리로는 잘 알겠는데, 그런데…"와 같은 표현을 사용합니다. 똑똑한 어른이라면 무엇을 해야 할지 정확히 알지만, 그림자 아이가 자꾸 불평을 하며 끼어드는 것입니다. 그렇기 때문에 이 두 가지를 서로에게서 분리하는 것이 더욱더 중요합니다.

당신이 감정과 합리적 이성을 동원해 결정을 내렸다면 이제 실행으로 옮길 차례입니다. 어떤 사람들은 결정을 내리고 나서 그것을 행동으로 옮기지 않습니다. 이런 경우에는 결정을 내리지 못한 것에 비해 더 진행되는 일이 딱히 없습니다. 어떤 일을 진짜로 하는 것보다 더 좋은 것은 없습니다. 움직여야 할 길에 장애물이 놓인 이유는 결정 후에 갈등이 찾아왔거나 게으름 때문입니다. 결정 후 갈등은 일단 결정을 내린 이후에 생겨나는데, 자신이 내린 결정을 계속해서 의심하는 것입니다. 실패나 거절에 대한 두려움이 행동을 향한 충동을 마비시키는 것입니다. 과도한 순응 성향의 사람들은 보통 100퍼센트 옳은 결정을 내리려고 애를 씁니다. 그러나 그런 것은 존재하지 않지요. 80퍼센트 정도면 행동으로 옮기기에 충분합니다. 결정을 잘못 내렸을 때 최악의 경우 어떤 일이 일어날지 스스로에게 물어보세요. 그러나 대부분의 결정들은 다시 번복할 수 있는 것들입니다.

그러면 게으름과 관련된 것은 어떤가요? 일주일에 세 번 운동을 해야 한다는 것을 잘 알지만, 안타깝게도 그렇게 하지 않습니다. 우리 삶에 산재하는 수많은 다른 문제들처럼 이것 역시 유전적인 영향이 큽니다. 우리에게는 활동 시스템 이외에 에너지 절약 프로그램이 있습니다. 이것이 우리의 회복을 관장하고 한정된 에너지를 잘 분배하도록 도와줍니다. 게으름이나 나태는 활동성과 똑같이 우리에게 속한 것들입니다. 두 상태 모두 자기 자신을 더욱 강화하는 작용을 합니다. 내가 활동적일수록 활동하는 데서 더 많은 기쁨을 얻고, 게으를수록 더 게을러지는 식입니다. 관성의 법칙과도 관련이 있지요. 당신이 내린 좋은 결정이 게으름 때문에 자꾸 흐지부지된다면, 시작할 정확한 날짜를 아예 정하고 일단 실행에 옮기시기 바랍니다.

우리가 하루의 일정에 특정한 구조를 부여하면 하루라는 시간을 가장 효율적으로 사용할 수 있습니다. 그 구조는 활동만큼이나 여가 시간도 포함하고 있어야 합니다. 당신이 무언가를 규칙적으로 하고 싶다면 그것을 하루나 일주일 계획에 확실히 집어넣으세요. 일단 시작하고 그것이 일종의 루틴이 되면 이 구조를 계속 지켜 나가는 게 훨씬 수월해집니다. 당신이 무엇이든 계속 미루는 습관 때문에 고생한다면 당신의 그림자 아이와 그의 실패에 대한 두려움을 살펴보세요. 이것이 계속 미루는 습관의 원인일 때가 매우 많습니다. 그러나 이렇게 미루거나 의식에서 아예 떨쳐버리는 일은 그 일을 제때 하는 것보다 더 많은 힘과 시간이 든다는 것을 알아야 합니다. 미루는 것은 하루에 24시간, 일수일 내내 할 수 있습니다. 반면에 어떤 일을 처리하는 데는 오로지 한정된 시간과 에너지만 필요합니다. 미루는 습관 때문에 처리하지 못한 일이 눈앞에 산이 되어 쌓여 있다면, 매일매일 이 산을 조금씩 작게 하는 것을 목표로 나누어 처리해보세요. '조금'이라고 하면 하루에 30분 정도를 투자해 매일 우편물을 정리한다거나 걸어야 할 전화들을 처리하는 것입니다. 이렇게 하면 그 거대한 산도 엄청난 공포감을 점점 잃어갈 것입니다.

잊지 마세요. 모든 결정은 담보 상태에 있는 것보다는 낫습니다.

토론하고 논쟁하세요

당신이 무언가를 결정하는 것에 성공했다고 해도 이것이 반드시 주변 사람들의 마음에 들지 않을 수도 있습니다. 그래서 당신의 결정을 외부에 떳떳이 대변할 수도 있어야 합니다. 이것은 순응 성향의 그림자 아이에게는 완전한 공포입니다. 매우 강력한 발전이 있어야만 가능한 일이지요. 서점에 가면 어떻게 자기의 의견을 관철시키고 설득하고 논쟁하는지에 관한 수많은 책들이 나와 있습니다. 그러나 이미 한 번에 입력하기 어려울 정도로 많은 정보를 담고 있기 때문에 저는 오직 하나의 전략, 그렇지만 그 무엇보다도 가장 효과적이고 적용이 쉬운 단 하나의 전략만 소개하겠습니다. 이 전략은 잘만 사용하면 든든한 도움이 될 수 있습니다.

중요한 것은 상대를 대하는 당신의 마음가짐입니다. 그림자 아이가 비굴한 모습을 보이는 사람들은 당연하게도 관계에서 열세인 쪽이 되는 것에 두려움이 있습니다. 열세와 우세, 이기는 것과 지는 것이 그들 생각의 틀입니다. 그때 스스로를 감지하고 전환해야 합니다. 성숙한 자아로 관찰자 시점을 취하고 상대가 같은 눈높이에 있음을 생각해야 합니다. 메타-태도를 준비합니다. 이것은 공동으로 나아가기 위한 것이지 둘 사이의 권력이나 주도권 싸움이 아닙니다. 성숙한 자아 모드에서 태양 아이 모드로 다시 한 번 업그레이드합니다. 그렇게 당신의 성숙한 자아의 자리뿐 아니라 더 긍정적이고 힘찬 분위기까지도 더하는 것입니다. 태양 아이 모드에서는 심지어 좋은 마음으로 상대를 바라볼 수도 있습니다.

다음 단계들을 거치기 전에 관찰자 시점으로 어떤 그림자 아이가 관계에 부담으로 작용할지 다시 한 번 점검해보세요. 당신은 상대에게 열등감이나 우월감을 느끼나요? 상대를 질투하고 있나요? 만약에 상대방을 불신하고 있다면 스스로에게 물어보세요. 당신의 불신에 확신을 줄 어떤 사실관계가 있나요? 아니면 그 불신은 전적으로 그림자 아이가 만든 것인가요? 이제 다음의 단계를 거쳐보세요.

1. 당신의 입장을 뒷받침하는 논거를 생각해보고 가능하면 종이에 적어보세요.
2. 상대의 주장을 뒷받침하는 논거에는 무엇이 있을지 예상해보세요.
3. 상대에게 훨씬 좋은 논거가 있다면, 그가 옳음을 인정하세요. 그러면 갈등은 해결되는 것입니다. 그렇지 않다면 당신의 입장을 내보이세요.
4. 이 갈등에 관련된 상황들을 적극적으로 만들어내세요. '어떻게든 결과가 나올' 때까지 기다리지 마세요. 자신감을 가지고 당신의 태양 아이 모드로 진입하세요. 이것이 성공하지 못할 경우 성숙한 자아 모드로 갑니다.
5. 당신의 입장을 설명하고 그다음에 상대방의 의견도 경청합니다. 상대가 납득이 되는 좋은 근거들을 가져왔다면 상대방이 옳음을 인정하세요. 확신이 없다면 조금 생각할 시간을 달라고 하면 됩니다. 당신의 논거가 낫다는 확신이 있다면 그 입장에 머무르면서 타협을 이끌어내세요.

아무리 어려운 문제라고 해도 기분이 좋은 상태에서는 훨씬 능숙하고 수월하게 접근할 수 있음을 기억하세요. 당신이 입장을 친절하게 설명한다고 해서 설득력이 없어지는 것은 아닙니다. 그리고 언제라도 생각할 시간을 요청할 수 있음을 확실히 알고 있어야 합니다. 불안정한 사람들이나 내향적인 사람들은 명확한 결정을 내리기 전에 혼자 생각을 완전히 정리해야 합니다.

거절하는 법을 배우세요

과도한 순응 성향의 그림자 아이는 모두의 마음에 들고 싶어 합니다. 그래서 이들에게는 싫다고 말하는 것이 정말 힘듭니다. 이들의 그림자 아이가 가진 왜곡된 인식 때문에 이들은 상대방이 자신과의 사이에 선을 그으면 그에게 엄청난 실망감을 투사합니다. 이들은 자신에게 초점이 맞춰진 기대들을 감지하고 그것을 조용히 채우기 위해 무척 노력합니다. 실제로 한 번 거절하는 법을 배우면, 거절한다고 해서 하늘이 무너지는 것도 아니고, 오히려 상대방이 이해해준다는 것을 경험하게 됩니다.

당신이 스스로의 욕구와 소망에 책임감을 가지도록 도움을 주는 메타-태도는 당신을 주변 사람들에게 더 투명하고 알기 쉬운 사람으로 보이도록 해줍니다. 당신과의 소통을 훨씬 덜 복잡하게 하는 것이지요. 함께 대화하는 사람이 어느 지점에 있는지 아는 것은 매우 홀가분한 일입니다. 이 책의 여러 부분에서 저는 무조건 순응하는 것이 다른 사람들과의 관계에 매우 부담을 지우고 심하면 관계를 망쳐버리는 경우도 있다고 언급했습니다.

그러니 이 모든 것이 자신에 대해 합당한 책임을 지는 것과 관련된 일임을 잘 알고 있어야 합니다. 이것은 곧 상대방이 당신에 대한 책임을 덜 지게 된다는 말이기도 합니다. 매우 좋은 일이지요!

이제 다시 한 번 태양 아이 모드나 성숙한 자아의 시점으로 가서 바라보세요. 상대방의 부탁을 거절하거나 약속을 변경하려고 할 때 상대가 실망할 만한 이유가 있나요? 당신이 모든 사람들의 입장이 다 되어봐야 하는 것은 아닙니다. 가벼운 나르시시스트 성향이 있는 사람들은 누군가 그들을 거절하면 매우 빠르게 화를 냅니다. 그런 식의 반응에 세뇌되면 안 됩니다. 휘둘리는 대신 성숙한 자아 모드로 상대방에게 무엇을 기대할 수 있을지 자신에게 물어보세요. 당신이 상대방의 그림자 아이에까지 책임이 있지 않다는 것을 명확히 인식하고 있어야 합니다. 당신이 정당한 권리로 거절했을 때 다른 사람이 지나치게 기분 상해하거나 분노하는 것은 그 사람의 문제입니다. 그 사람이 본인의 그림자 아이와 해결할 문제이지요.

당신의 성숙한 자아가 거절하는 것에 대해 그렇게 하지 않을 이유가 없다는 결론을 내리면 상대방에게 정직하게 이야기하세요. 이 문제에서도 다음의 원칙이 유효합니다. 거절도 친절하게 할 수 있다는 것이지요. 정직한 노는 이를 벅벅 갈며 말하는 예스보다 오히려 관계에 더 좋은 영향을 끼칩니다.

하지만 이것이 다른 사람들에게서 지속적으로 거리를 두면서 자신의 모든 사소한 욕구들에 엄청난 의미를 부여하라는 얘기는 아닙니다. 사람들이 자기주장 강화 세미나 같은 곳에 다녀와서 갑자기 강한 모습을 보이며 오직 자기 자신과 자기의 욕구에 대해서만 말하는 것은 굉장히 거슬리는 일입니다. 사람은 관찰자 입장에서 무엇이 적절한 경계이고 그렇지 않은지 아는 매우 훌륭한 직감을 계발할 수 있습니다. 이 관점에서 당신은 수월하게 거절하는 것이 옳은 것인지, 공정한 것인지, 아니면 상대방의 요구에 맞춰주는 것이 적절한 것인지 알게 됩니다.

당신이 노를 말해야 하는 상황에서 예스를 말했던 다양한 상황들을 떠올려보고, 그때 솔직했다면 어땠을지, 그랬을 때 최악의 상황으로는 어떤 일이 일어났겠는지 생각해보세요. 이 질문은 매우 결정적인 질문이지만 대개 사람들은 끝까지 답을 구하지 않습니다.

이미 여러 번 언급했듯이 우리는 상상했던 것들을 실행으로 옮길 수 있습니다. 이제 머릿속에서 선을 긋는 상황을 여러 번 상상해보는 훈련을 해보세요. 일단 거절하는 것을 직접 말로 여러 번 해보세요. 목숨이 걸려 있는 문제가 아닌, 사소한 것부터 시작하면 어떨까요? 예를 들어 당신에게 불필요한 물건을 팔려는 판매원이나 전화를 걸어 무언가 설명하려는 콜센터 직원에게 거절할 때, 상대방이 가능하면 모욕적으로 느끼지 않도록 어떻게 하면 당신의 의사를 선명하면서 최대한 친절하게 전달할 수 있을지 고민해보세요.

떠나보내세요

애착욕구가 강한 그림자 아이는 그 애착을 떠나보내기 너무 어려워합니다. 이들은 관계가 아무리 불행하다고 해도 헤어지는 것보다 꼭 붙들고 있는 게 낫다고 생각합니다. 홀로 되는 것에 대한 두려움이 너무나 커서 그것이 자유마저도 막고 있는 것입니다. 그러나 가끔은 헤어짐만이 망가진 관계의 유일한 출구일 때도 있습니다. 만일 아래의 상황에 해당된다면 진지하게 헤어지는 것을 고민해보세요.

- 타협이 전혀 불가능하고 일방적인 권력관계가 형성된 경우: 협의한 사항을 대부분 지키지 않거나 자기 원칙에 맞는 것만 지킨다.

- 비판을 전혀 수용하지 못하는 경우: 진짜 비판이든 본인이 혼자 곡해해서 들은 상상의 비판이든 엄청난 모욕감을 느낀 것처럼 반응한다. 관계는 아예 같은 편이 아니면 싸움만 있을 뿐이다.
- 성찰이나 자기계발에 대한 거부: 본인은 전혀 그럴 필요가 없는 사람이라며 자기 입장만 변호하고, 심리학이나 자아성찰과 관련된 모든 것을 깎아내린다. 혹은 자신은 고도의 자아성찰을 하는 사람이라고 주장하지만 현실은 전혀 아니다.
- 의존성이 너무 심한 경우: 자기가 원하는 것과 욕구의 무게를 모두 실어 상대방의 어깨에 매달린 꼴이다. 지속적으로 주의를 기울이고 응원해주어야 한다. 자립성이 매우 결여되어 있으며 상대방이 항상 자기를 위해 곁에 있어주기를 요구한다.
- 자율 성향이 너무 심한 경우: 능동적인 애착공포에 시달리고 있으며 그것을 개선하려는 의지도 없다.

관계를 맺고 있는 상대가 아주 힘든 성격을 가진 사람인데 자기 자신을 바꿔보겠다는 의지도 없다면 비참한 일입니다. 이 관계가 지속될 수 있는 상황은 오직 두 가지입니다. 내 개인적인 욕구를 드러내지 않은 채 그의 독재에 굴복하거나 어떤 정서적 교감도 없이 옆에서 살아갈 뿐 상대에게 무관심하고 내 일에만 집중하는 것입니다. 둘

다 의미 없는 일이죠. 의존적인 그림자 아이는 불행한 관계 안에서 길을 잃으면 매우 위태로워지는데 자기가 처한 관계의 슬픈 현실을 부정합니다. 게다가 상대가 일으키는 문제에 대해서까지도 오히려 사과하고 변명함으로써 공감의 통로를 만들려는 시도를 합니다. 그러나 헤어지는 것만은 끝내 하지 못합니다.

어떻게 떠나보내는 법을 배울 수 있을까요? 이미 박살난 관계를 붙이고 있는 형편없는 접착제는 나아질 것이라는 희망입니다. 당사자 중 한 명이나 둘 모두는 상대방이 변할 것이라고 지치지도 않고 희망합니다. 우선 이 관계를 현실적으로 점검해보아야 합니다. 당신이 이런 경우에 해당된다면 관찰자 시점으로 이동하여 어려운 관계에서 원인 제공의 지분이 상대방과 내가 각각 얼마씩인지 분석해봅니다. 내면의 눈으로 둘 사이에 유리벽을 세우고, 연루되어 있는 그 관계에서 당신을 빼내봅니다. 객관적인 판사의 시각을 유지하면서 상대가 변할 것이라는 믿음을 갖는 게 얼마나 현실적인 것인지 질문해봅니다. 그것이 매우 비현실적인 기대라는 대답에 도달했다면, 이 현실에게 내면의 공간을 주고 그것을 느껴보세요. 그리고 호흡과 가슴-배 부분에 주의를 기울이고 속으로 말해봅니다.

"희망은 없어."

이 순간에는 엄청나게 슬픈 일이겠지만, 이것이 당신에게 더 나은 삶을 모색하게 하는 동기가 될 수도 있습니다.

다음 단계로 가기 전에 잠시 기분을 전환하거나 신체를 톡톡 두드리는 것으로 슬픔을 털어내고 가도록 합니다. 이제 머릿속에서 상대가 없는 삶을 그려봅니다. 그리고 당신의 에너지를 어디에 집중하는 게 가장 생산적일지 생각해봅니다. 빈 공간을 막을 새로운 것도 없는 상태에서 오래된 것을 떠나보내는 게 어려울 수 있습니다. 그래서 많은 사람들이 옛 관계를 끝내곤 금세 새로운 사람을 찾습니다. 그러나 저는 당신이 애착의 대상을 급히 찾아 또 다른 불행한 관계에 착륙하지 않기를 바랍니다. 그 대신 모든 에너지를 당신이 지금 어떻게 하느냐에 따라 당장 행복해질 수 있는 일에 집중해보기를 권합니다. 관계에서 아무것도 통제할 수 없는 상황 때문에 오랫동안 고통스러웠고, 이제 그 통제력을 다시 획득하는 것이 매우 중요합니다. 충족감을 주고 행복하게 하는 일들, 혹은 그저 당신을 한 발짝 더 나아가게 해줄 일들이 그 목적을 이루도록 도와줄 것입니다. 그 순간이 개인적으로 큰 변화가 있는 시기입니다.

상상할 수 있는 모든 것을 우리는 실제로 실행에 옮길 수도 있습니다. 지금의 관계가 없는 삶을 상상할 수 있다면, 실제로 그런 삶을 살 수 있다는 뜻입니다. 앞으로 분명히 당신의 삶에 새로운 관계가 찾아올 겁니다. 그림자 아이의 손을 잡고 다음에는 진짜 관계를 맺는

다면 당신의 미래는 현재보다 훨씬 더 행복할 것입니다. 당신이 용기만 낸다면 당신 앞에 모든 길이 활짝 열려 있습니다. 이제는 더 이상 누구와도 관계를 맺지 못할 것이라는 두려움은 나이가 스물이든 일흔이든 헤어짐을 겪는 모든 사람들 앞에 나타나는 유령 같은 것입니다. 하지만 염려하지 마세요. 길은 계속 이어질 거예요.

나의 연약한
감정 받아들이기

자율 성향에 많은 가치를 두는 사람들은 불안해하는 그림자 아이를 보호하기 위해 외부에 완고한 경계를 긋습니다. 어떤 경우에는 '애착 손상'은 없고 '자율성 손상'만 있기도 한데, 이 경우엔 어머니가 애착 욕구는 매우 잘 채워주었으나 자유를 너무 심하게 제한했을 가능성이 높습니다. 스스로의 가치를 소중하게 여기기는 하지만, 관계가 친밀해지는 순간 이들의 오래된 그림자 아이 프로그램이 고개를 듭니다. 간섭이 심했던 어머니나 아버지를 떠올리는 것이지요.

변화의 근본적인 부분은 역시 같은 원칙입니다. 당신의 옛 투사를 놓아버리고 성숙한 자아를 강화하는 것 말입니다.

저항감을 버리세요

■

앞서 강조했듯이 사율 성향의 그림자 아이들은 꽤 큰 반항심과 분노를 숨기고 있습니다. 공격성은 자기주장과 관련된 감정이고 그 자체로 나쁜 감정은 아닙니다. 그러나 분노가 그림자 아이의 투사를 통해 드러나면, 매우 부적절한 모습으로 나타납니다. 그림자 아이 안에 갇혀 있으면 내 감정과 생각은 모두 적절하고 정당한 것으로 여겨집니다. 변화를 위한 가장 기본적인 단계는 늘 그랬던 것처럼 인식 자체가 왜곡되었음을 아는 것입니다. '어떤 인식의 왜곡이 저항의 충동을 느끼게 하는가?'라는 질문에 답을 해보세요. 어쩌면 이 책의 연습들을 통해 이미 충분히 해본 질문일지도 모르겠네요. 하지만 퍼즐 조각 하나가 부족할 수도 있으니까요.

만약 당신이 누군가를 사귈 때 친밀감에서 도망치는 일이 반복적으로 일어난다면, 혹은 아예 연애관계 자체를 잘 맺지 않고 있다면, 당신이 느끼는 저항감의 핵심은 무엇인지 한 번 근거를 모아보는 것도 좋겠습니다. 저항감을 느꼈던 사람들을 떠올리며 적어보면 더 확실한 결과가 나올 것입니다. 마음속을 느껴보고 이것이 무엇과 관련된 일인지 감정적인 부분을 적으려는 시도를 해보세요. 몇 개의 예시가 있습니다.

- 누군가가 나를 구속하려고 하거나 매달리면 두려움을 느낀다.
- 상처받고 버려지는 것이 두렵다.
- 무기력해지고 의존적이 되는 것에 대한 두려움이 있다.
- 친밀한 관계를 갈망하지만 그런 관계는 어쩐지 창피한 것 같다.

이 두려움들 중 한 가지 이상에 공감한다면 그것은 당신 그림자 아이의 투사입니다. 당신의 그림자 아이는 자신이 열등하다는 망상을 하고 있으며, 늘 사랑스럽고 착한 모습으로 상대의 모든 기대를 충족시켜야 한다고 믿음으로써 자신의 자유를 포기했습니다. 이 때문에 관계 안에서 감옥과 같은 답답함과 무기력을 느끼는 것입니다. 당신의 그림자 아이는 관계가 당신을 옥죈다고 생각하나, 이는 잘못된 생각입니다. 당신의 순응 프로그램은 홀로 머릿속에 경계를 그어 놓고 스스로를 가두었습니다. 이 감금에 저항해서 당신의 그림자 아이는 친밀감의 순간 뒤에 늘 상대와 심하게 충돌합니다. 어쩌면 그림자 아이는 상대방이 떠나고 홀로 남겨질 것이라는 두려움이 너무 큰지도 모르겠습니다.

방어기제로서 이 그림자 아이는 어떤 대가를 치르더라도 자신이 관계를 통제하려고 합니다. 그래서 거리를 두는 것이지요. 앞서 말했듯 상실에 대한 두려움과 과도한 순응 성향은 자매품 같은 것입니다.

상실에 대한 두려움은 상대방이 원하는 것에 무조건 굴복해야만 한다는 잘못된 확신을 갖게 합니다. 그런데 이것은 반항심으로 가득한 저항이 만들어내는 바로 그 생각과 똑같은 것입니다.

어쩌면 당신은 어린 시절에 단순히 친밀감이나 다정함 같은 감정을 어떻게 다루어야 하는지 배울 기회가 없었던 것일지도 모르겠습니다. 그런데 그런 감정들이 창피한가요? 이 부분에서도 당신은 그림자 아이 안에 갇혀 있는 것입니다. 유아기의 기억이 오늘날까지 옮겨온 것이지요. 아마도 당신의 부모님은 당신을 자주 거절했던 것 같습니다. 그래서 스스로의 감정을 부끄러워하게 된 것입니다. 그래서 상대가 친밀하게 다가오면 주변에 장벽을 쌓고 고립된 것처럼 느낍니다.

당신이 느끼는 저항감의 실체가 무엇이든, 인식의 세 가지 입장을 이용해서 투사에서 자유로워져 저항감을 없앨 수 있습니다. 차분하게 다음의 과정을 따라해세요.

1. 당신의 그림자 아이가 상대에 대한 저항감을 가졌던 관계 상황을 떠올려봅시다. 먼저 인식의 첫 번째 입장으로 가서 당신의 그림자 아이에게 물어보세요. 그의 두려움은 무엇입니까? (조종당하는 것, 구속감, 무기력, 부끄러움?) 상대에게 어떤 나쁜 의도가 있나요?

2. 그림자 아이에게 충분히 질문했다면, 이제 모든 부정적인 감정들을 털어내고 인식의 두 번째 입장으로 갑시다. 상대방의 자리로 가는 것입니다. 상대가 당신이 자꾸 뒤로 물러서고 정서적으로 차단하는 것에 대해 어떻게 생각할까요? 상대방의 눈을 통해 상황을 인식하고 상대의 감정을 느껴보세요.

3. 앞의 두 과정을 마무리했다면 다시 모든 감정을 털어버리고 세 번째 입장인 관찰자 시점으로 갑시다. 성숙한 자아의 자리에서 당신의 행동을 분석해봅니다. 당신은 이제 다 성장한 어른으로 상대와 같은 눈높이에 있음을 인식하세요. 당신은 자유롭고 하고 싶은 일을 할 수 있는 능력이 있으며, 늘 반항적으로 거부하는 행위를 통해 그것을 증명해야만 하는 것은 아닙니다. 당신에게는 물론 상대방과 동등한 권리가 있습니다. 더 많은 친밀감과 애착을 원하는 상대방의 요구가 과연 정당하지 않은 것인지 따져보세요. 당신 또한 감정을 드러낼 수 있으며 상대방에게 기대거나 다정해져도 괜찮습니다. 상대방은 당신의 엄마나 아빠가 아닙니다.

만일 당신이 트라우마의 경험이 있다면, 그림자 아이의 투사로부터 거리를 확보하는 게 더욱 더 중요해집니다. 트라우마의 문제점은 뇌가 당신이 현재 안전하며 신뢰할 만한 사람들이 있다는 사실을 믿지 못한다는 점입니다.

연약한 감정도 허락하세요

■

자율 성향의 그림자 아이들은 두려움, 창피함, 슬픔, 무기력과 같은 연약한 감정을 어떻게 다뤄야 할지 잘 모릅니다. 여러 가지 원인이 있겠지만 이들의 부모가 이런 종류의 감정을 스스로 잘 다루지 못했던 사람들이었을 가능성이 높습니다. 아니면 부모가 매우 연약한 사람이었기 때문에 아이가 그들의 약함과 욕구에 너무 시달린 나머지 일찍부터 자율 성향을 매우 강력하게 발달시켰어야만 했는지도 모릅니다. 아니면 부모 중 한 명이 너무 강력하거나 과보호 성향이어서 아이가 늘 그것에 대항해야만 했거나 어떤 상황이라도 약한 모습을 보이면 안 되었을 수도 있습니다.

긍정적인 면을 보자면 이렇게 과도한 자율 성향의 사람들은 실제로 강한 타입이 많습니다. 대부분 이들은 직업적으로도 매우 성공한 경우가 많습니다. 그러나 관계적인 측면에서는 너무 지나친 자립심과 강한 성격이 문제를 일으키는 경우가 많습니다. 상대방과 제대로 애착관계를 형성하기가 어렵기 때문입니다. 이들은 자기가 좋아하지 않는 감정들이라고 해도 여러 가지 감정을 느끼는 것을 스스로에게 허락해야만 합니다.

사랑은 사람을 강인하게, 동시에 연약하게도 만듭니다. 내가 사랑으로 강해지는 것은 상대방의 헌신과 애정, 그리고 소중히 여기는 마음을 통해서입니다. 사랑 때문에 연약해지는 것은 관계가 의존적이 되도록 만들고 상처받기 쉬운 사람으로 만들기 때문입니다. 가능한 한 상처받지 않고 방탄조끼를 입은 것처럼 살아가는 것에 큰 가치를 둔다면, 사랑으로부터 스스로를 계속 방어해야 합니다. 그렇지 않은 한 생각과 감정을 허용하고 상처를 받을 수도 있다는 사실을 받아들여야 합니다. 이런 감정들을 허락하고 긍정할 때만 다른 사람과 애착관계를 형성할 수 있습니다. 현실을 긍정하며 받아들이는 것은 여기에서도 요구되는 덕목입니다.

원한다면 다시 한 번 눈을 감고 호흡에 집중한 채 스스로에게 고백하세요. "맞아, 난 상처받기 쉬운 사람이야", "맞아, 난 의존적인 사람이기도 해", "그래, 난 지나친 친밀감이나 애착관계에 두려움이 있어." 이밖에도 긍정하는 말로 시작하면서 당신의 상황에 잘 들어맞는 다른 문장들을 만들어보고 이 감정들을 말할 때 어떤 느낌이 드는지 느껴보세요. 보통은 평소에 생각했던 것보다 훨씬 덜 나쁘고 덜 극단적으로 느껴지는 효과가 있습니다.

분노나 환희 같은 강렬한 감정들만 허용한다면 강인한 사람처럼 보일 수도 있지만 당신 존재의 어느 한 부분을 막아놓은 상태입니다. 반쪽만으로 살아가고 있는 거죠. 온전한 존재가 되고 싶다면, 다른 표현으로 '치유'를 원한다면 다른 감정들도 받아들이세요. 좋아하기 어렵고 연약한 것으로 여겨지는 그 감정들 말입니다. 그 감정들이 당신을 때려눕히지는 않을 것입니다. 그리고 만에 하나 그런다고 하더라도 그것은 잠시뿐입니다. 그 어떤 감정도 영원하지는 않으니까요. 당신이 옛 투사가 쳐놓은 그물에 아직 걸려 있다는 사실을 확실히 알아야 합니다. 그림자 아이는 당신이 이미 다 큰 어른이고 더 이상 엄마나 아빠에게 의존적이지 않다는 사실을 아직 완전히 이해하지 못한 것처럼 보입니다. 만일 누군가가 당신을 떠난다고 해도 당신은 계속 살아갈 것입니다. 당신은 어른이고 자립적인 사람이니까요.

이제 다시 한 번 인식의 세 번째 입장으로 전환해봅시다. 그곳에서 당신의 현재, 성숙한 어른의 삶을 분석해봅시다. 당신이 상처를 받는다고 해도 살아남을 수 있을까요? 한 번 생각해봅시다. 당신의 행동방식이 상대방에게는 얼마나 상처가 될까요? 방어기제인 '내면을 완전히 걸어 잠그는' 것으로 상대에게 당신은 원치 않은 엄청난 고통을 주었습니다. 이것이 정당한 일이 아니라는 것을 확실히 알고, 자신과 주변 사람들에게 좀 더 부드럽게 대하겠다는 결심을 하세요. 그럼으로써 당신의 삶이 얼마나 간단해지는지 알게 되면 정말 놀랄지도 모릅니다. 늘 강인하고 독립적인 사람으로 있는 것은 정말 많은 에너지가 드는 일이니까요.

신뢰하는 법을 배우세요

■

당신은 분명 모든 보물 전략이 서로 긴밀하게 얽혀 있으며 경계가 분명치 않다는 사실을 눈치 챘을 것입니다. 그래서 신뢰하는 법을 배우는 것도 약한 감정들을 허용해야 한다는 전략과 매우 가까이 있고, 저항감을 버리는 전략과도 가깝습니다.

자기에 대한 신뢰 없이는 남에 대한 신뢰도 없습니다. 어떤 상실에도, 어떤 상처에도 살아남을 것이라고 내가 나를 믿을 때에만 다른 사람을 신뢰할 수 있습니다. 신뢰의 조건은 나 자신을 먼저 믿는 것입니다. 따라서 신뢰에는 항상 상대방이 나를 떠날 수도 있고 상처 줄 수도 있다는 리스크가 존재합니다. 내가 상상 속의 그 위험을 극복했을 때에만 다른 사람에게 헌신할 수 있는 것입니다. 그렇지 않으면 우리의 주관적인 인식은 관계가 깨질 위험 부담이 너무 크다고 경고합니다. 상대방을 더 신뢰하고 싶으면 당신의 그림자 아이와 자존심을 놓아버려야만 합니다. 또한 당신의 태양 아이가 마음껏 활개를 펼치도록 더 넓은 공간을 허락해야 하지요. 이 문제를 해결하기 위해서는 부적절한 신념의 형태로 나타나는 우리의 오래된 투사를 없애는 게 관건입니다. 우리가 이제까지 많이 해왔던 연습이지요.

그밖에도 당신은 언제든지 관찰자 시점에서 상대방에 대한 불신이 과연 합당한 것인지 현실을 따져볼 수 있습니다. 논거를 찾기만 하면 되므로 아주 간단한 일입니다. 당신의 불신이 실은 명료하지 않으며 원칙에 관한 것이라면 그것은 당신의 그림자 아이로부터 온 것입니다. 반면에 그것이 아무 이해관계가 없는 제삼자가 보더라도 객관적으로도 정당하고 상대방의 행동에서 비롯된 것이라면 당신의 불신은 명확한 근거를 얻습니다. 어쨌든 결정을 위해서는 무엇이 받아들일 수 있는 행위이고 무엇이 실제로 신뢰를 깨트리는 행위인지 양쪽 모두 균형감 있게 고려해야 합니다. 당신의 그림자 아이를 항상 비판적인 눈으로 관찰하세요.

만약 객관적으로 검토했는데도 당신의 불신이 정당하다면, 상대방과 대화를 하세요. 그리고 대화 속에서 깨어진 신뢰를 혹시 다시 붙일 수 있을지, 상대방을 용서할 수 있을지 곰곰이 생각해보세요. 상대와 계속 함께하고 싶다면 용서는 피할 수 없는 일입니다.

그렇지만 성숙한 자아의 자리에서 관찰한 결과 상대를 믿어도 좋겠다고 생각이 들면 분명한 의식으로 결정하세요. 삶의 다른 문제와 마찬가지로 신뢰도 역시 개인적인 선택의 문제입니다.

상대방을 아끼는 마음과 공감하는 법을 연습하세요

■

지나치게 자율 성향을 지키려 하다 보면 자꾸만 인식의 첫 번째 입장에 머무르며 스스로를 그림자 아이와 동일시하는 자신을 발견하게 됩니다. 인식의 두 번째 입장인 공감의 시각으로 가는 것은 그다지 중요치 않게 여겨집니다. 그 이유는 그림자 아이에게만 묶여 있는 내가 신속하게 상대방을 적대적인 내 권리를 침해하려는, 조종하려는, 나쁜 의도가 있는 의존적인 사람으로 인식해버리기 때문입니다. 우리의 본성은 적에게는 동정심이 생기지 않도록 설계되어 있습니다. 그래야만 목숨을 지킬 수 있기 때문이었지요. 그리고 자신이 합당한 생각을 하고 있다고 믿습니다. 누가 나를 공격하면 나도 당연히 저항해야지!

지나치게 자율 성향이 강한 그림자 아이를 가진 사람들은 상대방이 자신을 자주 차갑게 밀쳐내서 외롭고 기댈 곳이 없다고 느낍니다. 앞서 얘기했듯이 자율 성향의 그림자 아이는 상대방이 자신에게 거는 기대에 대해 어떻게 대응해야 할지 모릅니다. 그렇지만 서로에게 기대하는 게 없는 관계란 있을 수 없습니다. 상대방의 아주 사소한 요구나 기대에도 자신을 구속하려 한다고 느끼는 사람은 관계를 유지해 나갈 능력이 없는 사람입니다. 당신이 이 경우에 해당된다고 생각하면 당신의 그림자 아이를 찬찬히 뜯어보세요. 당신이 상대방에게 마음을 닫고 거리를 둘 때 어떤 신념이 활성화되나요? 이 상황에 영향을 드리우고 있는 과거의 무서는 어떤 것일까요?

상대에게 애정을 보이고 싶다면 먼저 당신이 피해자라는 사고에서 빠져나와 당신과 상대방이 동등한 눈높이에서 관계를 이루고 있다는 사실을 깨달아야 합니다. 인식의 세 번째 입장으로 옮겨서 당신이 현재 자유로운 어른임을 이해하세요. 또 당신이 당연히 상대방과 같은 권리를 가지며, 그러므로 지속적으로 자율성을 주장할 필요는 없다는 사실을 받아들이세요.

이제 인식의 두 번째 입장으로 가봅시다. 당신이 반복적으로 거리를 두고 관계를 차단할 때 상대방의 마음이 어떨지 느껴보세요. 당신의 행동이 상대에게 어떤 감정을 들게 하나요? 그 감정들을 확실히 의식해보세요.

이제 당신의 새롭고 긍정적인 신념을 불러와 마음속 깊이 느낌으로써 태양 아이의 상태로 가봅시다. 우리는 기분이 좋을수록 더 애정 어린 마음으로 다른 사람을 만날 수 있습니다. 이제 다시 상대를 바라보고 태양 아이의 좋은 기분으로 다음의 질문에 대답해 보세요.

1. 상대방은 나를 어떻게 도와주는가?

2. 상대에게는 어떤 욕구가 있을까?

3. 상대의 욕구는 충족되는가?

4. 앞으로 스스로를 자율 성향의 그림자 아이와 동일시하지 않으려면 어떻게 해야 할까?

이 연습을 하며 경험한 것을 당신의 성찰 노트에 적어보세요.

가끔은 도움을 받으세요

자율 성향이 강한 그림자 아이들이 다른 사람의 도움을 잘 받으려고 하지 않는 것은 그들의 본성에 가깝습니다. 이들의 신념 중에 '난 혼자서 해내야만 해'가 있기 때문이지요. 하지만 꼭 그래야만 하는 것은 아닙니다. 성숙한 자아의 시점으로 바라보면서 당신 또한 다른 사람의 도움을 받아도 된다는 것을 깨달을 필요가 있습니다. 그리고 이 말은 곧 언제라도 다른 사람들과 애착관계를 형성해도 된다는 것을 뜻합니다. 당신이 쌓아올린 장벽 뒤에 혼자 앉아 있지 않아도 됩니다. 그동안 사람들로부터 위장하고 거리를 유지해왔던 방식을 포기하려고 할 때 당신이 꼭 완벽해야 하는 것은 아닙니다. 당신은 당신 그대로의 모습이어도 괜찮고, 이것은 다른 사람들이 그런 것처럼 실수나 연약함을 드러내도 괜찮다는 것입니다.

도움이 필요하다면, 그리고 그 필요한 도움이 그저 좋은 친구와의 대화일 뿐이라면 부담 없이 친구에게 말하세요. 자신의 문제점을 말하는 것이 약함은 아닙니다. 그보다는 오히려 문제가 생겼을 때 그것을 잘 관리하는 능력이 있음을 보여주는 신호이지요. 그리고 거의 모든 심리학 연구가 문제에 대해 이야기하는 것이 엄청난 도움이 되며 반면 침묵은 비생산적이라고 쓰고 있습니다.

자신의 속마음을 표현해보세요. 어떤 염려를 하고 있고 무엇이 힘들게 느껴지는지 이야기해보세요. 그렇게 자기 이야기를 하는 당신을 상대방은 반가워하며 더 마음을 줄 것입니다. 그리고 그런 대화가 당신의 짐을 덜어주고 그로 인해 한결 쉽게 해결책을 찾을 수 있음을 알게 될 것입니다.

가끔은 그냥 예스를 선택하세요

■

사랑은 누군가를 선택하고 긍정적인 의미에서 자기가 선택한 사람에게 책임감을 느끼는 일입니다. 이것은 어떤 이유에서 상대방과 헤어지기를 원할 때에는 다시 새로운 선택을 할 수 있다는 의미이기도 합니다. 예스를 말하는 것도 내 자유이고 노를 말하는 것도 내 자유입니다. 이렇게 나에게 노를 말해도 좋다는 자유가 있음을 마음속 깊이 절감할 때에 비로소 솔직한 예스를 말하고 그것에 대해 건강한 책임감을 가지는 것입니다. 건강한 책임감이란 마음속 깊숙한 곳에서 우러나는 애정 어린 감정으로 상대가 잘 지내기를 바라는 마음입니다. 반면 건강하지 못한 책임감은 그 관계가 좋은가 좋지 못한가의 책임이 100퍼센트 본인에게 있다고 느끼는 감정이지요.

내담자 중 한 명은 애착에 대한 두려움으로 지금의 연인이 정말로 자신에게 잘 맞는 사람인지 자주 회의에 빠진다고 했습니다. 저는 애착에 대한 두려움이 있는 사람들에게 성숙한 자아의 자리에서 봤을 때 상대가 자신에게 맞는 사람이라는 결론을 내렸다면 딱 한 달 동안만 의식적으로 노력해보라고 조언합니다. 한 달이 지난 후에는 또다시 새로운 선택을 할 수도 있으니까요. 이들 중 다수가 겨우 한 달이지만 그 과정에서 의식적으로 노력하는 것이 실제로 상대방에 대한 그들의 내적인 태도를 변화시키고 친밀감을 향상시키는 것을 경험했습니다. 그러니 상대가 정말 당신과 맞는 사람인지 자꾸 의심이 든다면 먼저 관찰자 시점, 그러니까 성숙한 자아의 시점에서 관계를 판단해보고, 긍정적인 결정을 내렸다면 정해진 기간 동안이라도 확실히 관계에 임해보세요. 어떤 일이 일어날지 궁금하지 않나요?

당신만의 보물 전략을 실행에 옮기세요

■

앞서 설명한 전략들 중 이제 당신과 가장 관련이 있는 것을 골라 봅시다. 그리고 고른 것을 태양 아이 형상의 발치에 써넣으세요. 전략을 적을 때 개인적으로 더 와닿는 표현으로 바꿔주면 더욱 좋습니다. 예를 들면 '난 하루에 최소한 열 번은 나의 내면을 느끼고 내 감정들에 집중한다' 혹은 '난 저녁 여섯 시면 일을 마무리하고 한 시간 동안 산책을 한다' 등이 있겠네요. 전략의 내용이 구체적일수록 실제로 이것을 일상생활에서 실행에 옮길 가능성이 높아집니다.

이 책에서 언급하지 않은 다른 전략이 떠오른다면 당연히 그것도 당신의 전략으로 삼아도 됩니다. 중요한 것은 전략을 실제 일상 속에서 적용되도록 연습하는 것입니다. 그렇게 했을 때 얼마나 빠른 전진이 있을지, 당신은 아마 깜짝 놀랄 겁니다.

언제나
자기 자신이길

앞의 내용을 읽는 동안 많은 것을 배우고 얻었기를 바랍니다. 이 책이 당신의 개인적인 경험들을 계속해서 꺼내도록 만들고, 그래서 어떤 사람들은 힘겨워하기도 한다는 것을 정말 잘 알고 있어요. 저도 뭔가를 꾸준히 열심히 하는 타입은 아니랍니다. 그렇지만 이 책이 당신에게 실질적으로 도움이 되어야 한다는 저의 목표를 생각할 때 실제 사례와 그동안의 상담 경험에서 얻은 노하우에 근거하여 집필할 수밖에 없었고, 그렇기 때문에 당신의 적극적인 참여가 꼭 필요했다고 생각합니다.

저는 우리가 겪는 많은 문제들에 대해 그것을 어떻게 풀어가야 할지 조그만 실마리만 손에 쥘 수 있다면 직업적인 상담자나 치료자가 필요하다고 생각하지 않습니다. 하지만 저는 제 직업의 특성상 일상에서 심리치료가 절실히 필요한 아주 좋지 않은 상황들을 매일 보고 있습니다. 심리치료사에게 찾아가겠다고 결심한 사람들은 예약을 잡고 진료를 받기까지 오랜 시간을 기다려야만 합니다. 그런 과정에서 처음 상담을 받겠다고 결심하게 한 의지가 사라지는 경우도 많지요. 그밖에도 각자 만난 심리치료사나 상담사가 별 도움이 되지 않는 경우도 있습니다. 그런 원인이 한편으로는 치료사에게 있을 수도 있습니다. 예를 들어 문제를 제대로 이해하지 못했다거나 하는 경우입니다. 다른 한편으로는 내담자가 자신의 성장과정에 대한 책임을 지지 않으려는 경향이 있을 때 그렇습니다. 그러나 자기 자신과 자신의 그림자 아이에 대한 책임을 질 각오가 되어 있는 사람이라면 심리치료사와의 상담을 통해서만이 아니라 책을 통해서도 진전이 있을 수 있다고 생각합니다. 제 책을 읽은 독자들 중에서도 상담치료나 병원의 정신과 진료는 별 효과가 없었지만 제 책을 통해 스스로 치유한 분들도 꽤 있습니다. 자랑으로 하는 이야기가 아니라, 그림자 아이의 손을 잡을 수 있다면 당신도 삶에서 이런 긍정적 변화와 치유를 스스로 이뤄낼 수 있다고 한 번 더 용기를 주려는 것입니다. 그러나 그런 결과를 얻기 위해서는 당신의 뇌가 새롭게 훈련될 수 있도록 노력이 필요합니다.

이 책을 통해 당신이 얻을 수 있는 것 중 제일 중요한 것은 우리가 현실을 머릿속에서 직접 재구성하고 있다는 사실일 겁니다. 이 책 전체를 관통하는 생각은 당신이 이전의 투사를 제거하고 대신 현실을 바라보는 타당한 시각을 지녀야 한다는 것입니다. 한 번 더 반복하겠습니다. 일단 감지하고, 전환하세요. 이것이 모든 변화를 가능하게 하는 기초입니다. 당신이 투사되는 옛날 영화 속에 있다는 것을, 즉 그림자 아이 모드로 작동하고 있다는 것을 감지하면 현장 시점에서 관찰자 시점으로 전환하세요. 그렇게 현재 상황에 대해 보다 현실적인 시각을 지닌 성숙한 자아에 도달할 수 있습니다. 그곳에서 한걸음 더 나아가 반드시 당신 안의 태양 아이를 불러오는 것을 연습해야 합니다. 이것 역시 연습의 문제이지요. 여러 심리학 연구가 말해주듯 이 삶에서 성공을 보장하는 것은 원칙과 노력입니다. 하품 나게 지루한 말로 들리겠지만, 정말 그런 걸요. 다행인 것은 태양 아이는 우리 안의 쾌활함에 관한 것이어서 가볍고 경쾌한 태도로 접근한다면 태양 아이와 무척 즐겁게 지낼 수 있습니다. 가장 좋은 방법은 매일 아침마다 몇 분 정도씩 당신의 태양 아이를 생활 속으로 불러오는 시간을 갖는 것입니다. 그리고 새로운 신념들과 장점을 기억하고, 매일 하나씩 새로운 보물 전략을 연습하세요. 당신이 제일 좋아하는 음악을 들으면 태양 아이의 기분을 쉽게 만날 수 있을 겁니다.

마지막으로 지금까지의 내용을 정리해보겠습니다.

1. 어린 시절, 어떤 잘못된 각인이 있었는지 이해하고 그 각인이 오랫동안 어떤 식으로 당신의 삶과 관계들을 어렵게 만들었는지 직시합니다.

2. 당신의 신념들이 당신이 맺는 관계에 구체적으로 어떤 영향을 끼쳤는지, 즉 당신의 개인적인 방어기제가 무엇인지 인지합니다.

3. 늘 겪는 문제를 맞닥뜨렸을 때 그림자 아이와 옛 프로그램에서 거리를 두고 성숙한 자아에게 자신을 내어준 후 그 위치에서 현실을 점검해봅니다. 그림자 아이 모드가 작동하고 있다는 것을 감지하면 즉시 성숙한 자아의 스위치를 올리세요!

4. 태양 아이를 발견하고, 당신이 가진 자원에는 무엇이 있는지 헤아려봅니다. 오래되고 삐걱거리는 부정적 신념을 대체할 수 있는 새로운 신념을 만듭니다.

5. 당신을 강해지게 하고 새로운 신념을 만들어주는 태양 아이와 당신의 에너지, 그리고 좋아진 기분을 마음껏 느낍니다. 가슴과 배로 깊게 호흡하며 태양 아이를 맞이하세요.

6. 당신의 태양 아이와 함께 관찰자의 위치로 가서 당신의 오랜 문제들이 어떻게 보이는지를 인지합니다.

7. 당신만의 전략을 찾아 그 태도를 일상에 매일 적용해봅니다.

8. 이 모든 과정이 완전히 익숙해져서 당신의 뼈와 살처럼 느껴질 때까지 오랫동안 연습합니다.

자, 이제 이 책의 처음부터 끝까지 우리가 걸어온 길이 목적지에 도달했군요. 당신의 관계를 계속해서 행복한 것으로 빚어나갈 수 있기를 진심으로 바랍니다. 사랑, 애정, 이해, 그리고 호의가 결국은 모든 인간관계의 정수이고, 우리에게 남아 있는 희망입니다. 기쁨이 가득한 삶을 사세요. 그리고 언제나 자기 자신이길.

참고문헌

Branden, N. (⁶2014). Die 6 Säulen des Selbstwertgefühls. Erfolgreich und zufrieden durch ein starkes Selbst. München, Piper.

Corssen, J. & Tramitz, C. (2014). Ich und die anderen. Als Selbst-Entwickler zu gelingenden Beziehungen. München, Knaur.

Dahm, U. (2011). Mit der Kindheit Frieden schliesen. Wie alte Wunden heilen. Darmstadt, Schirner.

Dwoskin, H. (2015). The Sedona Method: Your Key to Lasting Happiness, Success, Peace and Emotional Well-Being. Sedona Press.

Frankl, V. E. (2015). Das Leiden am sinnlosen Leben: Psychotherapie für heute. Freiburg, Kreuz.

Gendlin E. T. (¹¹2016). Focusing: Selbsthilfe bei der Lösung persönlicher Probleme. Berlin, Rowohlt.

Heyman G. M. (2010). Addiction: A Disorder of Choice. Harvard University Press.

Grawe, K. (2004). Neuropsychotherapie. Göttingen, Hogrefe.

Jacob, G. & Arntz, A. (2014). Schematherapie. Fortschritte der

Psychotherapie. Göttingen, Hogrefe.

Jellouscheck, H. (^{10}2007). Wie Partnerschaft gelingt – Spielregeln der Liebe: Beziehungskrisen sind Entwicklungschancen. Freiburg, Herder.

Klein, S. (2014). Einfach glücklich. Die Glücksformel für jeden Tag. Frankfurt am Main, Fischer.

Klein, S. (2011). Der Sinn des Gebens. Warum Selbstlosigkeit in der Evolution siegt und wir mit Egoismus nicht weiterkommen. Frankfurt am Main, Fischer.

Nollke, M. (^{4}2017). Schlagfertigkeit. Freiburg im Breisgau, Haufe Lexware.

Reddemann, L. (2015). Imagination als heilsame Kraft. Zur Behandlung von Traumafolgen mit ressourcenorientierten Verfahren. Stuttgart, Klett-Cotta.

Rohr, H.-P. (^{6}2016). Die Kunst, sich wertzuschätzen. Angst und Depression überwinden. Selbstsicherheit gewinnen. Ostfildern, Patmos.

Ruppert, F. (^{4}2014). Symbiose und Autonomie. Symbiosetrauma und Liebe jenseits von Verstrickungen. Stuttgart, Klett-Cotta.

Sachse, R. (2006). Persönlichkeitsstörung verstehen: Zum Umgang mit schwierigen Klienten. Bonn, Psychiatrie-Verlag.

Schnarch, D. (^{6}2015). Intimität und Verlangen. Sexuelle Leidenschaft in dauerhaften Beziehungen. Stuttgart, Klett-Cotta.

Stahl, S. (^{8}2015). Leben kann auch einfach sein! So stärken Sie Ihr Selbstwertgefuhl. Hamburg, Ellert & Richter.

Stahl, S. (2014). Jein! Bindungsängste erkennen und bewältigen. Hilfe für Betroffene und deren Partner. Hamburg, Ellert & Richter.

Stahl, S. (^{2}2015). Vom Jein zum Ja! Bindungsangst verstehen und lösen. Hilfe für Betroffene und ihre Partner. Hamburg, Ellert & Richter.

Stahl, S. (^{14}2015). Das Kind in dir muss Heimat finden. Der Schlüssel zur Lösung (fast) aller Probleme. München, Kailash.

Stahl, S. (2017). Das Kind in dir muss Heimat finden. In drei Schritten zum starken Ich. Das Arbeitsbuch. München, Kailash.

Stahl, S. & Alt, M., (^{11}2016). So bin ich eben! Erkenne dich selbst und andere. Hamburg, Ellert & Richter.

Sufke, B. (2010). Männerseelen. Ein psychologischer Ratgeber.

München, Goldmann.

Sunbeck, D. & Lippmann, E. (⁶2005). Was die 8 möglich macht: Laufend neue Aufgaben lösen. Kirchzarten, VAK.

Unger, H.-P. & Kleinschmidt, C. (²2015). "Das hält keiner bis zur Rente durch!". München, Kösel.

조금 더 편해지고 싶어서
거리를 두는 중입니다

초판 1쇄 발행 2018년 5월 15일 **초판 8쇄 발행** 2024년 4월 1일

지은이 슈테파니 슈탈
옮긴이 오지원
펴낸이 최순영

출판2 본부장 박태근
W&G 팀장 류혜정
디자인 함지현

펴낸곳 ㈜위즈덤하우스 **출판등록** 2000년 5월 23일 제13-1071호
주소 서울특별시 마포구 양화로 19 합정오피스빌딩 17층
전화 02) 2179-5600 **홈페이지** www.wisdomhouse.co.kr

ISBN 979-11-6220-414-6 03180

* 이 책의 전부 또는 일부 내용을 재사용하려면 반드시 사전에 저작권자와
  ㈜위즈덤하우스의 동의를 받아야 합니다.
* 인쇄·제작 및 유통상의 파본 도서는 구입하신 서점에서 바꿔드립니다.
* 책값은 뒤표지에 있습니다.